Matthias Röhe

Umzug ins neue 14. Kommissariat

Der Hauptdrehort der TV-Serie „Großstadtrevier" wechselt von Hamburg-Bahrenfeld nach Tonndorf

Bibliografische Information der Deutschen Nationalbibliothek:
Die Deutsche Nationalbibliothek verzeichnet das Buch „Umzug ins neue
14. Kommissariat" in der Deutschen Nationalbibliothek; detaillierte bibliografische Daten können Sie im Internet über http://dnb.d-nb.de abrufen.

Matthias Röhe

Umzug ins neue 14. Kommissariat
Der Hauptdrehort der TV-Serie „Großstadtrevier"
wechselt von Hamburg-Bahrenfeld nach Tonndorf

Die Beamten des 14. Polizeikomissariats gehen montags in Hamburg auf Streife und in der ARD auf Sendung. Das „Großstadtrevier" gehört zu den erfolgreichsten TV-Serien im Deutschen Fernsehen. Ob Jung oder Alt – jeder zehnte Bundesbürger hat laut einer Umfrage schon mindestens eine Folge dieser Polizeiserie gesehen. Wo genau wird die Serie gedreht? Wer gehört zum Ensemble? Warum ist die Serie so erfolgreich? In diesem Buch gibt Autor Matthias Röhe allgemeine Angaben zur Serie, stellt die Darsteller und deren Rollen vor und gibt Details zu den Drehorten bekannt. Zudem deckt der Autor einige Filmfehler auf. Außerdem sind alle bis heute ausgestrahlten Folgen dieser Polizeiserie aufgelistet. Das Buch „Umzug ins neue 14. Kommissariat" ist eine ideale Ergänzung zu allen bisherigen Produkten der TV-Serie.

Herstellung und Verlag: BoD – Books on Demand, Norderstedt
www.BoD.de
Gedruckt in Deutschland / Printed in Germany
ISBN: 978-3-7519-0523-7.

Inhalt

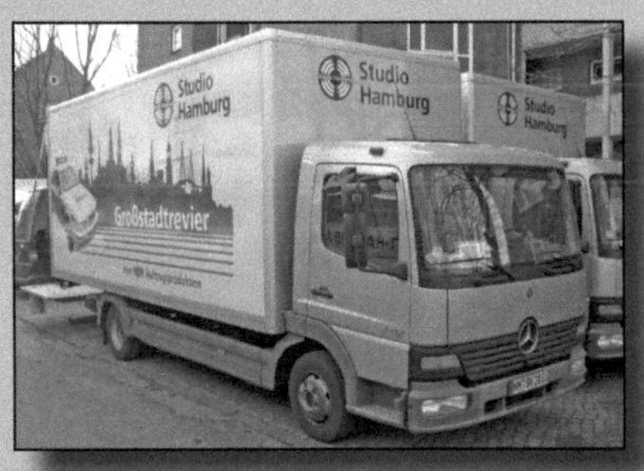

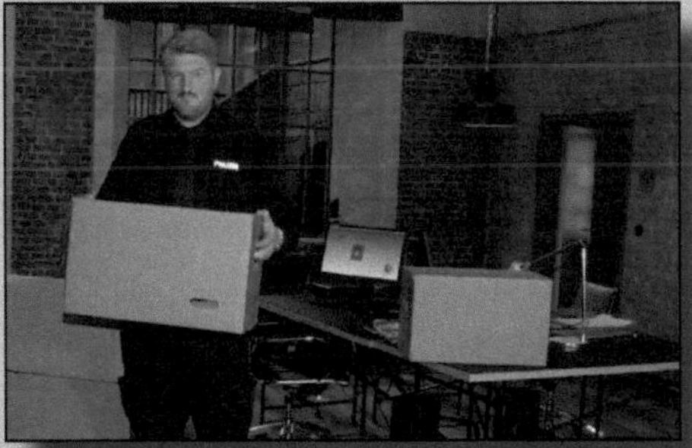

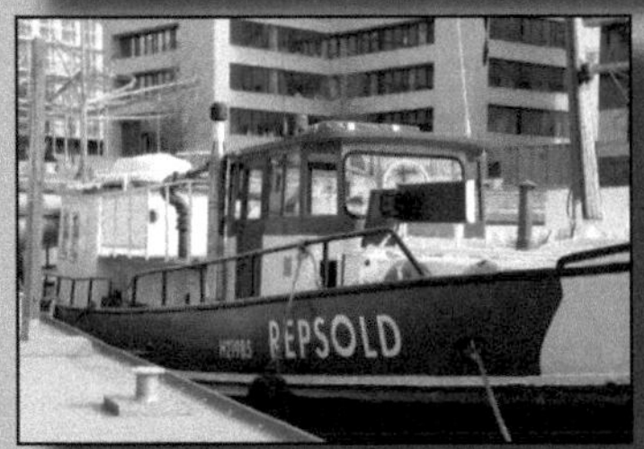

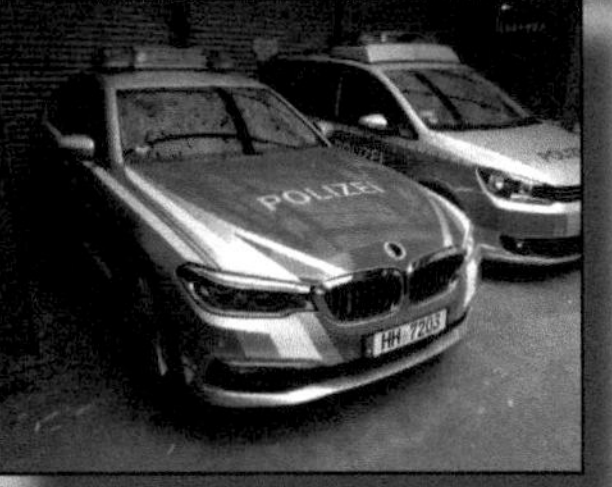

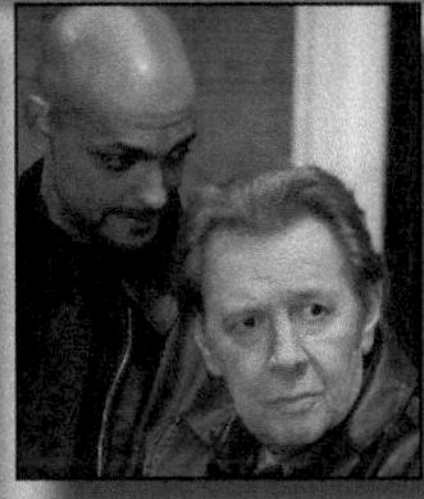

Studio Hamburg
Studio Hamburg
Studio Hamburg
Großstadtrevier

REPSOLD

POLIZEI

Vorwort

Ist ein Auto kaputt, wird es repariert. Oder es wird sich ein neues Auto gekauft. Mit Filmkulissen ist es ähnlich. Kann ein Drehort nicht mehr genutzt werden, wird die Kulisse einfach gewechselt. Das ist eine gängige Praxis. Die TV-Serie „Heiter bis tödlich – Morden im Norden" (ARD) beispielsweise entstand überwiegend in den ersten Folgen in den Innenräumen in einem ehemaligen Krankenhausgebäude in Hamburg-Eilbek. Oftmals war in den Folgen auch die Außenfassade mit Schriftzug „Polizei" zu sehen. Später wechselte das Filmteam in ein leerstehendes Bürogebäude im Hamburger Stadtteil Hamm. Eine neue Wache ist also nichts Ungewöhnliches. Oftmals wird auf einen Wechsel gar nicht großartig eingegangen. Tenor: „Ach, wir haben jetzt eine neue Wache – fertig."

Anders hingegen verhält es sich im „Großstadtrevier". Die beliebte Polizeiserie wurde fast 30 Jahre lang in der Mendelssohnstraße in Hamburg-Bahrenfeld gedreht. Fast drei Jahrzehnte!

30 Jahre lang gingen Schauspieler, Kleindarsteller, Komparsen, Aufnahmeleiter, Kameraleute, Mitarbeiter der Abteilung Ton, Maske oder beispielsweise Requisite durch den Eingang des Gebäudes an der Mendelssohnstraße 13. In den 30 Jahren gab der Regisseur Befehle ans Ensemble, bat der Set-Aufnahmeleiter um Ruhe, wurde die Filmklappe geschlagen. 30 Jahre sind eine unheimlich lange Zeit. Filmcrew und Darsteller kennen den Weg zu ihrem Arbeitsplatz in- und auswendig. Sie kennen in dem Gebäude jede Ecke, jeden Raum. Der Geruch ist immer gleich.

Schauspieler Jan Fedder hatte als Polizist Dirk Matthies ganze 27 Jahre in dem berühmten 14. Revier sein Büro in der Serie.

Ende 2018 war Schluss. Die Filmcrew musste sich eine neue Wache suchen, wo sie künftig neue Folgen fürs „Großstadtrevier" drehen kann. In einem Zeitungsinterview sagte Fedder: „Das war für mich ein zweites Zuhause. Ich trauere jeder Ecke nach". Auch andere Kollegen hatten mit den Tränen zu kämpfen, als sie das letzte Mal zu Dreharbeiten in die Mendelssohnstraße kamen.

Der Wechsel in ein neues Kommissariat wurde auch inhaltlich thematisiert. In der 438. Folge mit dem Titel „Das Revier explodiert" wird am helllichten Tag Frau Küppers vor einem Café von den beiden Schlägern Marvin und Lasse attackiert. Beide provozieren zunächst mit Pfiffen und versuchen die Aufmerksamkeit zu erhalten. Als Frau Küppers in ihren Wagen (HH KL 1960) einsteigen und das Café verlassen möchte, kommen die beiden Jugendlichen näher und hindern Frau Küppers daran, in ihren Pkw einzusteigen. „Hi, Frau Küppers. Wir sind`s. Können wir ein Stückchen mitfahren“, wird Frau Küppers genötigt. Es kommt zunächst zu verbalen Attacken, danach greift einer der beiden jungen Männer Frau Küppers an die Schulter. Sie versucht ihn noch festzunehmen, wird jedoch von dem anderen mit einem Fausschlag versetzt. „Hast du kein` Respekt, oder was?“, wird sie auf dem Boden liegend angemacht – dann folgen Fußtritte. Frau Küppers wird mit gebrochenen Rippen und schweren Prellungen im Gesicht ins Krankenhaus gebracht.

„Harry“ Möller und Dirk Matthies sitzen im Büro im 14. Kommissariat und erfahren durch die Zeitung, dass Manni Schwacke aus der Haft entlassen wurde.

Auch Hannes Krabbe hat die Titelseite der Tageszeitung in die Hände bekommen – für ihn ist klar, dass der Angriff im Zusammenhang mit der vorzeitigen Haftentlassung von Schwacke steht. „Ich hab`s gewusst. Manni Schwacke hat wieder zugeschlagen. Er hat zwei Auftragsschläger los geschickt, die haben sich gerade Frau Küppers vorgeknöpft“, sagt Krabbe völlig aufgeregt zu den Kollegen Nina Sieveking, Lukas Petersen und Daniel Schirmer.

Seiner Einschätzung nach soll der Polizistenmörder bestimmt noch eine Rechnung mit Frau Küppers offen haben. Die beiden Zivilermittler „Harry“ Möller und Piet Wellbrook forschen am Tatort nach, während Nina Sieveking und Lukas Petersen Manni Schwacke aufsuchen. Selbstredend beginnt Frau Küppers Eigeninitiative zu zeigen: Sie stellt Marvin und Lasse allein zur Rede und begibt sich so erneut in Gefahr.

Unterdessen nimmt Daniel Schirmer eine andere Sache in die Hand: Im Revier bröselt und bröckelt es an allen Ecken und Enden. Der Putz rieselt, der Kühlschrank ist kaputt (auch wenn nur ein Kontakt klempt), der Stuhl hält nicht – so geht das nicht weiter. Bewaffnet mit einem Werkzeugkoffer betreibt Daniel Ursachenforschung und bekommt dabei unerwartet Hilfe von Olli, dem Bruder von Manni Schwacke. Plötzlich nehmen die Dinge eine schreckliche Wendung, an deren Ende eines klar ist: In dieser Wache wird das Team vom „Großstadtrevier“ nie wieder arbeiten können. Drei schmale Kabel sind an einer Bombe befestigt, die Sekunden zählen rückwärts. Krabbe und Schirmer versuchen alles...

Mit dieser Episode bekommt der Fernsehzuschauer einen fiktiven Grund geliefert: das alte 14. Kommissariat ist nicht mehr nutzbar, weil es durch eine Explosion zerstört wurde. Die folgenden Seiten beschreiben eindrucksvoll die Dreharbeiten dieser Folge.

Letterbox FilmProduktion GmbH
Mendelsohnstraße 13
22761 Hamburg

letterbox

FILMPRODUKTION

Sehr geehrte Anwohner und Anlieger,
Letterbox FilmProduktion produziert zur Zeit eine neue Staffel der NDR Serie

„Großstadtrevier".

Wir werden
am Sonntag, den 09. Dezember 2018 von ca. 07:00 bis 19:00 Uhr
aufwendige Dreharbeiten in der Mendelssohnstraße 13 durchführen. Für
die Dreharbeiten werden wir eine VOLLSPERRUNG einrichten.

Die Vollsperrung betrifft den Bereich **vom Lidl Parkplatz bis Mendelssohnstraße 7 und Paul-Dessau-Straße 1 bis zum Parkplatz des 25h Hotels**. Während dieser Zeit können keine Fahrzeuge den Bereich passieren. Fußgänger und Fahrradfahrer müssen eventuell mit Wartezeiten an den Absperrschranken rechnen.

Bitte beachten Sie die Halteverbotszonen, die in dem Bereich für den Zeitraum eingerichtet sind. Anwohner haben die Möglichkeit den Lidl Parkplatz am Sonntag zum Parken zu benutzen. Das Parken wurde von Lidl nur für den 09. Dezember 2018 genehmigt.

An dem Tag führen wir aufwendige Dreharbeiten mit Spezialeffekten durch. Die Polizei und Feuerwehr Hamburg werden mit vor Ort sein und uns bei den Dreharbeiten begleiten.

Sollten Sie Anmerkungen oder Fragen zu den Dreharbeiten haben, kontaktieren Sie bitte unsere Aufnahmeleiter Herrn ▮▮▮▮▮ am Drehort. Er wird versuchen Ihre Fragen zu beantworten.

Unsere Tätigkeiten sind mit dem zuständigen Polizeikommissariat 25 und dem Bezirksamt Hamburg-Altona abgestimmt und genehmigt worden.

Für weitere Fragen stehe ich Ihnen gerne unter ▮▮▮▮▮▮▮ zur Verfügung.

Mit freundlichen Grüßen
▮▮▮▮▮▮▮

Motiv-Aufnahmeleiter

Mit diesem Schreiben hat die Produktionsfirma Anwohner über die bevorstehenden Filmarbeiten informiert.

Das alte Revier explodiert / Der letzte Drehtag

Dramatisch geht die 32. Staffel des „Großstadtreviers" zuende: die 14. Polizeiwache ist in der Folge „Das Revier explodiert" nur noch Schutt und Asche. Ein großer Feuerball mit lautem Knall ertönt, Fensterscheiben zerbersten. Auf der Straße liegen Trümmer des alten Backsteingebäudes.

Bereits morgens um 6.30 Uhr kommen am Sonntag, dem 9. Dezember 2018, erste Mitarbeiter der Filmproduktion in die Mendelssohnstraße, schließen die Tür zum Gebäude mit der Hausnummer 13 auf. Sperrhüte werden auf den Parkplätzen vor dem Gebäude verteilt, rotweißes Flatterband wird an mehreren Stellen ausgerollt und zur Absperrung benutzt. Ab 7 Uhr trudeln immer mehr Personen ein. Ein langer und emotionaler Drehtag mit großem Aufwand steht am letzten Drehtag der 32. Staffel an der alten Wache in der Mendelssohnstraße unter der Regie von Tom Zenker auf dem Programm. Für die Dauer der Dreharbeiten wird die Mendelssohnstraße komplett gesperrt, Feuerwehr und Polizei sind mit mehreren Einsatzwagen vor Ort – damit es auch im Bild spektakulär aussieht. Alle Hauptdarsteller sind vor Ort, zahlreiche Schaulustige stehen links und rechts der Absperrung.

Bereits einige Tage zuvor kleben Mitarbeiter der Produktion Hinweiszettel an verschiedene Hauseingänger benachbarter Anwohner. Dreharbeiten sind zwar an diesem Ort keine Seltenheit, dass aber die Straße direkt vor dem Bürogebäude komplett für den Durchgangsverkehr gesperrt ist, kommt nicht allzu oft vor.

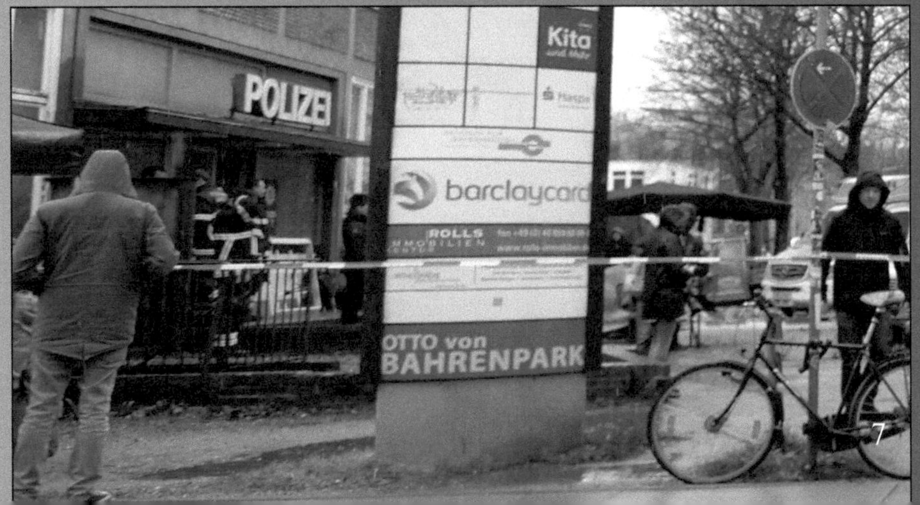

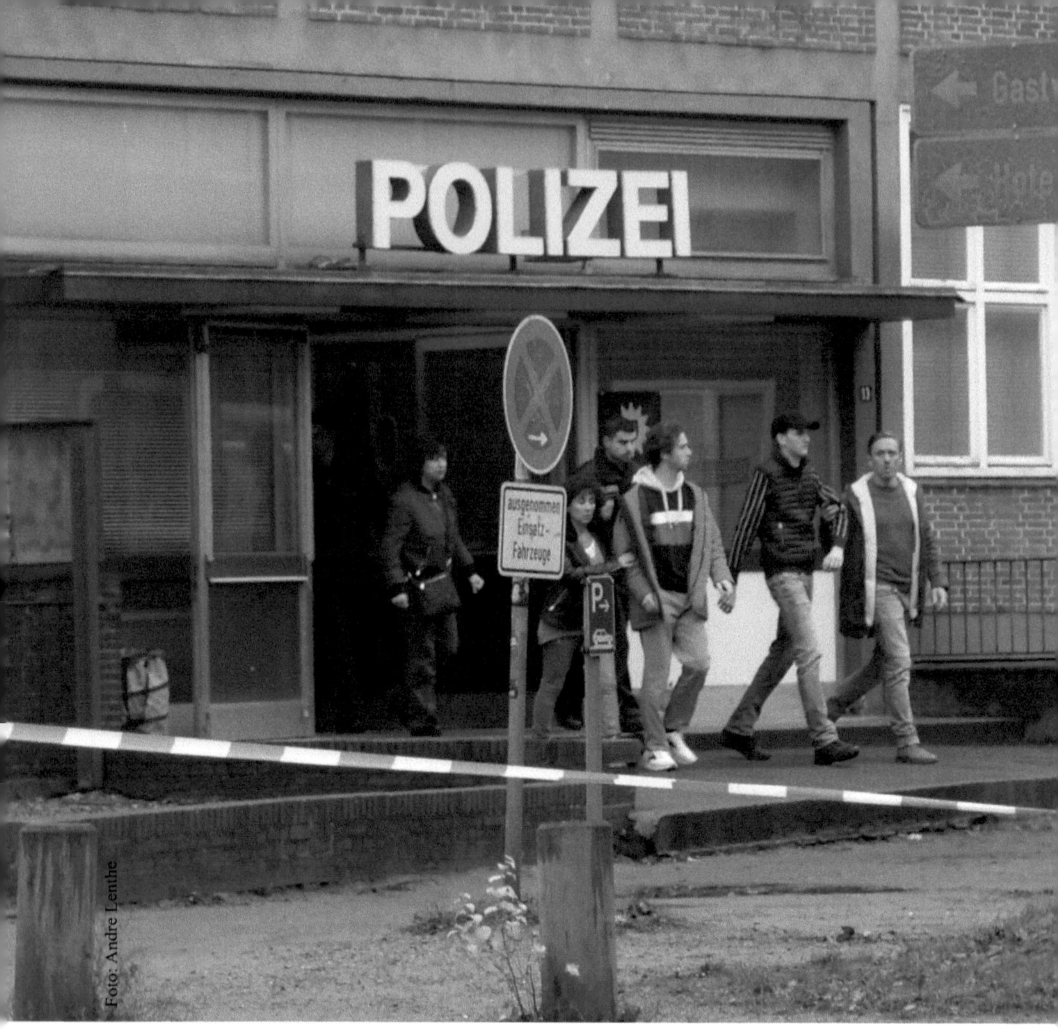

*Das 14. Kommissariat am Sonntag, dem 9. Dezember 2018. Mehrmals
wird eine Szene im Eingangsbereich gedreht: Marvin (Ludger Bökel-
mann) und Lasse (Tim Bülow) werden von den Zivilpolizisten „Harry"
Möller und Piet Wellbrook aus der Wache geführt. Dahinter ist ein
Beamter in Uniform, es handelt sich dabei um einen Komparsen. Weitere
Komparsen (links) verlassen zeitgleich das Gebäude.
Die Szene ist in der ausgestrahlten Folge folgendermaßen: Die Wache
muss evakuiert werden, Feuerwehr und die Kollegen vom Kampfmittel-
räumdienst sind auf dem Weg zum 14. Kommissariat. Allerdings wissen
„Harry" Möller und Piet Wellbrook nichts davon, kommen ganz normal
mit ihrem Zivilwagen vorgefahren und wollen die beiden festgenom-
menen Marvin und Lasse in eine Zelle bringen. Dann kommen ihnen ihre*

8

Kollegen entgegen. „Achtung, Achtung. Räumungsalarm", ist aus einem
Lautsprecher zu hören. „Harry" wiederholt es. „Räumungsalarm?"
Die beiden Festgenommenen fragen sich, was sie hier noch sollen, wenn
doch die Wache geräumt wird. „Keine Sorge. Im 16sten ist bestimmt
noch eine schöne Zelle für euch frei", sagt „Harry" mit energischer
Stimme. Dann drehen alle Vier um und verlassen wieder das 14. Revier.

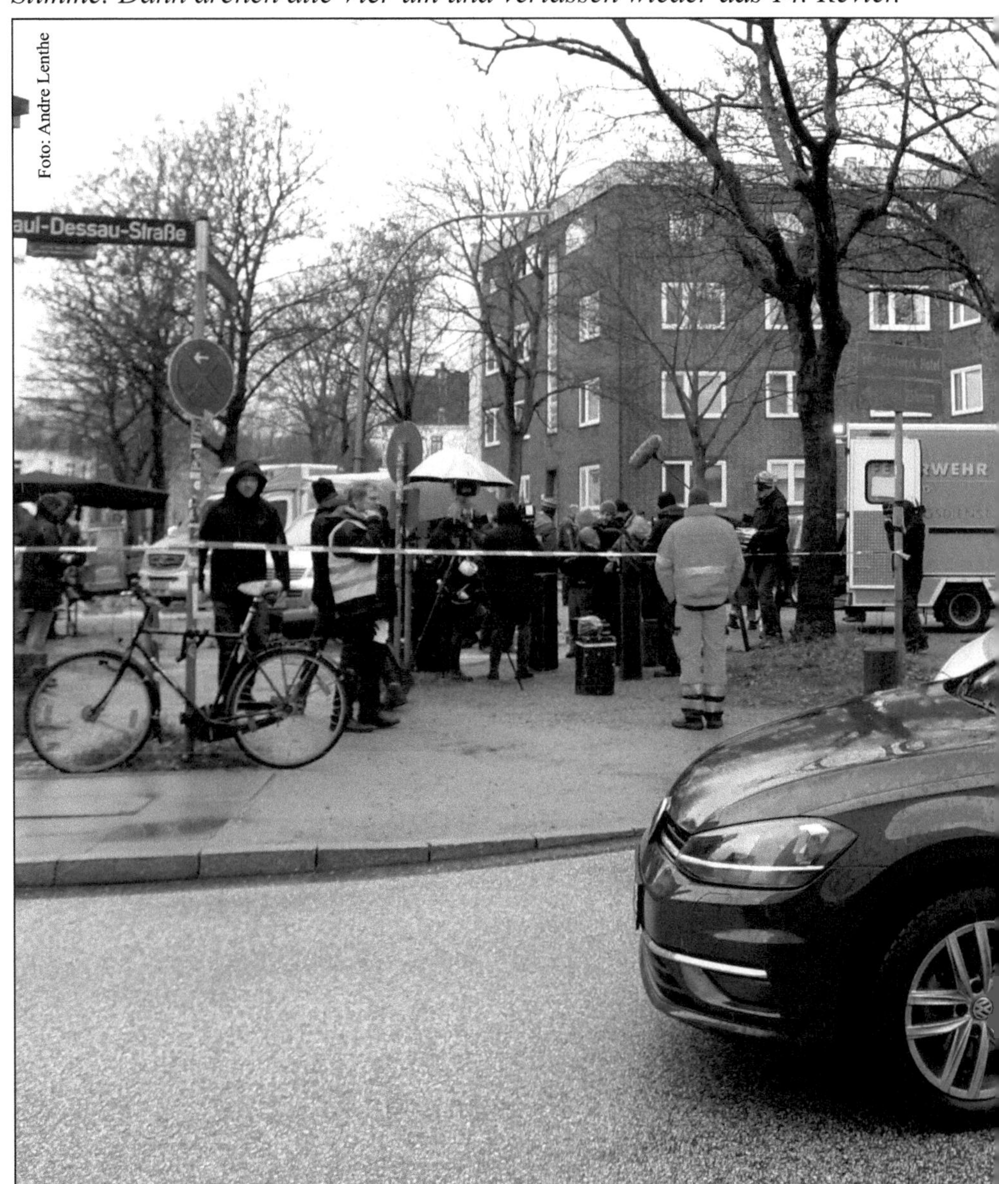

Foto: Andre Lenthe

Am Sonntag im Dezember 2018 beginnt es gegen Mittag leicht zu regnen, ein Mitarbeiter aus der Abteilung Ton schützt sein Material mit einem Regenschirm vor Nässe. Mehrere Filmteams, unter anderem vom Hamburg Journal (NDR), machen Momentaufnahmen von den Dreharbeiten.

Foto: Andre Lenthe

Ein Rettungswagen (RTW) der Feuerwehr steht mit eingeschaltetem Blaulicht vor dem 14. Kommissariat. Der Bus in der Mitte soll ein Fahrzeug des Kampfmittelräumdienstes der Stadt Hamburg darstellen. Der Peterwagen im Vordergrund ist der Streifenwagen Peter 14/2.

Schauspieler Patrick Abozen spielt im „Groß-stadtrevier" den Poli-zisten Lukas Petersen. An den Schulterklappen lässt sich sein Dienstgrad ersehen: Polizeioberkom-missar (POK). Seit 2018 (Episode 424) gehört er zum festen Ensemble der Polizeiserie. Auf dem Foto links bereitet er sich gerade auf seinen Dreh vor, geht noch einmal nonverbal seinen Text durch. Vom typischen Hamburger Schmud-delwetter lässt sich der Darsteller nicht beirren.

Das Foto unten zeigt eine Momentaufnahme bei den Proben zu einer Szene. Zahlreiche Medienver-treter von Zeitungen und Kamerateams von Fern-sehsendern sind vor Ort und schauen zu.

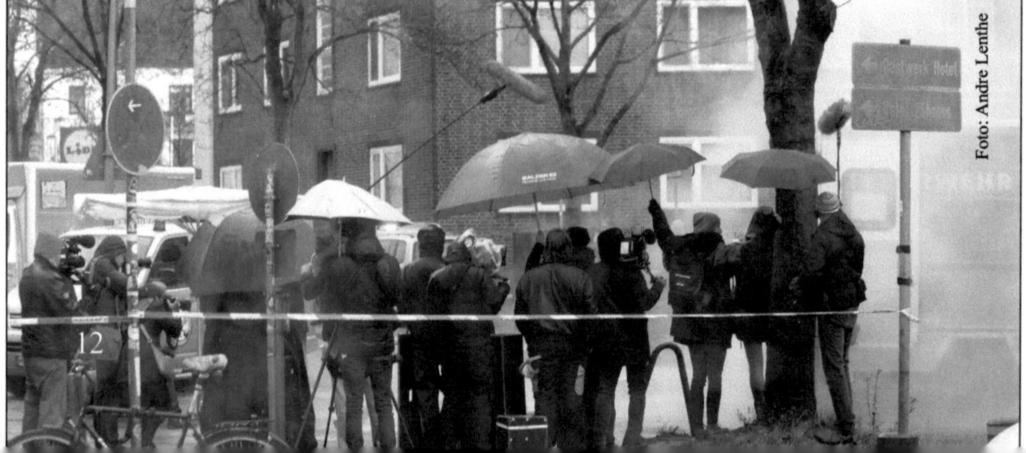

12

Auf den Fotos oben und unten gut zu sehen: die Mendelssohnstraße ist komplett gesperrt. Zwei Rettungswagen sind mitten auf der Fahrbahn platziert, auch die Streifenwagen aus dem „Großstadtrevier" stehen mitten auf der Straße.

Das Foto oben zeigt eine Momentaufnahme bei den Proben für eine Szene der Folge „Das Revier explodiert". Auf dem Foto unten ist Regisseur Tom Zenker (in der Mitte mit Mütze auf dem Kopf) zu sehen.

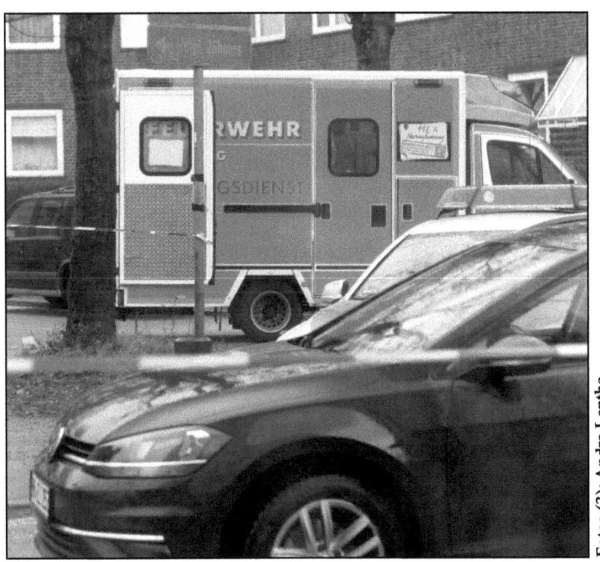
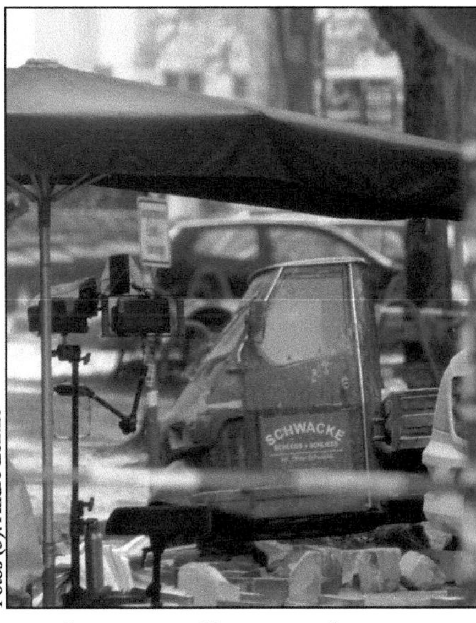

Ein Rettungswagen der Feuerwehr Hamburg steht unmittelbar vor dem 14. Kommissariat, die Türen sind hinten geöffnet. Die Vorbereitungen für die Dreharbeiten laufen auf Hochtouren. Das Foto rechts zeigt den Firmenwagen von Schwacke, der nach der Explosion ordentlich in Mittleidenschaft gezogen ist. Backsteine liegen auf dem Bürgersteig. Das schwarze Zelt ist von der Filmcrew aufgebaut, um sich und die Technik vom Regen zu schützen. Es ist im Fernsehen später nicht zu sehen.

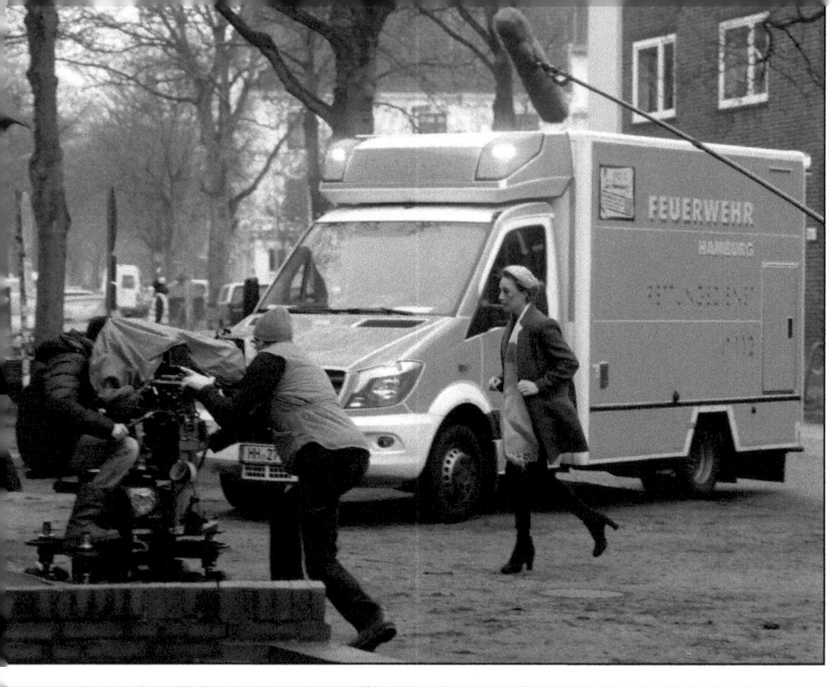

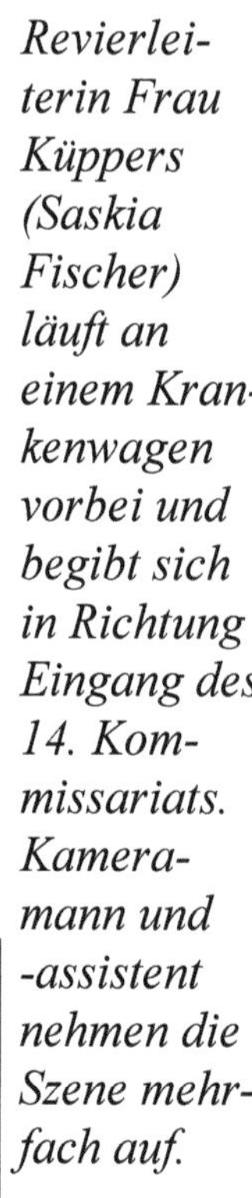

Revierleiterin Frau Küppers (Saskia Fischer) läuft an einem Krankenwagen vorbei und begibt sich in Richtung Eingang des 14. Kommissariats. Kameramann und -assistent nehmen die Szene mehrfach auf.

Milleuermittler Dirk Matthies (Jan Fedder) sitzt in seinem Wagen. Er trägt eine braune Lederjacke, blaue Jeans, schwarze Schuhe, Handschuhe und einen blauen Schal.

16

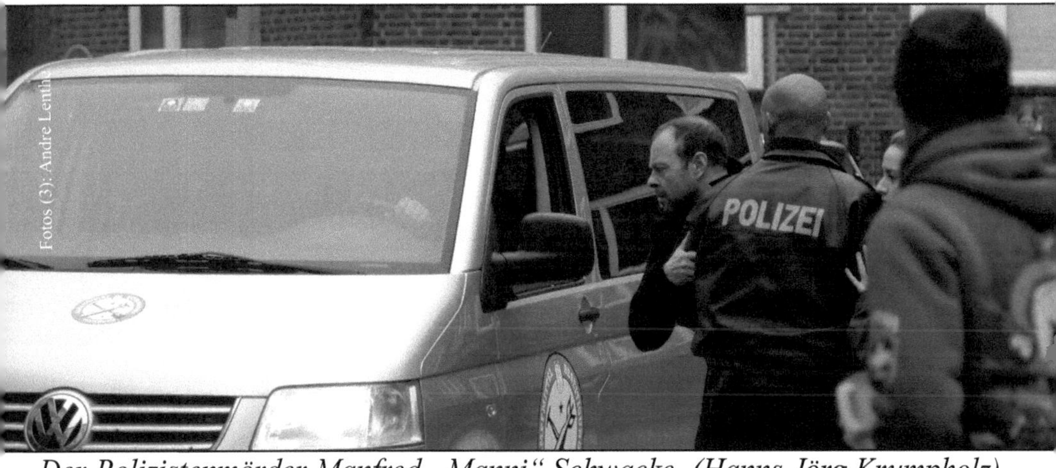

Das 14. Revier wird geräumt. Daher wechseln die Polizisten und Passanten (in diesem Falle alles Komparsen) die Straßenseite.

Der Polizistenmörder Manfred „Manni" Schwacke (Hanns Jörg Krumpholz) wird von Lukas Petersen (Patrick Abozen) davon abgehalten, in das PK 14 zu laufen. Foto unten: Dirk Matthies sitzt in seinem Wagen und blickt auf das PK 14, welches in diesem Moment geräumt wird.

*Eine Probe:
Dirk Matthies
verfolgt das Geschehen
vor dem PK 14.
Nina Sieveking
und Lukas Petersen kom-
men mit Manfred Schwacke
mit dem Peterwagen
vorgefahren.*

Der Kampfmittelräumdienst kommt mit Sonder- und Wegerechten auf den Parkplatz des PK 14 vorgefahren. Zeitgleich rollt auch der Streifenwagen Peter 14/2 auf den Parkstreifen. Im Hintergrund stehen vier Polizisten (Komparsen) und schauen sich das Treiben aus sicherer Entfernung zusammen mit Dirk Matthies (Jan Fedder) an. Die Szene wird einige Male wiederholt.

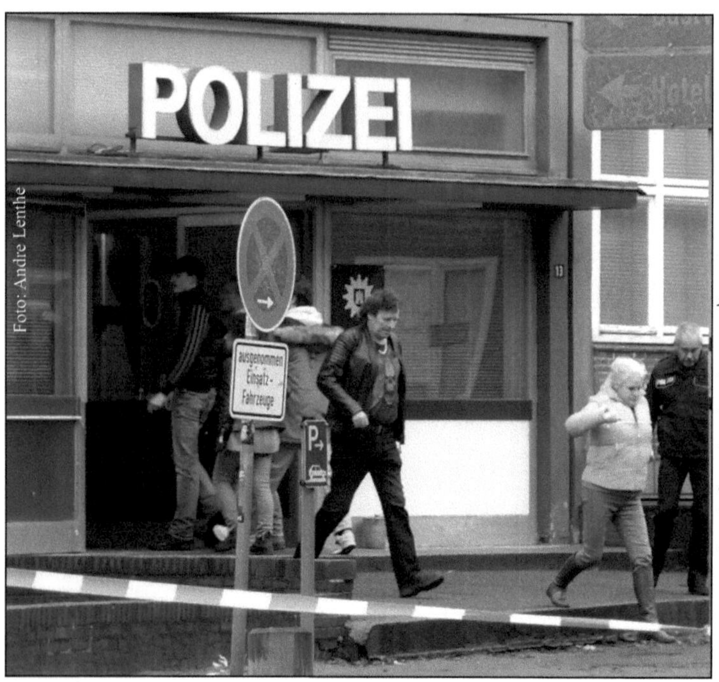

„Harry" Möller und Piet Well- brook betreten gerade das PK 14 mit Marvin und Lasse, die durch die Zivil- polizisten festge- ommen wurden. Ihnen kommen Kollegen und Passanten entge- gen. Diese Szene wird mehrfach wiederholt.

Das Fahrzeug vom Kampfmittelräumdienst ist ein ganz gewöhnlicher Bus, der für die Dreharbeiten mit Filmkennzeichen (HH MC 2113), Aufklebern und einem Blaulicht auf dem Dach bestückt wird.

„ Und Ruhe bitte, wir drehen!" Der Wagen vom Kampfmittelräumdienst
fährt zum PK 14, biegt auf den Parkstreifen vor dem Gebäude.

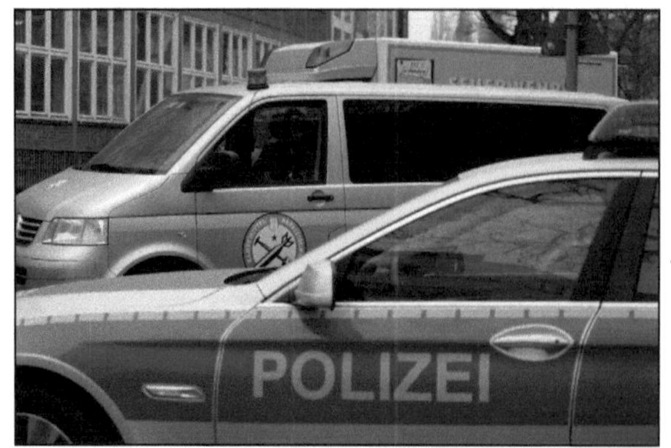

*Das ist die sogenann-
te Endposition, wie sie
im Fernsehen später zu
ist. Das Fahrzeug des
Kampfmittelräumdienstes
fährt in eine Parklücke
zwischen einem Rettungs-
wagen der Feuerwehr
und dem Peterwagen
Peter 14/2, der zeitgleich
ankommt. Lukas Petersen
und Nina Sieveking haben Manfred Schwacke auf der Rücksitzbank
sitzen. Bei der Ankunft will er sofort in die Wache zu seinem Bruder
Olli Schwacke, wird fast von dem Wagen des Kampfmittelräumdienstes
angefahren. Sieveking und Petersen halten ihn davon ab (Foto unten).*

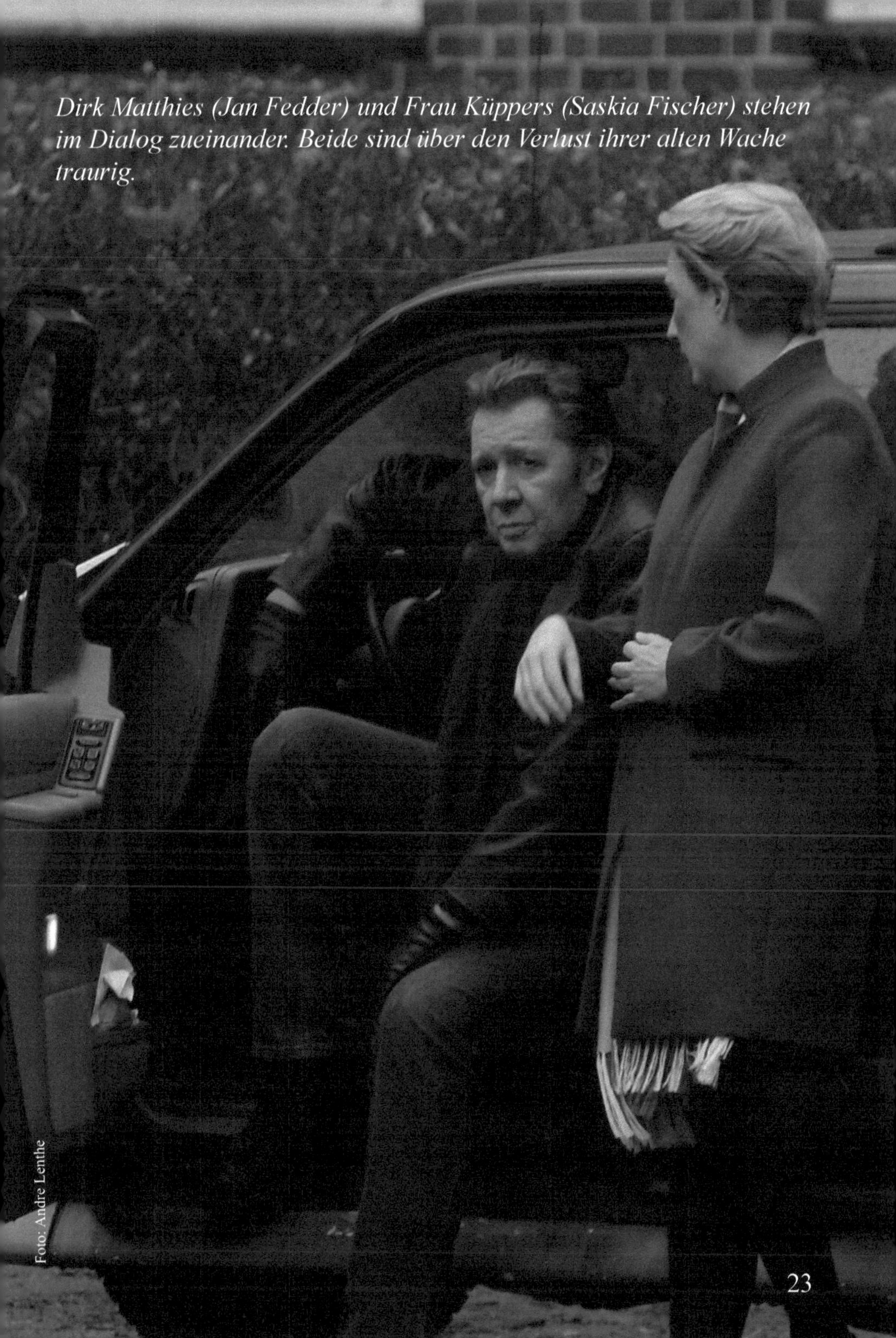

Dirk Matthies (Jan Fedder) und Frau Küppers (Saskia Fischer) stehen im Dialog zueinander. Beide sind über den Verlust ihrer alten Wache traurig.

Die Szene: Polizistenmörder Manfred „Manni" Schwacke (Hanns Jörg Krumpholz) steigt aus dem Peterwagen Peter 14/2 aus, will bei der Ankunft am PK 14 zu seinem Bruder Olli Schwacke – Nina Sieveking (Wanda Perdelwitz) hält ihn zusammen mit Lukas Petersen (Patrick Abozen, nicht auf dem Foto zu sehen) davon ab.

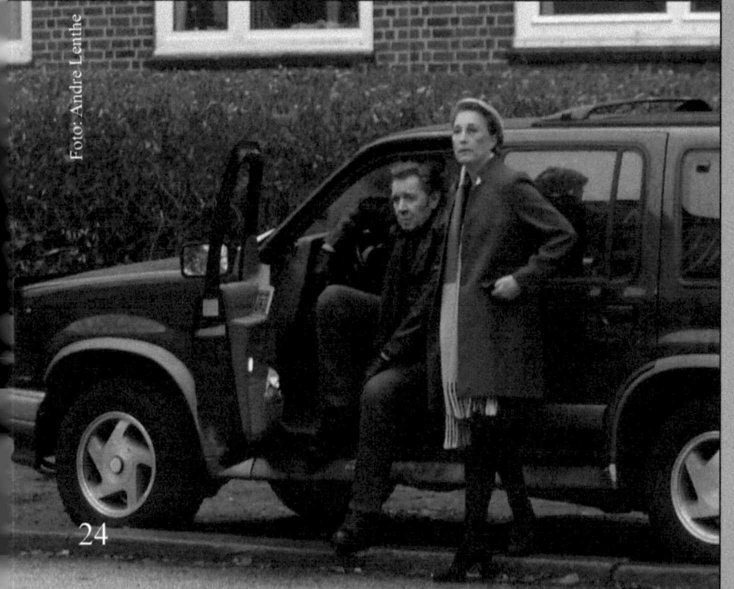

Dirk Matthies (Jan Fedder) und Frau Küppers (Saskia Fischer) halten sich am Wagen auf und nehmen die Situation vor dem PK 14 in Augenschein. Der Wagen steht auf einem Parkstreifen in der Mendelssohn-straße.

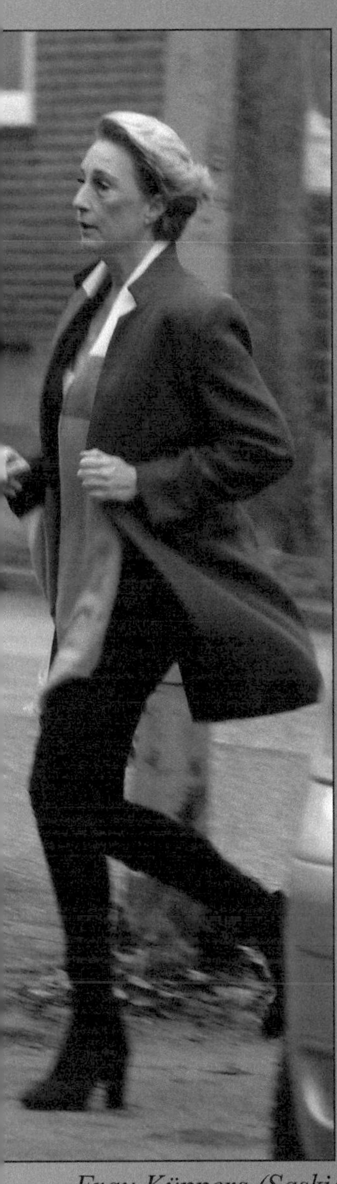
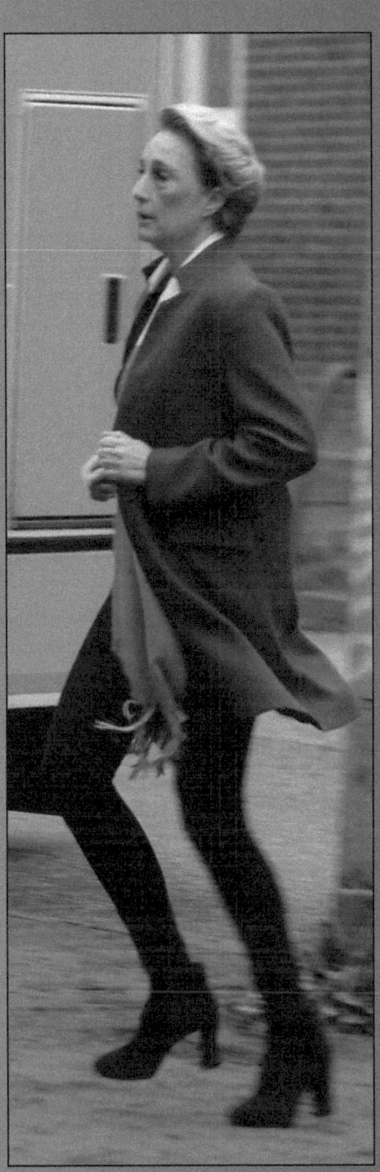
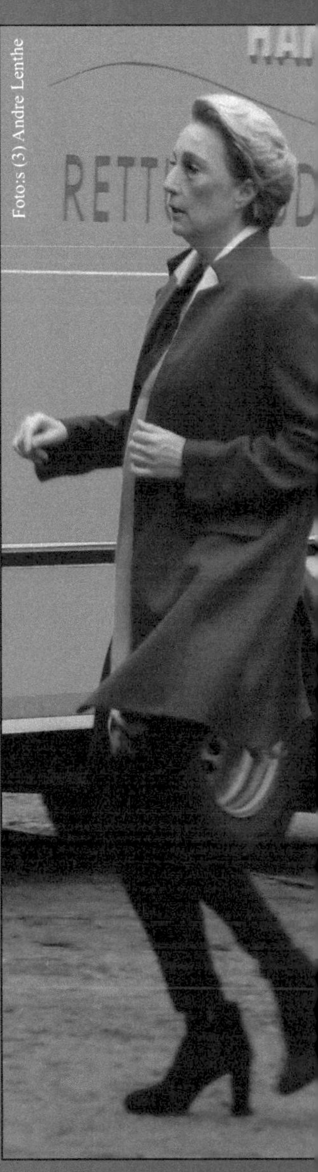

Frau Küppers (Saskia Fischer) auf dem Weg ins 14. Polizeikommissariat, wo sie sich auf die Suche ihrer Kollegen Daniel Schirmer (Sven Fricke) und Hannes Krabbe (Marc Zwinz) begibt. Die Kommissariatsleiterin ist keine Frau der großen Emotionen. Allerdings bekommt sie sichtlich Angst ins Gesicht geschrieben, als Dirk Matthies ihr verklickert, dass mit einem großen „Rummms" alls vorbei sein könnte. „Das ist doch zumindest ein würdevoller Abgang für unser altes PK 14", sagt Dirk Matthies zuvor im Gespräch mit Frau Küppers.

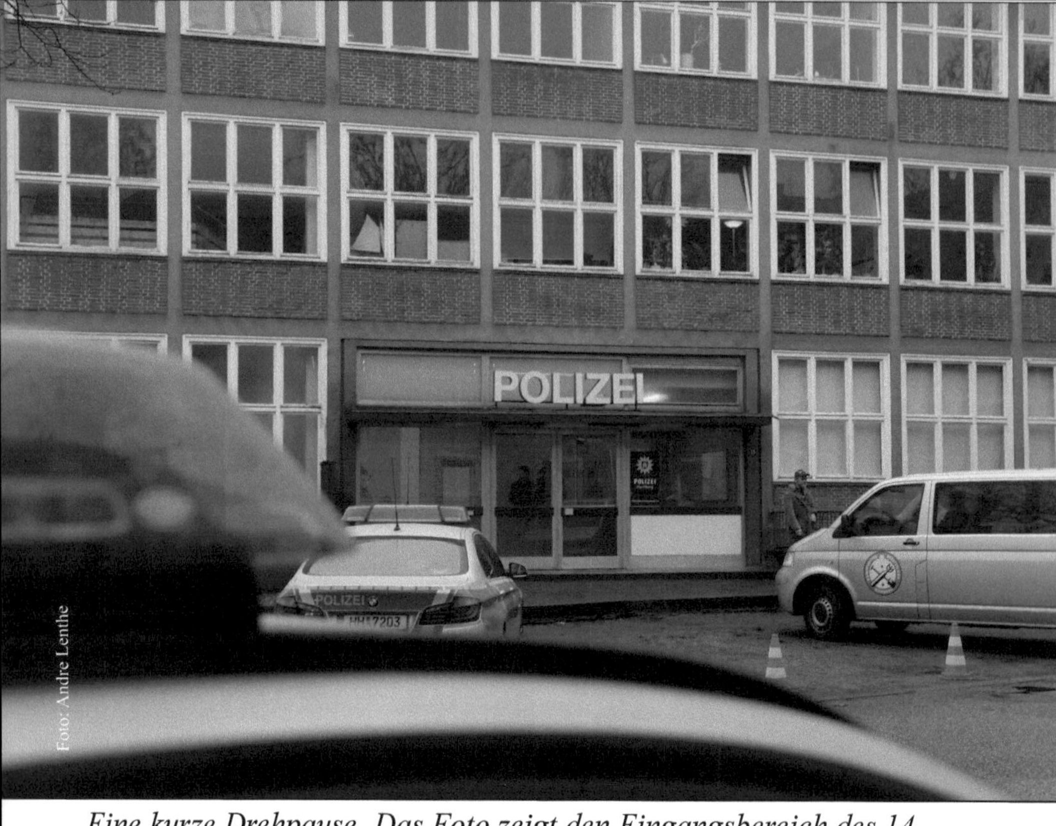

Eine kurze Drehpause. Das Foto zeigt den Eingangsbereich des 14. Kommissariats. In den vergangenen fast 30 Jahren gingen hier zahlreiche Darsteller und prominente Gastdarsteller durch die Tür. TV-Moderator Reinhold Beckmann beispielsweise musste ins PK 14 wegen eines Parkzettels. Auch Schauspieler Reiner Hunold tauchte im „Großstadtrevier" auf – als Berliner Arzt Dr. Sommerfeld. Sperrhüte markieren die spätere Parkposition der Fahrzeuge auf dem Parkstreifen unmittelbar vor dem Gebäude. Der Schriftzug „Polizei" ist nur für Dreharbeiten zu erkennen, genauso wie das blaue Schild rechts neben der Eingangstür, auf der „Polizei Hamburg – Polizeikommissariat 14" in weißen Buchstaben zu lesen ist.

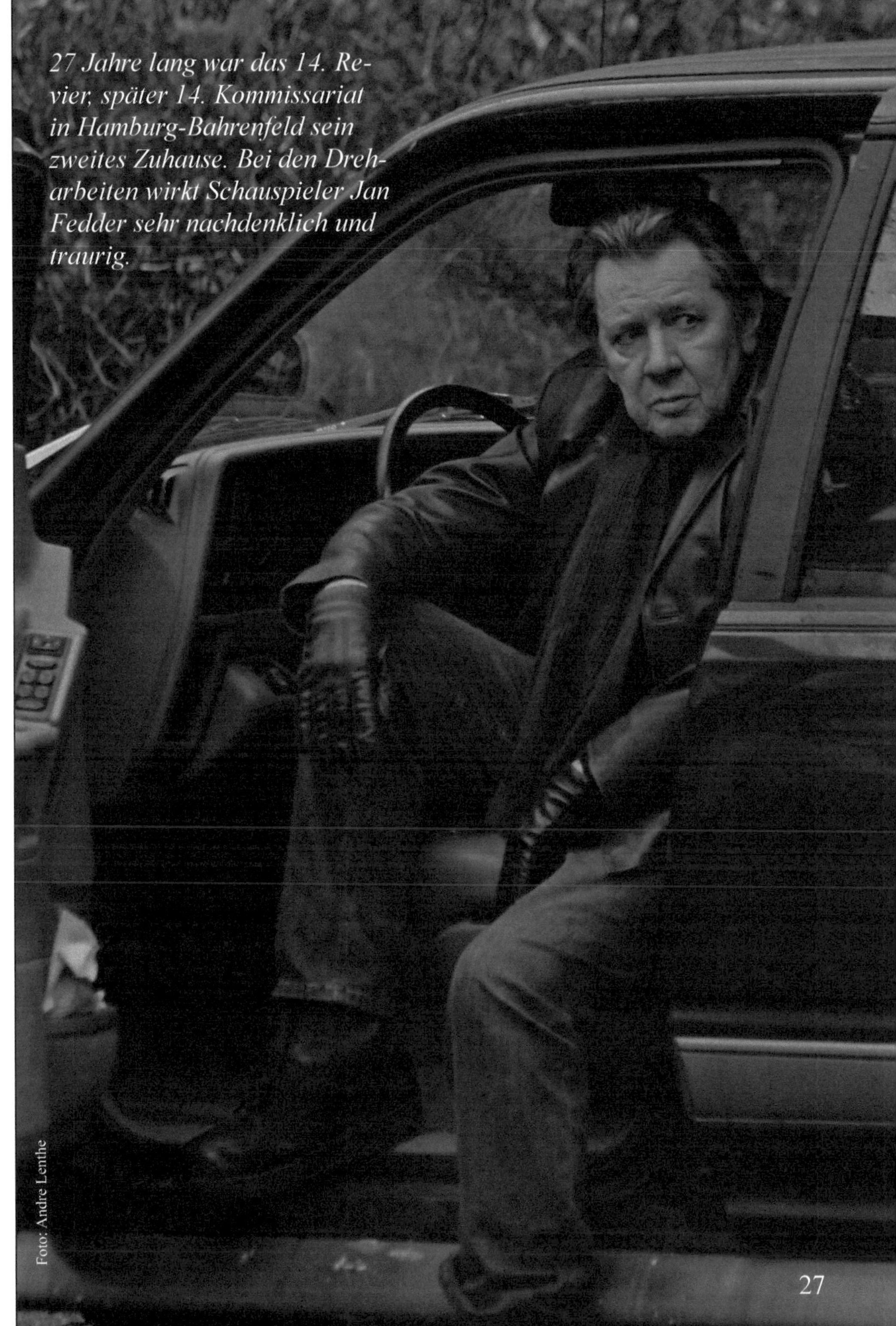

27 Jahre lang war das 14. Revier, später 14. Kommissariat in Hamburg-Bahrenfeld sein zweites Zuhause. Bei den Dreharbeiten wirkt Schauspieler Jan Fedder sehr nachdenklich und traurig.

Foto: Andre Lenthe

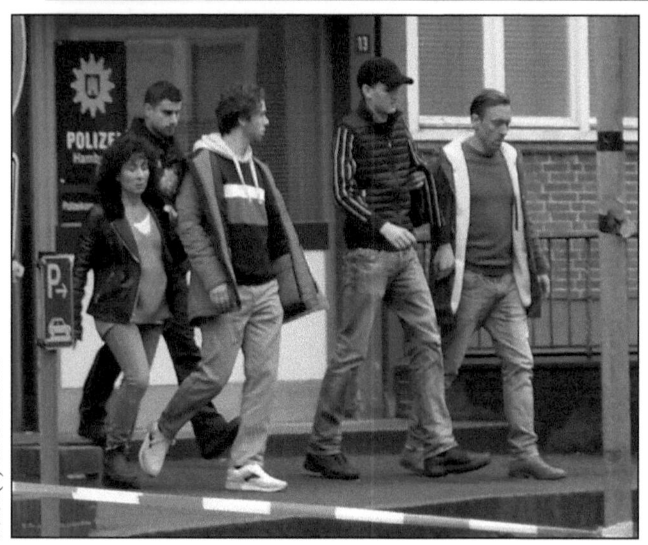

Wieder heißt es laut Drehbuch: Marvin (Ludger Bökelmann) und Lasse (Tim Bülow) werden von den Zivilpolizisten „Harry" Möller und Piet Wellbrook aus der Wache geführt. Dahinter ist ein Beamter in Uniform, es handelt sich dabei um einen Komparsen. Diese Szene wird einige Male geprobt und gedreht. So ist es beim Film.

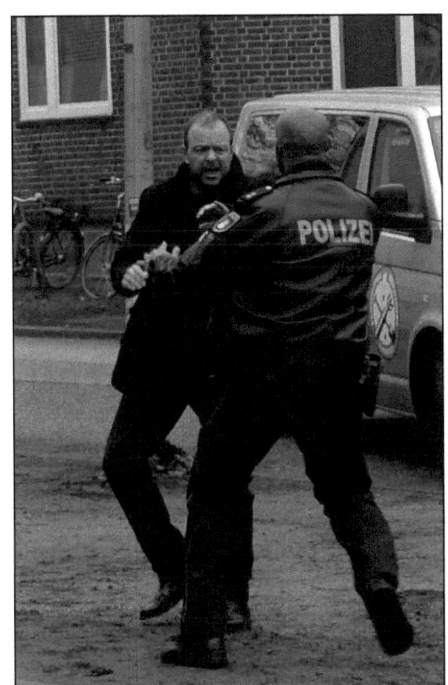

Manfred Schwacke (Hanns Jörg Krumpholz) versucht ins Polizei-kommissariat 14 zu gelangen, um dort seinen Bruder Olli zu treffen. Er ahnt, dasss sein Bruder etwas Schlimmes vor hat. Lukas Petersen (Patrick Abozen) versucht das mit aller Kraft zu verhindern. Auch Nina Sieveking (Wanda Perdelwitz) hindert in dieser Szene Manfred „Manni" Schwacke daran.

Wie unten auf dem Foto gut zu sehen ist, wird Manni fast vom gerade eintreffenden Kampfmittelräumdienst angefahren. Im Hintergrund stehen zahlreiche Polizisten des PK 14. Im Auto daneben sitzt Dirk Matthies. Frau Küppers steht direkt daneben.

Der Peterwagen 14/2 kommt gerade beim PK 14 vorgefahren. Lukas Petersen schaltet den Motor aus, öffnet die Tür, steigt aus. Zeitgleich steigen auch Nina Sieveking (Beifahrerseite) und Manfred „Manni" Schwacke aus.

Regisseur Tom Zenker (links mit Mütze) hat immer den Überblick. Der Kameramann ist bereit.

Rolle	**Darsteller**
Dirk Matthies	Jan Fedder
Lukas Petersen	Patrick Abozen
Nina Sieveking	Wanda Perdelwitz
Harry Möller	Maria Ketikidou
Piet Wellbrook	Peter Fieseler
Frau Küppers	Saskia Fischer
Hannes Krabbe	Marc Zwinz
Daniel Schirmer	Sven Fricke
Oliver Schwacke	Rudolf Krause
Manfred Schwacke	Hanns Jörg Krumpholz
Frau Reinhardt	Meike Harten
Marvin	Ludger Bökelmann
Lasse	Tim Bülow
Melanie Hoppe	Julia Blankenburg

Drehbuch:	Elke Schuch
Regie:	Tom Zenker

Das große Finale mit der filmischen Explosion des PK 14 wurde am
Sonntag, dem 9. Dezember 2018, in der Mendelssohnstraße in Ham-
burg-Bahrenfeld gedreht. Das war die letzte Fimklappe an diesem
Drehort. Letzte Einstellung am Set: Eine Drohne steigt gen Himmel und
nimmt den Vorplatz vor dem PK 14 auf. Mit dieser Einstellung endet
die Folge „Das Revier expolodiert". Im Fernsehen ist Frau Küppers
zu sehen, wie sie sich gerade bückt und einen Backstein aufhebt. Vorne
stehen zwei Streifenwagen der Polizei, mehrere Rettungsgwagen und ein
Notarzteinsatzwagen – alle mit eingeschaltetem Blaulicht.

Es erscheint der Abspann:

Kamera:	Michael Tötter, Bernd Schmidt
Ton:	Detlef Fiebig, Flemming Lombard
Mischung:	Daniel Wulf
Schnitt:	Tatjana Schöps
Musik:	Hanna von Hübbenet, Truck Stop
Requisite:	Hartmuth Schwenk, Jan Meybek
Maske:	Rolf Baumann, Conny Düker
Herstellungsleitung:	Joerg Pawlik

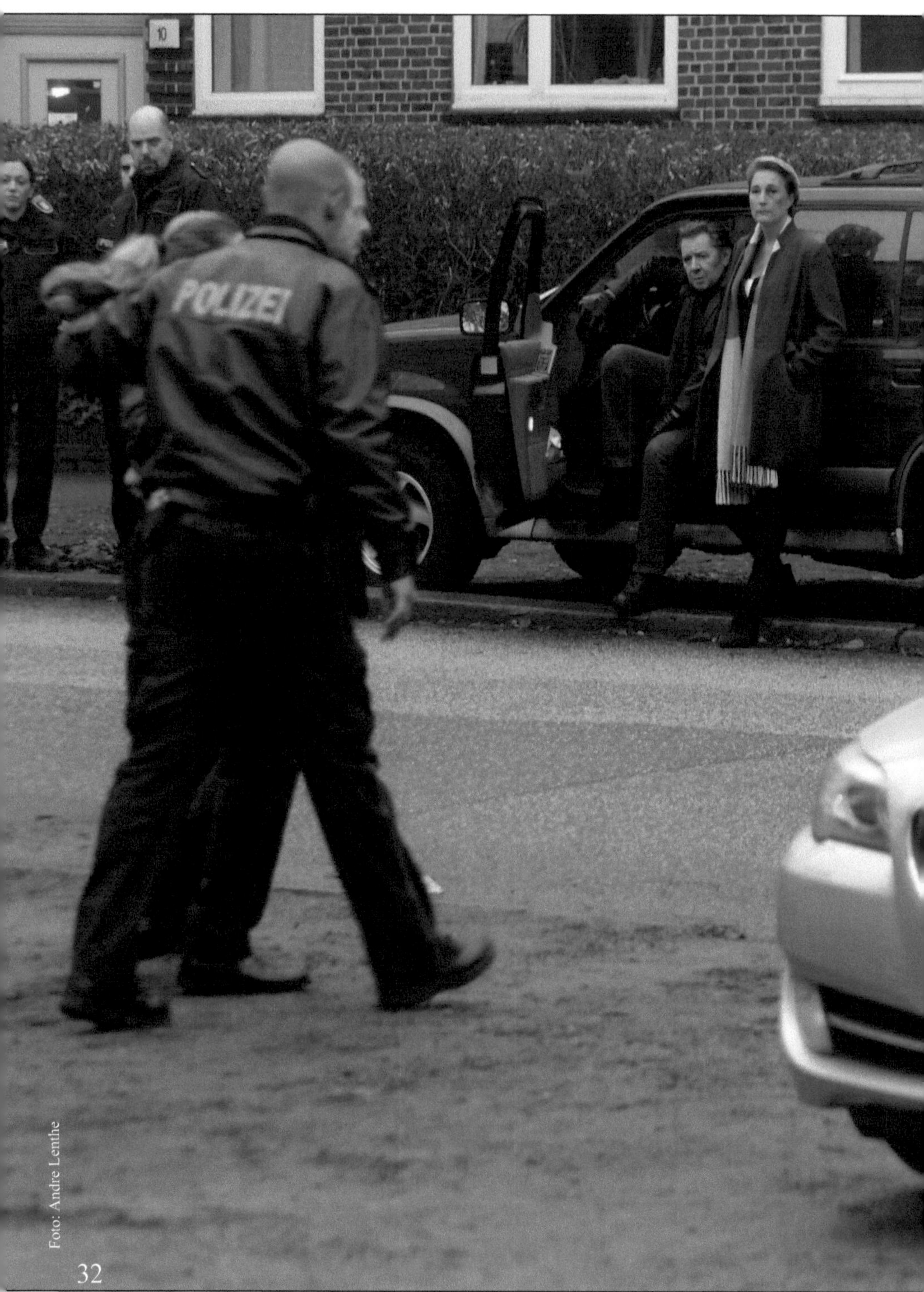

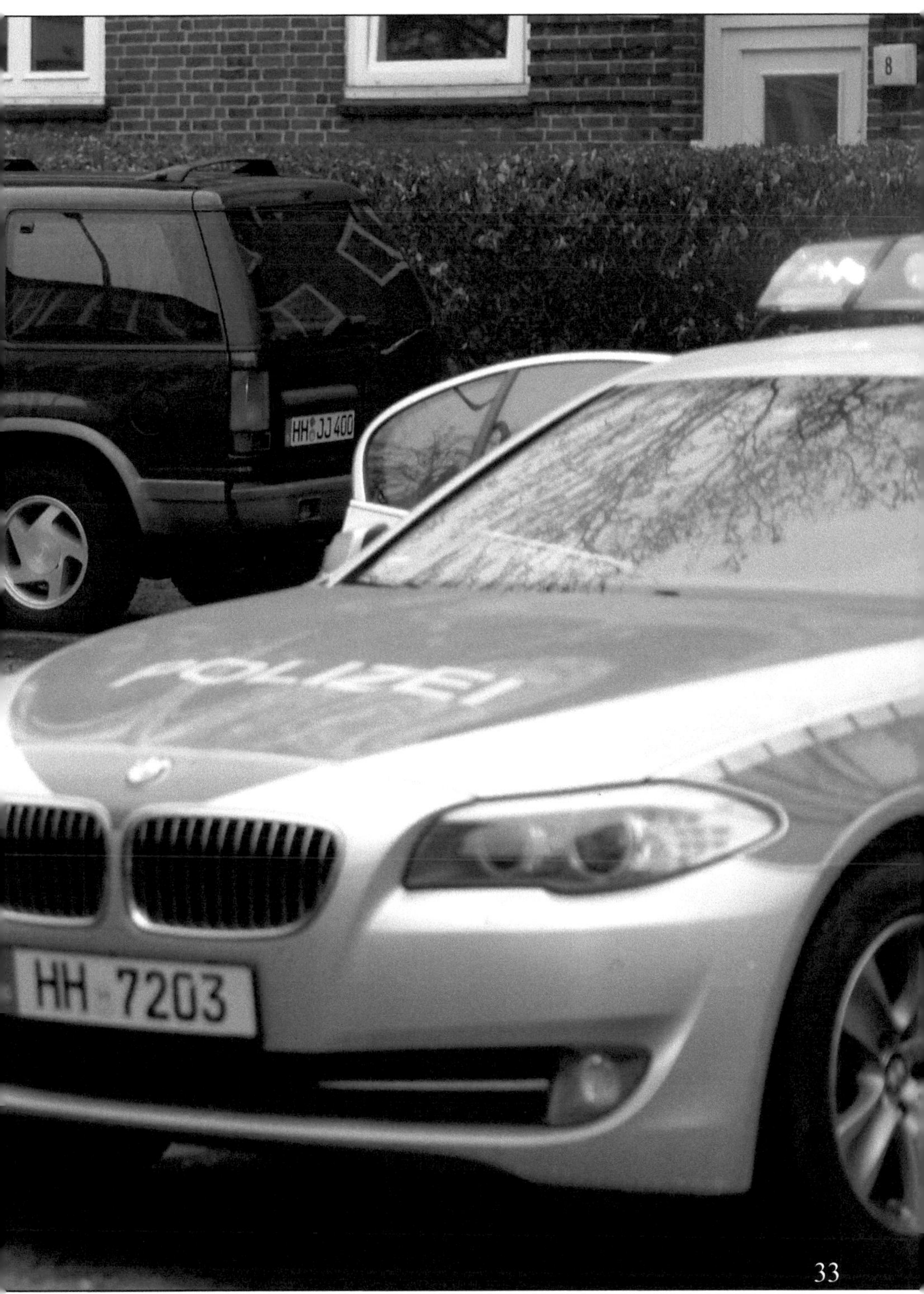

8
HH·JJ 400
POLIZEI
HH · 7203

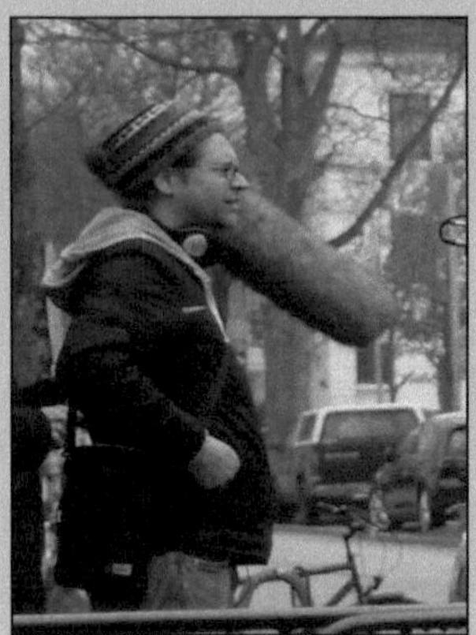

Regisseur Tom Zenker bei den Dreharbeiten für das Finale der 32. Staffel, Folge 438. Zenker führte auch schon in den Folgen „Foul" (2015), "Teufelsbrück" (2015), „Rettungskind" (2019) und „Krokodile" (2019) Regie fürs „Großstadtrevier".

Auch bei Serien wie „Der blinde Fleck", „Lichtblick", „Kommissar Stolberg", „Ein Fall für zwei", „Letzte Spur Berlin", „Morden im Norden", „Die Bergretter", „Die Rosenheim-Cops", „Watzmann ermittelt" oder beispielsweise „WaPo Bodensee" führte Tom Zenker Regie.

Fotos (2): Andre Lenthe

Als Polizeioberkommissar Lukas Petersen steht Schauspieler Patrick Abozen in Uniform vor dem Streifenwagen Peter 14/2.

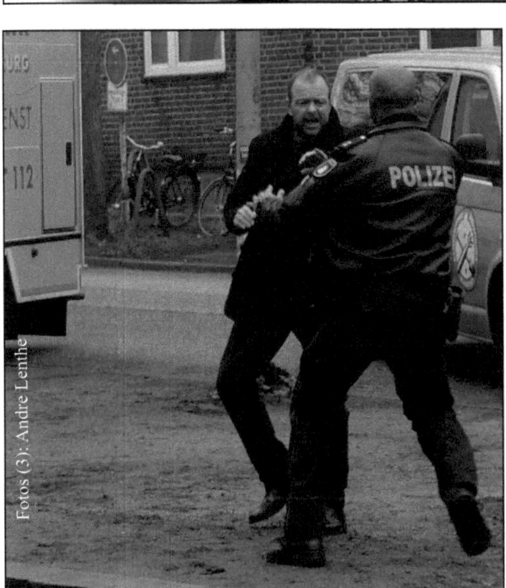
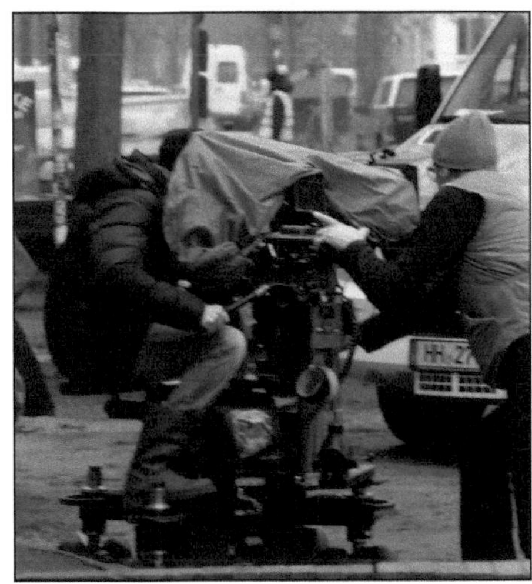

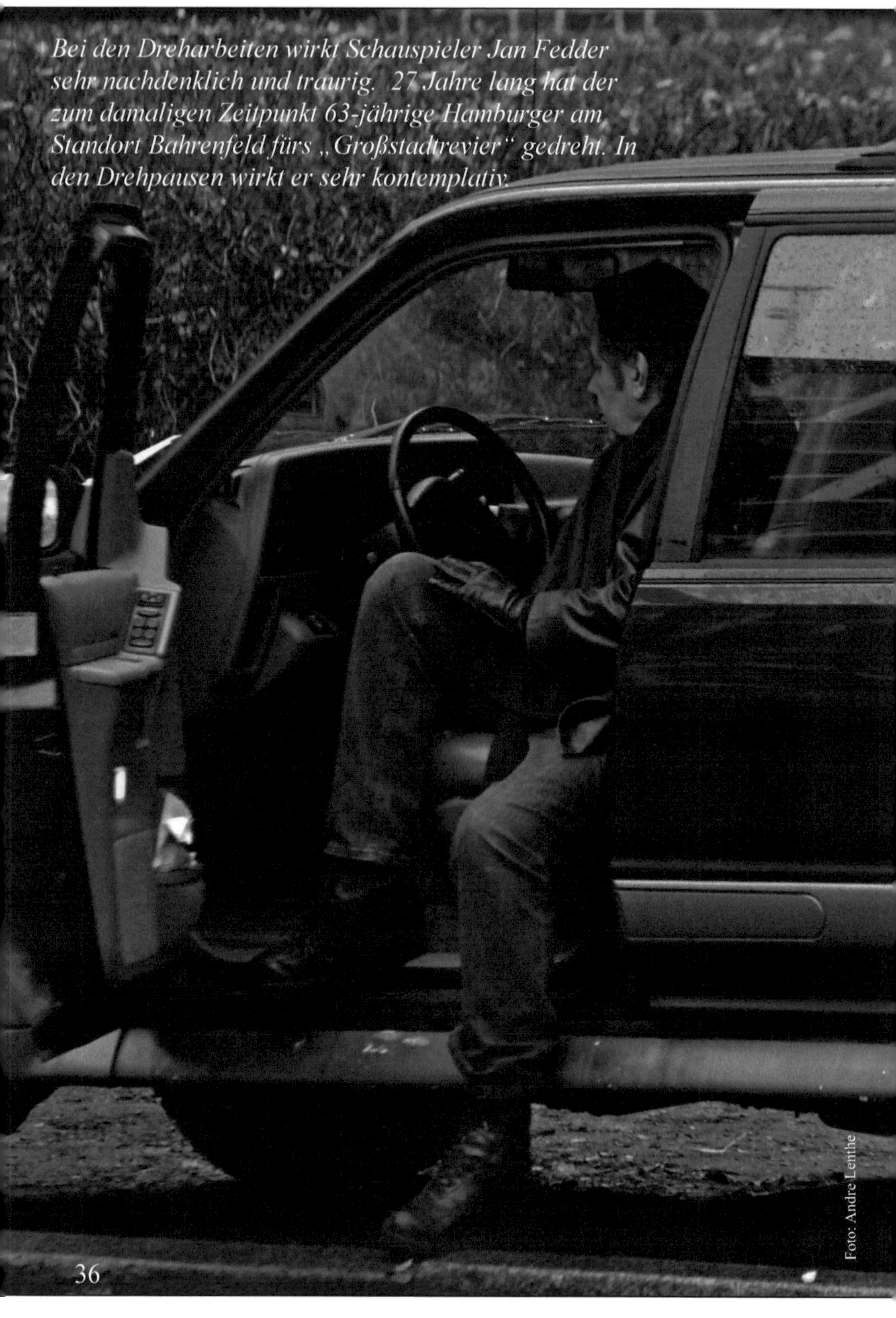

Bei den Dreharbeiten wirkt Schauspieler Jan Fedder
sehr nachdenklich und traurig. 27 Jahre lang hat der
zum damaligen Zeitpunkt 63-jährige Hamburger am
Standort Bahrenfeld fürs „Großstadtrevier" gedreht. In
den Drehpausen wirkt er sehr kontemplativ.

Foto: Andre Lenthe

36

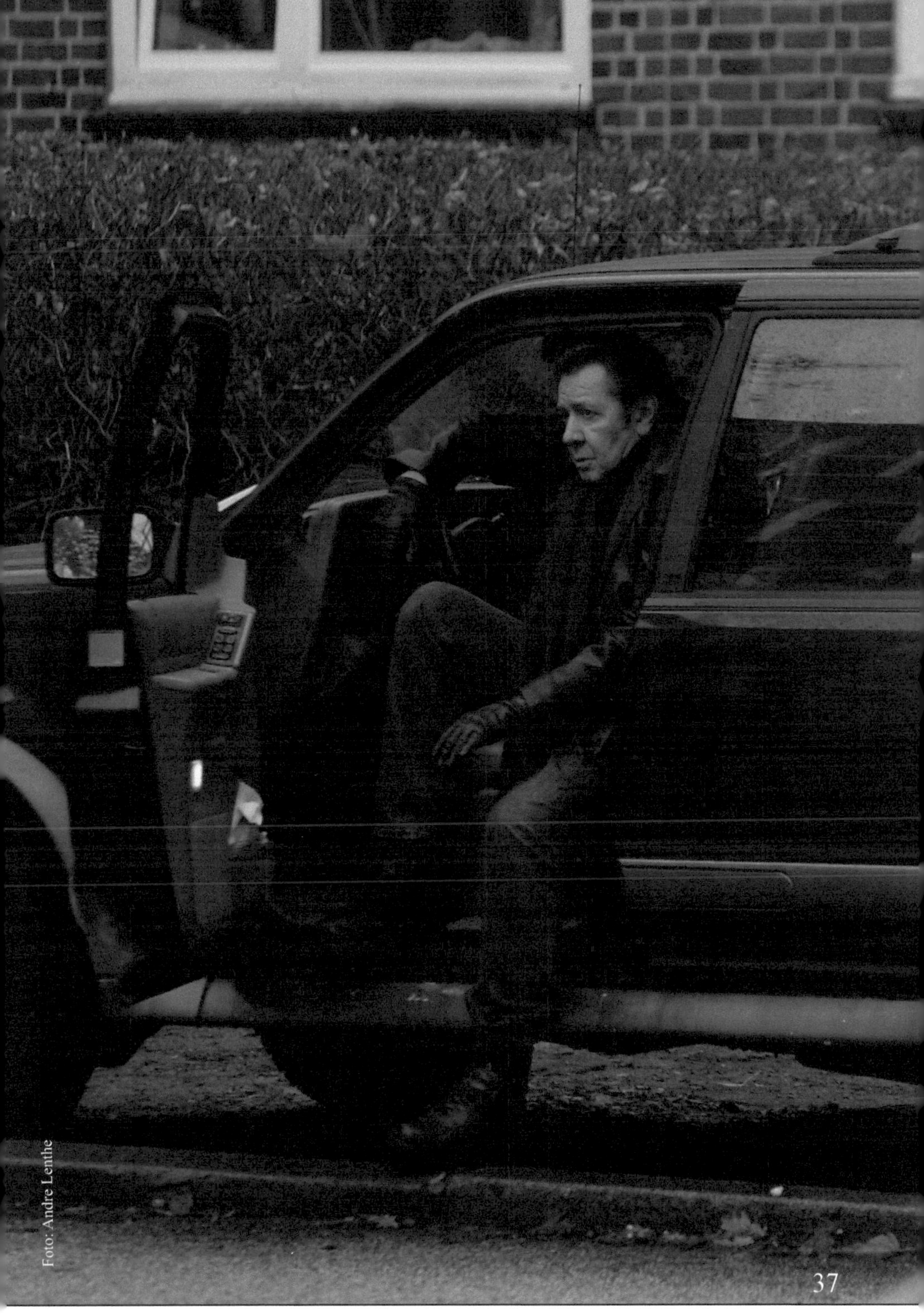

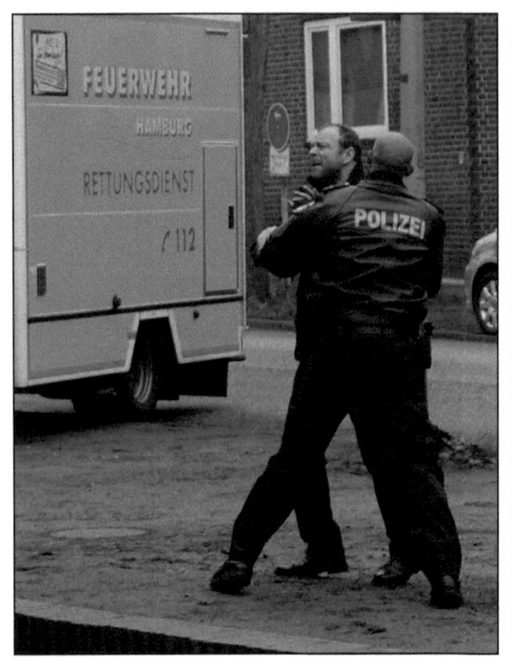

Manfred „Manni" Schwacke lässt nicht locker. Er versucht mehrere Male, ins Innere des PK 14 zu kommen. Im Fernsehen ist diese Szene natürlich nur einmal zu sehen.

Das Foto unten zeigt noch einmal den Drehort im Überblick. Zeitweise stehen „echte Bewohner" des Backsteingebäudes an ihren Fenstern und schauen sich die Dreharbeiten an. Wenn sie nicht im „Bild" sind, wird es von der Filmcrew geduldet.

Foto: Andre Lenthe

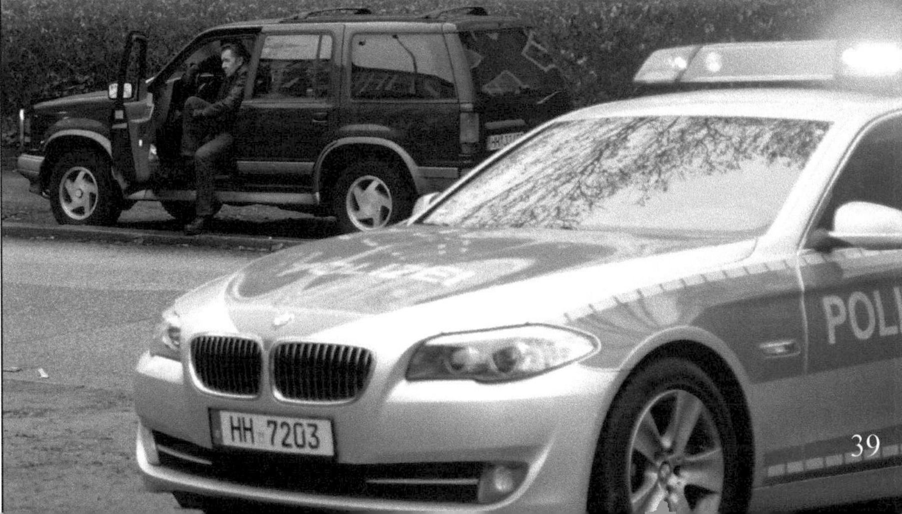
HH 7203
POLI

Foto: Andre Lenthe

Das neue Kommissariat 14 (PK 14)

Mit einem großen Knall, zerberstenden Scheiben, herumfliegenden Trümmern und der panischen Flucht ins Freie endet am 1. April 2019 die 32. Staffel „Großstadtrevier". Die Folge hat den Episodentitel „Das Revier explodiert" (Regie: Tom Zenker) – damit geht eine Ära zu Ende. Klinkersteine werden bei der Explosion aus der Wand gerissen und liegen verstreut auf der Fahrbahn vor dem Kommissariat, Fensterscheiben gehen zu Bruch – und auch das Schild mit Schriftzug „POLIZEI" hält nicht stand und fällt in die Tiefe direkt vor den Eingangsbereich.

Zwei Rettungswagen (RTW), ein Notarzteinsatzwagen (NEF), Einsatzwagen der Polizei, ein Fahrzeug vom Kampfmittelräumdienst und der Wagen von Dirk Matthies stehen direkt vor dem Revier – die Kollegen des PK 14 können nur noch völlig geschockt von ihrer alten Wache Abschied nehmen. Hannes Krabbe ruft noch „Frau Küppers, Frau Küppers". Aber glücklicherweise kann auch sie das Revier fast unbeschadet lebend verlassen. Einen ganzen Drehtag hat das Filmteam vom „Großstadtrevier" für diese Szene gebraucht. Warum hat das Filmteam überhaupt so eine spektakuläre Szene gedreht?

Der Mietvertrag für den Filmstandort in der Mendelssohnstraße in Hamburg-Bahrenfeld wurde gekündigt. Somit haben sich die Produzenten dieses besondere Ende für den ikonischen Filmstandort einfallen lassen. Ein neuer Drehort ist gefunden und wird seit 2019 zum Start der 33. Staffel verwendet: das neue 14. Kommissariat auf dem Gelände von Studio Hamburg. Im Atelier 3 ist ein zweistöckiges, modernes Polizeirevier entstanden, welches auf den folgenden Seiten vorgestellt wird.

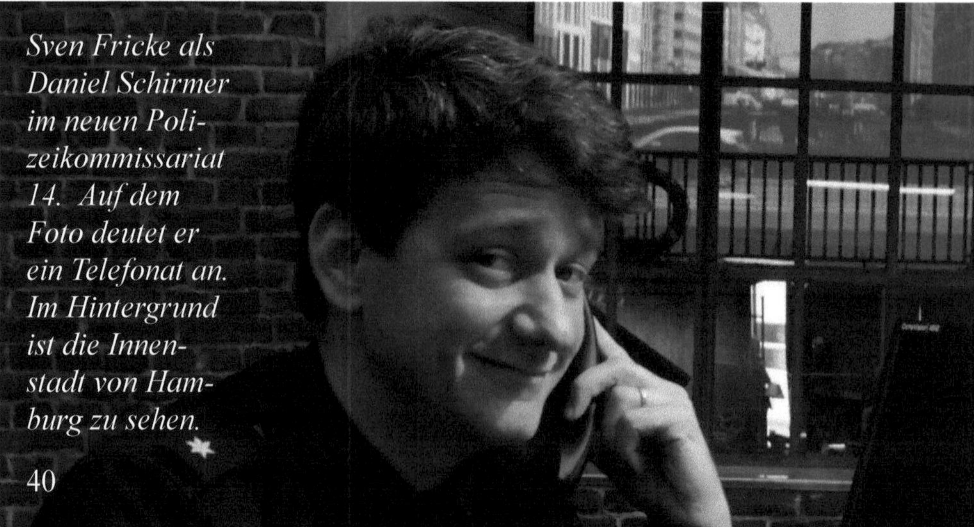

Sven Fricke als Daniel Schirmer im neuen Polizeikommissariat 14. Auf dem Foto deutet er ein Telefonat an. Im Hintergrund ist die Innenstadt von Hamburg zu sehen.

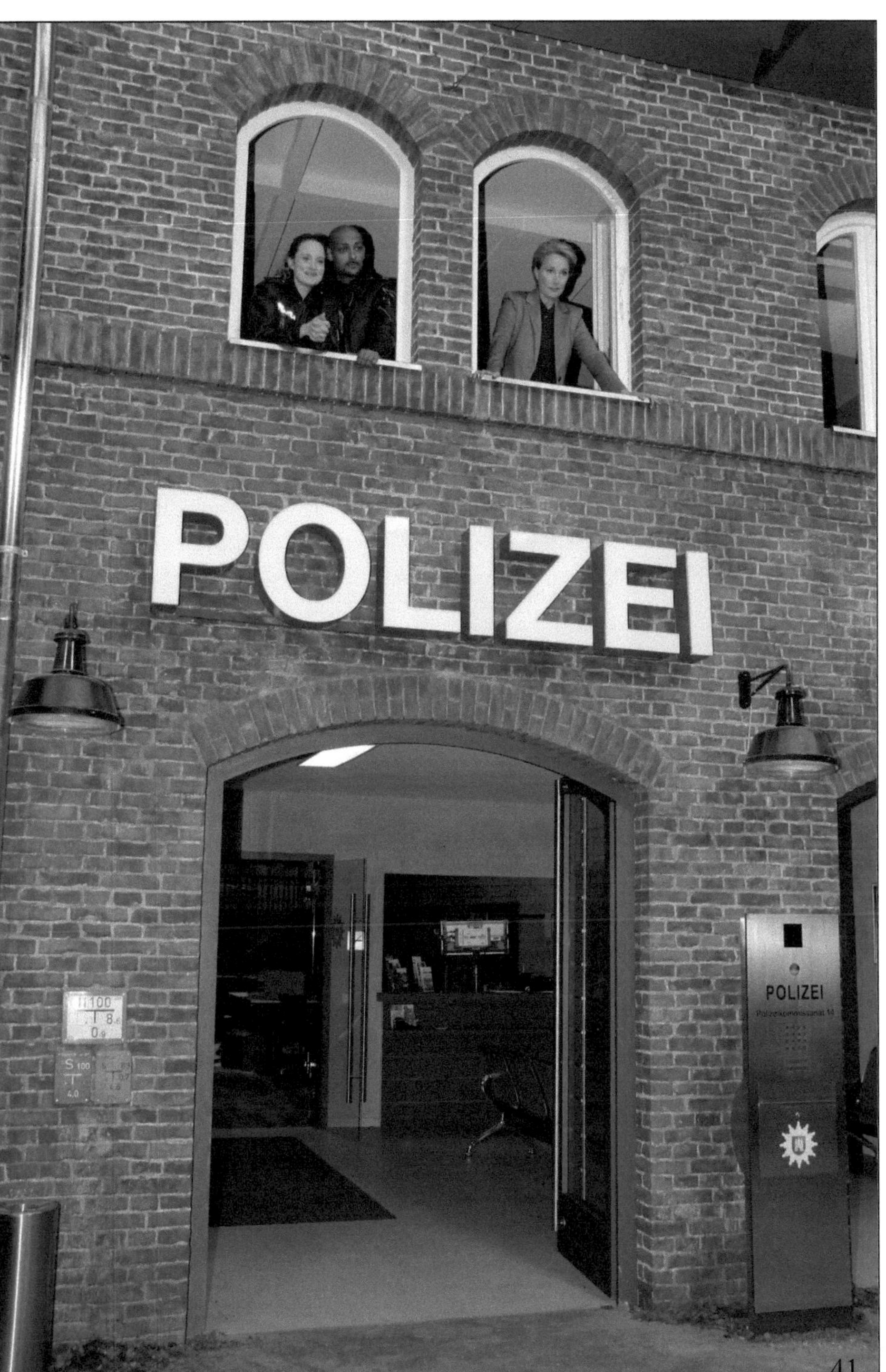
POLIZEI
POLIZEI
Polizeikommissariat 14

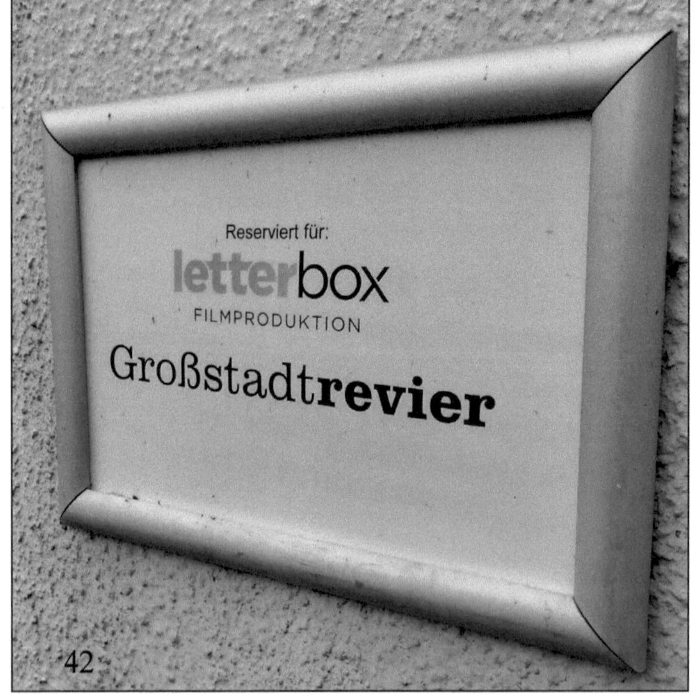

In diesem Gebäude (Atelier A3) in Hamburg-Tonndorf ist das neue 14. Kommissariat gebaut worden. Seitdem entstehen hier sämtliche Innenaufnahmen. Das Foto entstand am Tag eines öffentlichen Pressetermins auf dem Gelände von Studio Hamburg. Das Schild links weist Besucher darauf hin, dass unmittelbar vor dem Gebäude nur Fahrzeuge der Produktion parken dürfen.

Mit großen Plakaten macht die ARD Werbung für neue Folgen vom „Großstadtrevier" und dem neuen 14. Kommissariat.

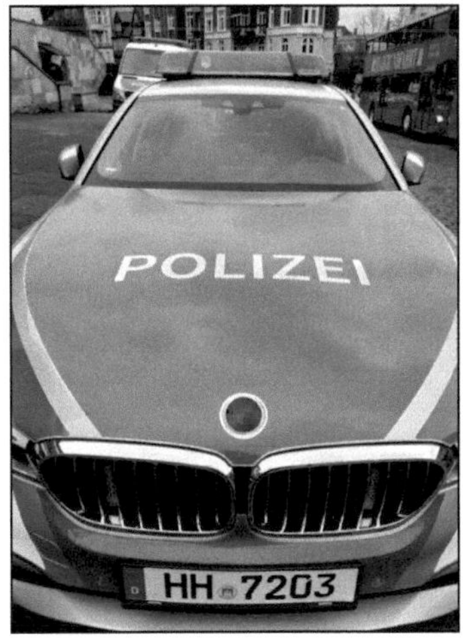

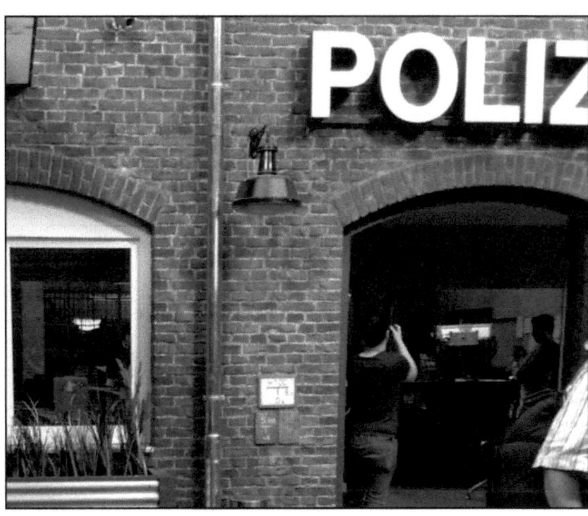

Mit zahlreichen Umzugskartons endlich im neuen Revier angekommen: Daniel Schirmer (Sven Fricke), Hannes Krabbe (Marc Zwinz), „Harry" Möller (Maria Ketikidou) und Piet Wellbrook (Peter Fieseler). Das Foto unten zeigt Nina Sieveking (Wanda Perdelwitz), Lukas Petersen (Patrick Abozen) und Kommissariatsleiterin Frau Küppers (Saskia Fischer), wie sie noch immer aus dem Fenster schauen...

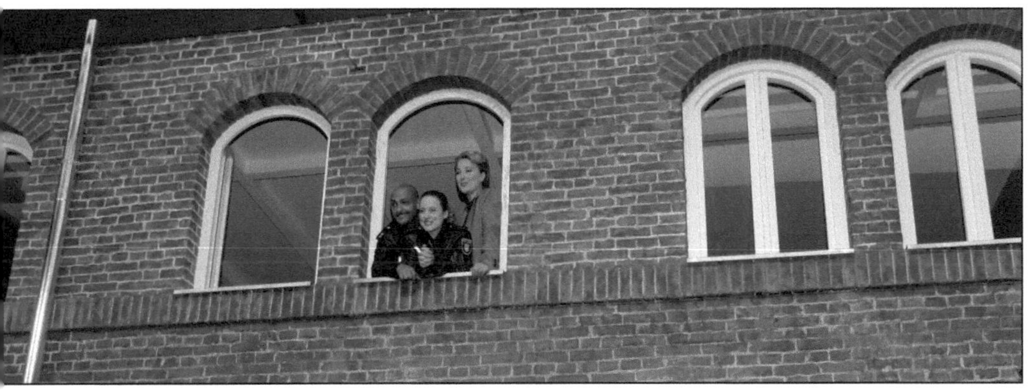

Der Blick aus dem ersten Stock des neuen Kommissariats ist aber auch schön...

Ob Blätter, Gehwegbeleuchtung, Regenrinnen oder Hinweisschilder auf Hydranten: auf viele Details wird beim neuen Kommissariat geachtet. Selbst kleine Kamera-Attrappen (oben links) sind angebracht, wie sie auch an vielen echten Polizeiwachen zu sehen sind.

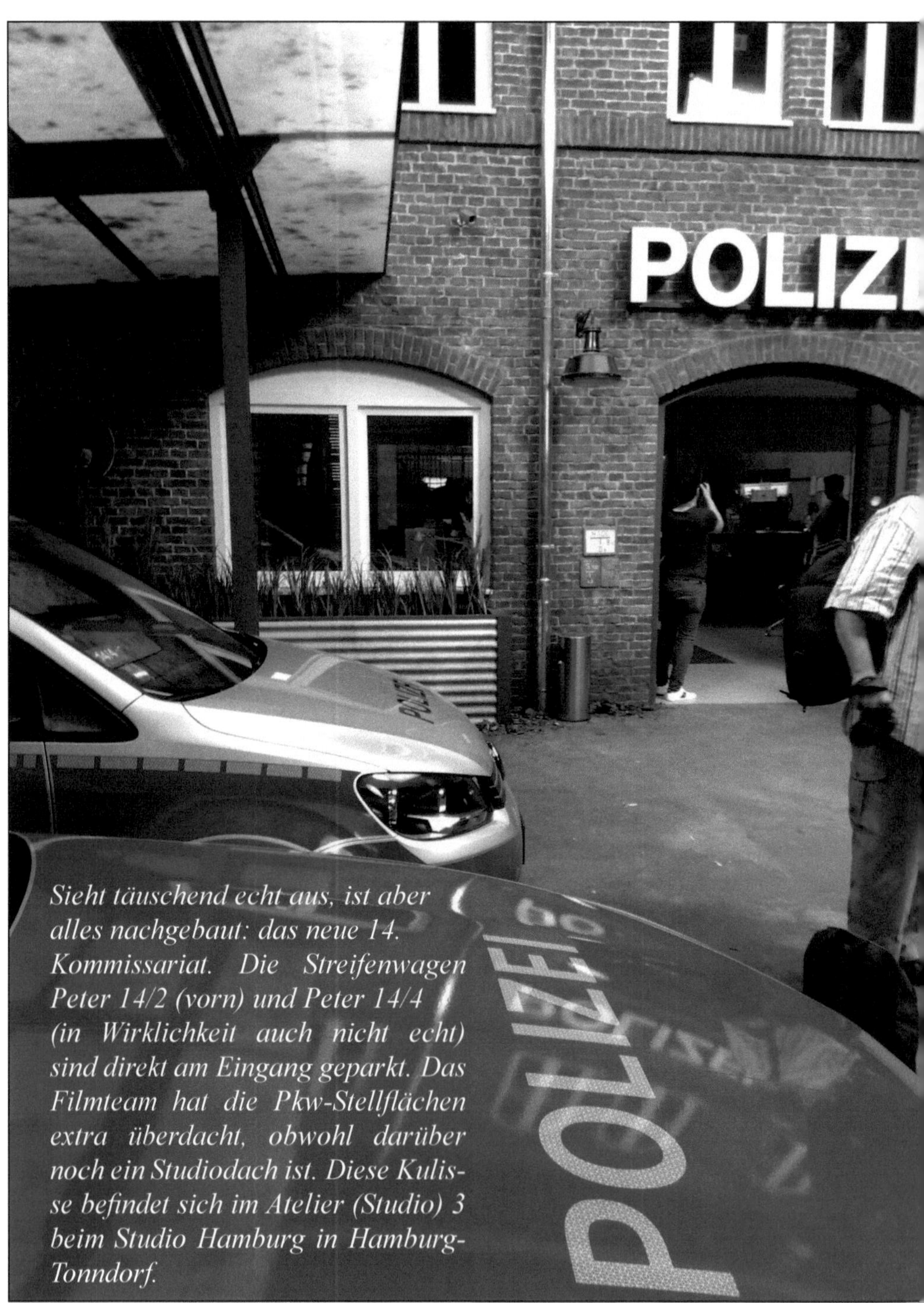

Sieht täuschend echt aus, ist aber alles nachgebaut: das neue 14. Kommissariat. Die Streifenwagen Peter 14/2 (vorn) und Peter 14/4 (in Wirklichkeit auch nicht echt) sind direkt am Eingang geparkt. Das Filmteam hat die Pkw-Stellflächen extra überdacht, obwohl darüber noch ein Studiodach ist. Diese Kulisse befindet sich im Atelier (Studio) 3 beim Studio Hamburg in Hamburg-Tonndorf.

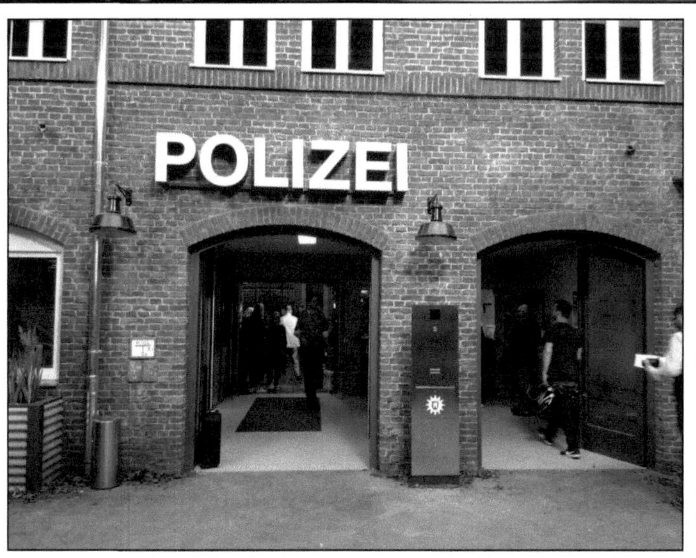
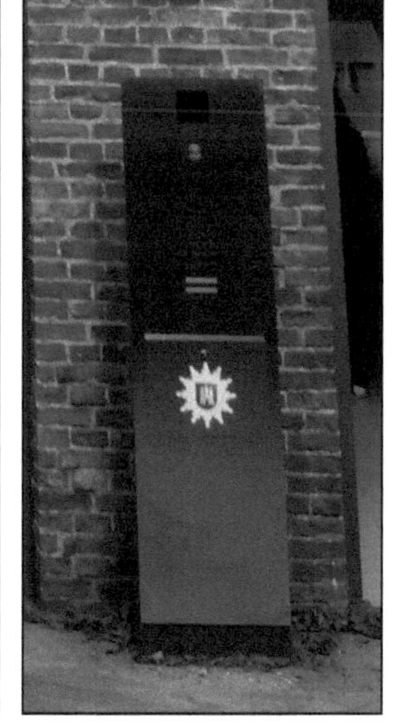

POLIZEI

Das neue 14. Kommissariat ist erstmalig in der Folge „Das neue Revier" (Folge 439) zu sehen. Nach der Explosion der alten Wache beziehen Dirk Matthies (Jan Fedder) und der Rest der Kiez-Polizisten vom „Großstadtrevier" am 27. Januar 2020 ihr neues Domizil. Eine Zäsur in der Geschichte des Serienklassikers, wie es in einer Pressemitteilung der ARD heißt. 28 Jahre lang war das Polizeirevier in der Hamburger Mendelssohnstraße angesiedelt. Die 16 neuen Folgen der 33. Staffel wurden in einem zweistöckigen Studiobau und an Originalschauplätzen in Hamburg produziert. Das Studio mit Backsteinoptik ist mit modernster Technik ausgestattet, die auch gleichzeitig für eine warme und helle Atmosphäre am Drehort und auf dem Bildschirm sorgt.

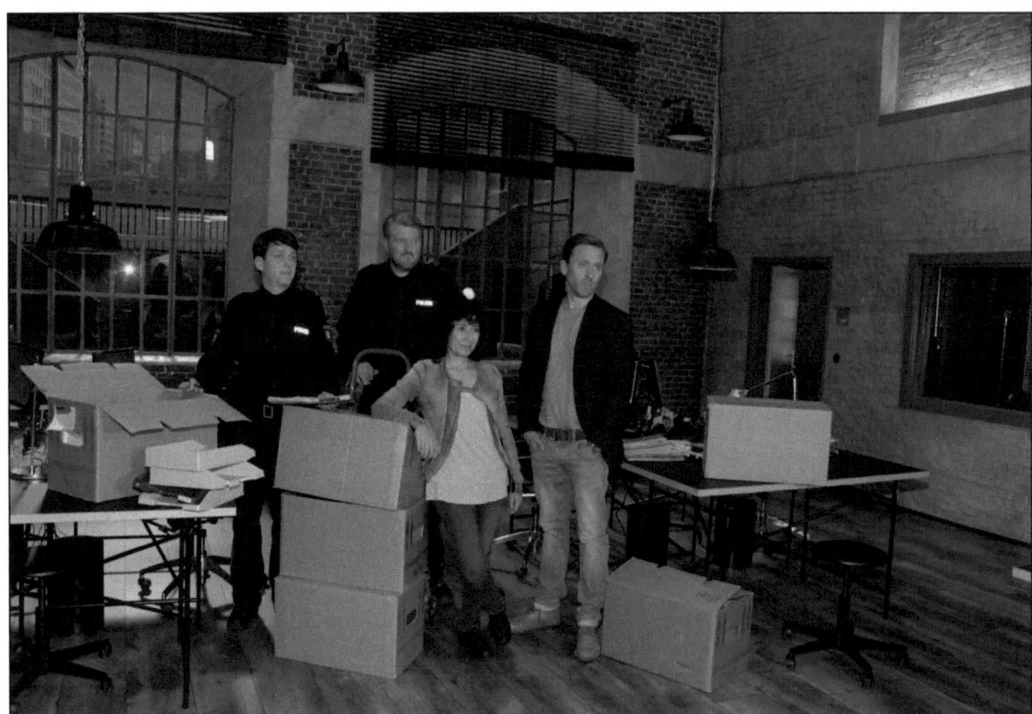

Geräumig, hell und mit viel Liebe zum Detail entstand im Atelier 3 das neue 14. Kommissariat. Mehrere Dutzend Umzugskartons mussten aus Bahrenfeld nach Tonndorf transportiert werden. Von links: Daniel Schirmer (Sven Fricke), Hannes Krabbe (Marc Zwinz), „Harry" Möller (Maria Ketikidou) und Piet Wellbrook (Peter Fieseler) packten persönlich ihre Habseligkeiten aus den Kartons an ihren Arbeitsplatz. Auf dem Foto rechts ist das Büro von Dirk Matthies (Jan Fedder) zu sehen.

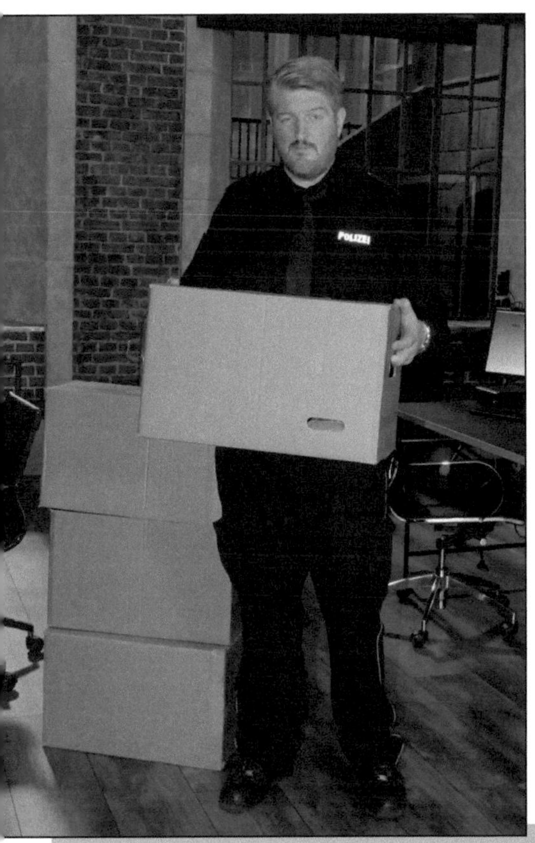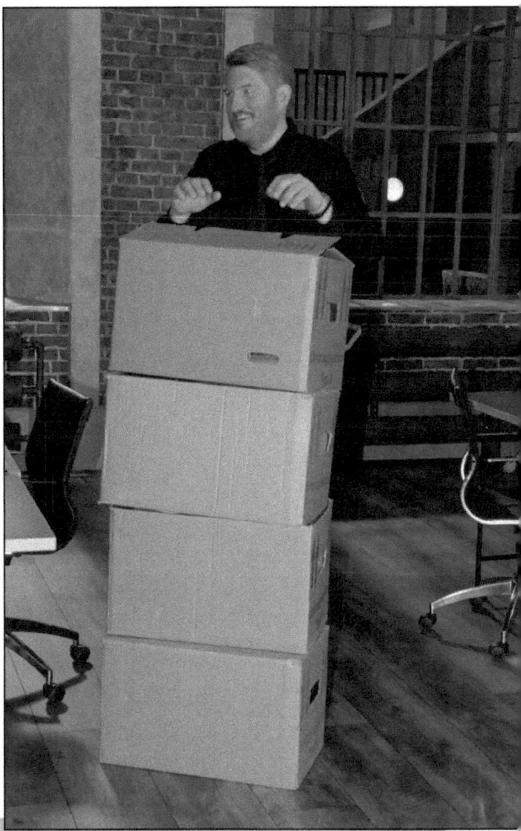

Polizist Hannes Krabbe muss im neuen Kommissariat erst einmal seine Umzugskartons sortieren.

Mit den Umzugskartons werden im neuen Revier auch gleich die ersten spannenden Fälle ausgepackt. Wie es in der Programmvorschau für die neue 33. Staffel heißt, taucht eine Schnullerkette in einem der Umzugskartons auf, die einem Mädchen gehörte, das seit 14 Jahren verschwunden ist. Jetzt stellt sich den Beamten die Frage, ob da jemand ein Beweismittel verschwinden lassen hat? Zivilfahnderin Harry Möller (Maria Ketikidou) und Kollege Piet Wellbrook (Peter Fieseler) dürfen den alten Fall in der ersten neuen Episode („Das neue Revier") wieder aufrollen und kommen ganz schön auf Touren...

Wie es in einer Pressemitteilung weiter heißt, haben die Polizisten des Kommissariats in den 16 Episoden wieder äußerst knifflige und manchmal auch mysteriöse Fälle zu lösen. Und auch personelle Veränderungen stehen an: Nina Sieveking (Wanda Perdelwitz) wird bei einem Undercover-Einsatz schwer verletzt. Mit einem dramatischen Ausstieg verabschiedet sie sich nach sechs Folgen der neuen Staffel – aber nur vorübergehend. Der Grund: Darstellerin Wanda Perdelwitz erwartete während der Dreharbeiten ihr erstes Kind und legte deshalb eine Pause ein. Mittlerweile ist die Schauspielerin Mutter geworden und hat auch schon das Geschlecht ihres Babys bekannt gegeben. In einem Zeitungsinterview verriet die in Berlin lebende Fernsehpolizistin, dass sie einen Sohn bekommen habe. Wie der Kleine heißt und wer der Vater ist, behielt Wanda Perdelwitz, die ihr Privatleben so gut es geht von der Öffentlichkeit abschirmt, allerdings geheim. Mit Beginn der Dreharbeiten für die 34. Staffel wird sie nach bisherigen Planungen aber wieder für das „Großstadtrevier" vor der Kamera stehen.

In den Folgen ihrer Abwesenheit kommt Schauspielerin Farina Flebbe (spielt Polizistin Jessy Jahnke) als neue Kollegin ins Team des 14. Kommissariats.

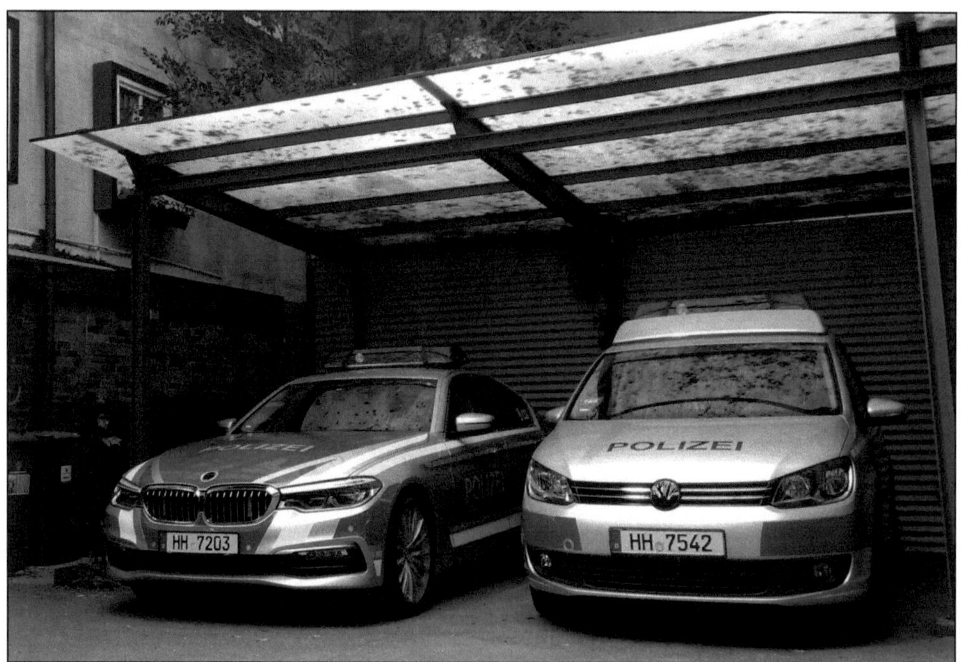

Eine überdachte Parkfläche für die Fahrzeuge des PK 14 wurde im Atelier 3 auf dem Gelände von Studio Hamburg gebaut. Zwei Dienstwagen können nebeneinander geparkt werden. Links ist die nachgebaute Fassade eines Mehrfamilienhauses zu sehen. An den Fenstern hängen Blumentöpfe, Mülltonnen stehen an der Hauswand. Auch eine Hecke (links neben dem Peter 14/2) dient als Filmkulisse.

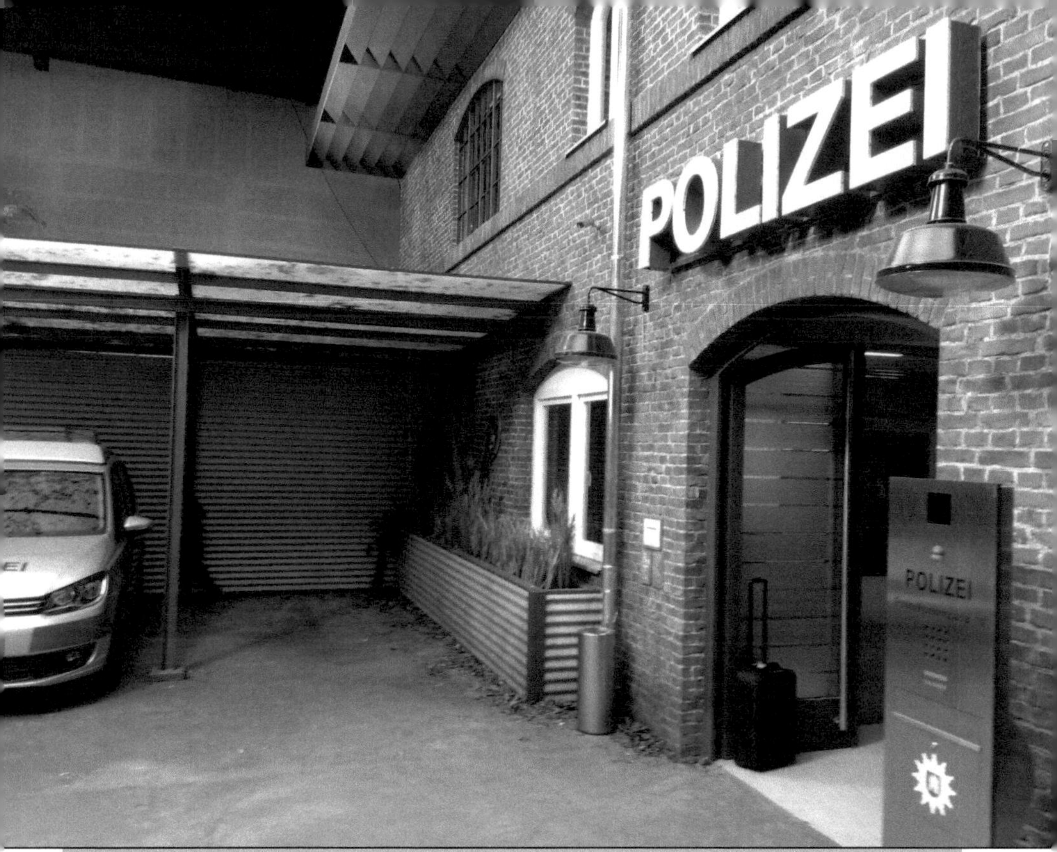

Sieht echt aus – ist aber letztlich eine nachgebaute Filmkulisse: Der Eingangsbereich des neuen Polizeikommissariats 14 samt Carport für die Streifenwagen.

Wie sieht denn das neue 14. Kommissariat aus? Bei einem Pressetermin zum Beginn der Dreharbeiten der 33. Staffel hatten Journalisten und Pressefotografen die Möglichkeit, sich das PK 14 anzuschauen. Die riesige Studiotür zum Atelier 3 wurde geöffnet und die zahlreichen Vertreter von Radio, Fernsehen und Printmedien konnten den Vorplatz des PK 14 begutachten. Links und rechts sind Stellflächen für Streifenwagen (in Wirklichkeit Filmfahrzeuge, lesen Sie dazu gerne das eigene Kapitel). Diese sind mit einer lichtdurchlässigen Überdachung geschützt. An den Wänden liegen künstliche Blätter, im Hintergrund sind künstliche Bäume zu sehen. In der Mitte befinden sich zwei Eingänge des neuen Kommissariats, die mit jeweils elektrischen Türen versehen sind.
Über dem linken Eingang ist der Schriftzug „POLIZEI" in weißen Buchstaben zu lesen. Darunter hängen mehrere Lampen für die Außenbeleuchtung. Zwischen den beiden Eingängen ist eine moderne Klingelanlage.

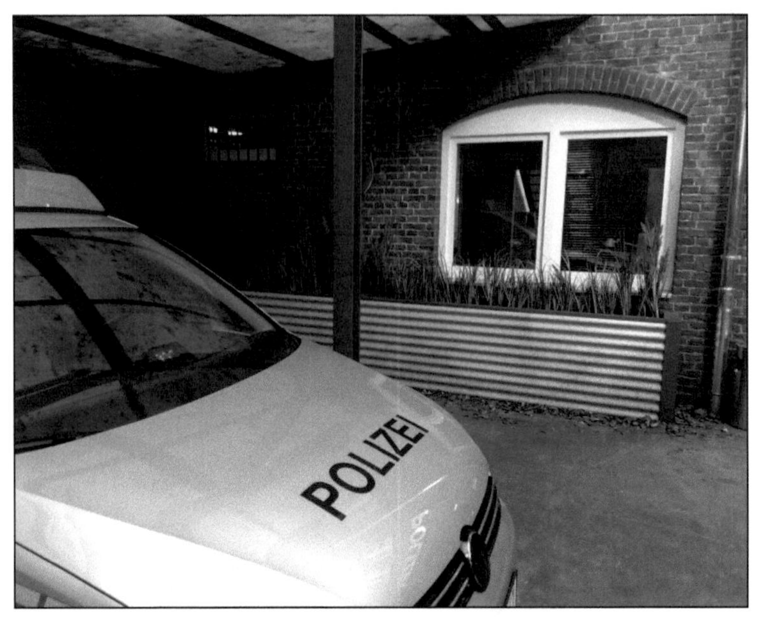

Links und rechts von den beiden Eingängen sind Fenster. Schaut man durch diese, so sind Schränke mit Aktenordnern und Schreibtischen zu sehen. Vor den Fenstern sind Blumenkübel aufgestellt. Das Foto links zeigt den Streifenwagen Peter 14/4, dahinter ist ein nachgebautes Büro zu sehen. Links davon befindet sich eine Zelle – wie anhand der Gitterstäbe am Fenster zu erkennen ist. Auf dem Studioboden liegen künstliche Blätter. Die Macher und Planer für das neue Kommissariat haben wirklich an viele kleine Details gedacht. Dreck an der Carport-Überdachung, Vogelscheiße an der Hausfassade und ein Aschenbecher im Eingangsbereich.

Neben der Regenrinne (auf dem Foto links zu sehen) sind drei Hinweisschilder zu Straßeneinbauten, in diesem Fall zu Hydranten, angebracht. Im rechten Eingangsbereich befindet sich eine Art Warteraum für Kunden der Polizei.

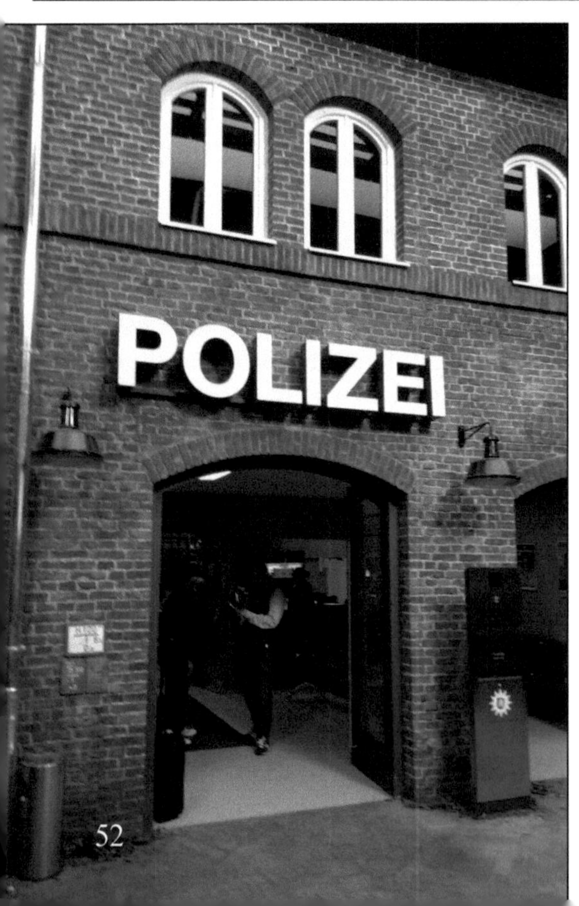

Bezüglich des Wechsels von der alten Wache in Bahrenfeld in den Stadtteil Tonndorf gab es manche Träne von Mitarbeitern und Darstellern. „Wir werden uns nicht untreu, wir werden nur zeitgemäß", sagt Schauspielerin Saskia Fischer, die in der Serie als Kommissariatsleiterin Küppers zu sehen ist, in einem Zeitungsinterview.

In dem etwa 1.000 Quadratmeter großen Fernsehstudio (nutzbare Fläche etwa 750 Quadratmeter) entstand zwischen November 2018 und Mai 2019 das neue Kommissariat 14. Es wurden dabei viele Details verbaut: an die Fenster von angrenzenden Nachbarhäusern, an einen roten Mülleimer der Hamburger Stadtreinigung und an jede Menge Pflanzen, an die schon auf den vorherigen Seiten hingewiesen wurde, hat der Studioarchitekt Thomas Stromberger gedacht. Das Studio ist großzügig, lichtdurchflutet und echt hanseatisch gestaltet.

In das Innere des neuen PK 14 gelangt der Besucher, in dem er durch den Warteraum geht. Mehrere Sitzplätze stehen dort zur Verfügung, an der blauen Wand hängen Bilder. Dann betritt der Besucher das Großraumbüro. Drei Tische sind in der Mitte des Raumes drapiert – mit jeweils zwei Arbeitsplätzen und weiteren Sitzmöglichkeiten für Kollegen oder Kunden (Zeugen, Vernehmungspersonen) des Kommissariats 14.

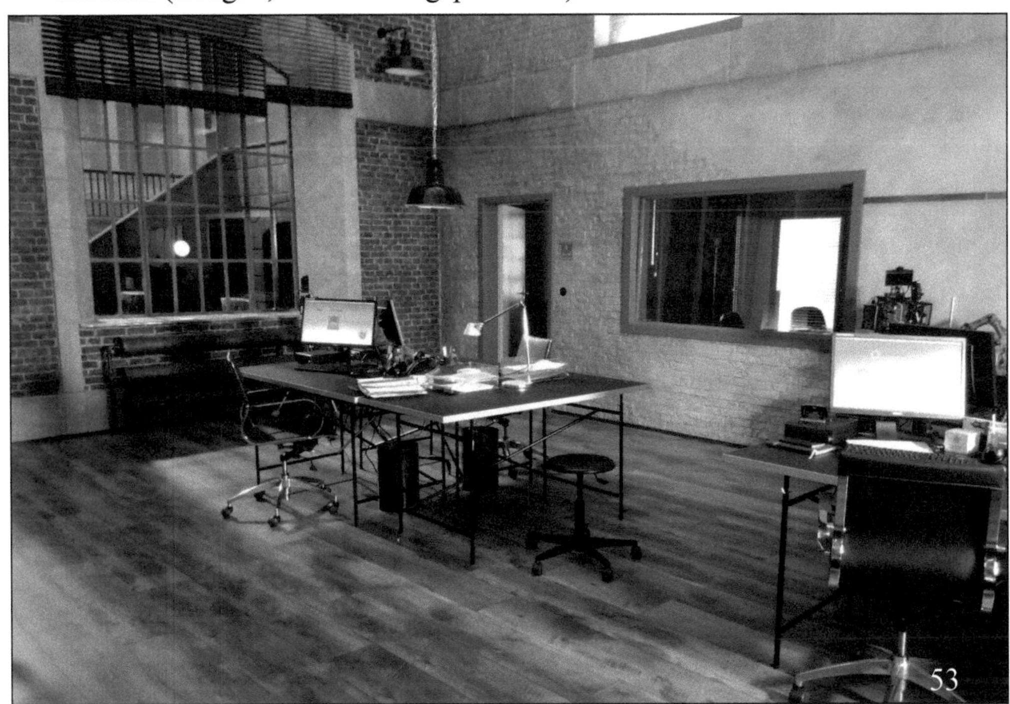

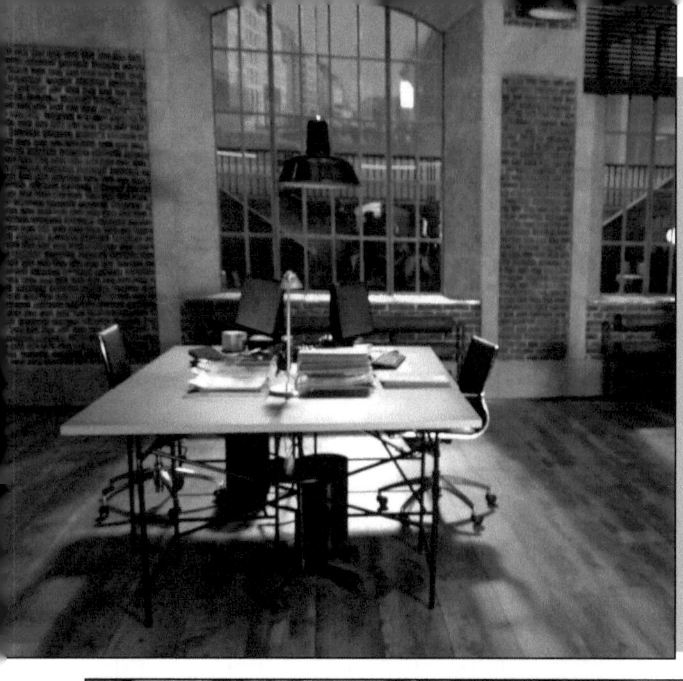

Das Polizeikommissariat 14 befindet sich in der Serie laut Drehbuch in einem Hinterhof. Auf dem Foto links ist die Rückseite eines Mehrfamilienhauses zu sehen, ganz links die Durchdurchfahrt für die Dienstfahrzeuge zu erkennen. Das Hauptgebäude PK 14 ist aus Sicht des Betrachters rechts. Dass es sich um ein Studio handelt, ist an den großen Scheinwerfern und dem Studiodach zu sehen.

Das aktuelle „Großstadtrevier"-Team (Staffel 32, 33) vor dem neuen 14. Kommissariat. Der Studioarchitekt hat einen typischen Hamburger Backsteinbau geschaffen. Im Innenhof – der gleichzeitig als Vorplatz der Wache fungiert – befindet sich auch eine Sitzbank und ein Fahrradständer.

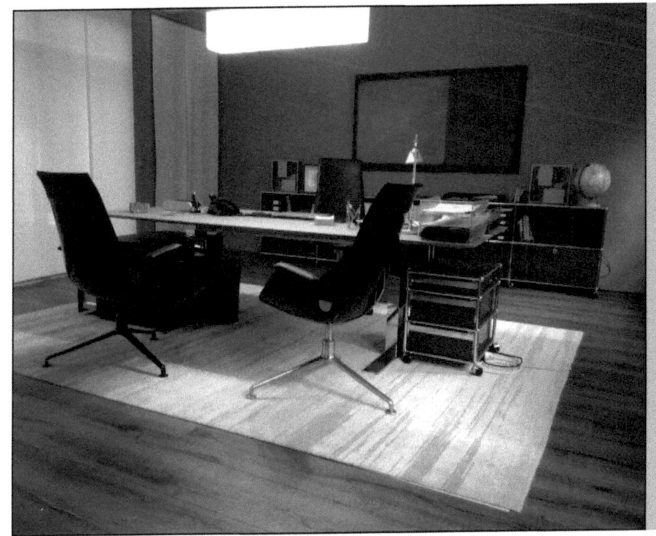

Das neue Büro von Revier-Chefin Frau Küppers (Saskia Fischer). Ihr Büro ist großzügig gestaltet – nicht zuletzt wegen der vielen Mitarbeiter hinter der Kamera. So kann sich beispielsweise der Kameramann wunderbar bewegen. Das war in der alten Wache anders.

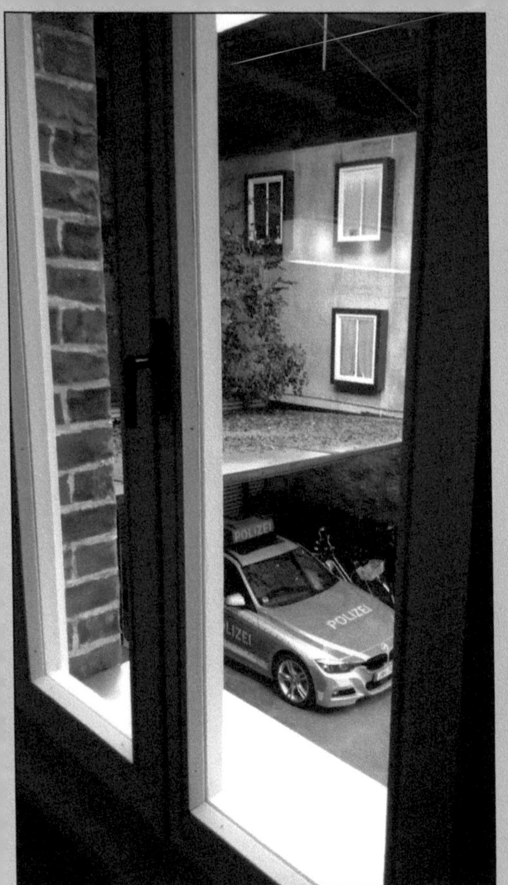
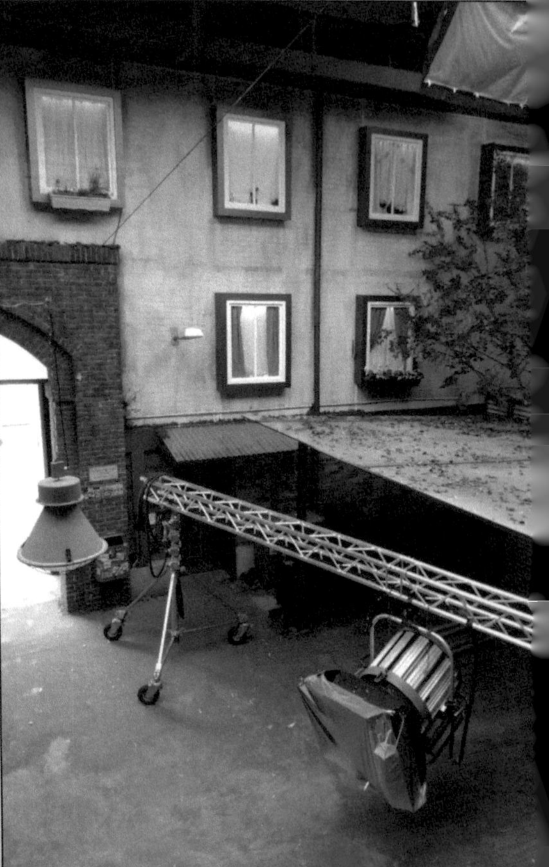

Blick aus dem Fenster aus dem Büro von Frau Küppers. Links ein Streifenwagen des PK 14. Rechts die rückwertige, nachgebaute Hausfassade eines Mehrfamilienhauses. Davor ein Film-Scheinwerfer.

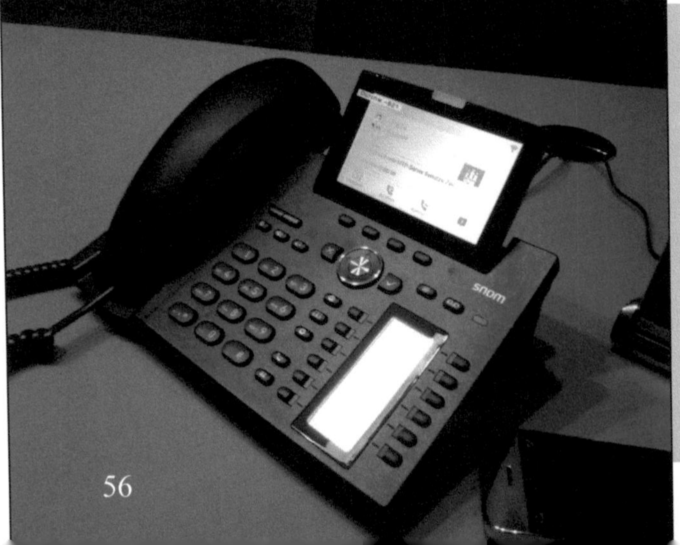

Das Telefon von Frau Küppers wird in den neuen Folgen des „Großstadtreviers" selten zu sehen sein. Dennoch ist auch hier viel Liebe zum Detail. Zu lesen ist die fiktive Durchwahl -621 sowie „PK 14 Frau Küppers" und „Keine Antwort von NTP-Server" und das Logo der Hansestadt Hamburg.

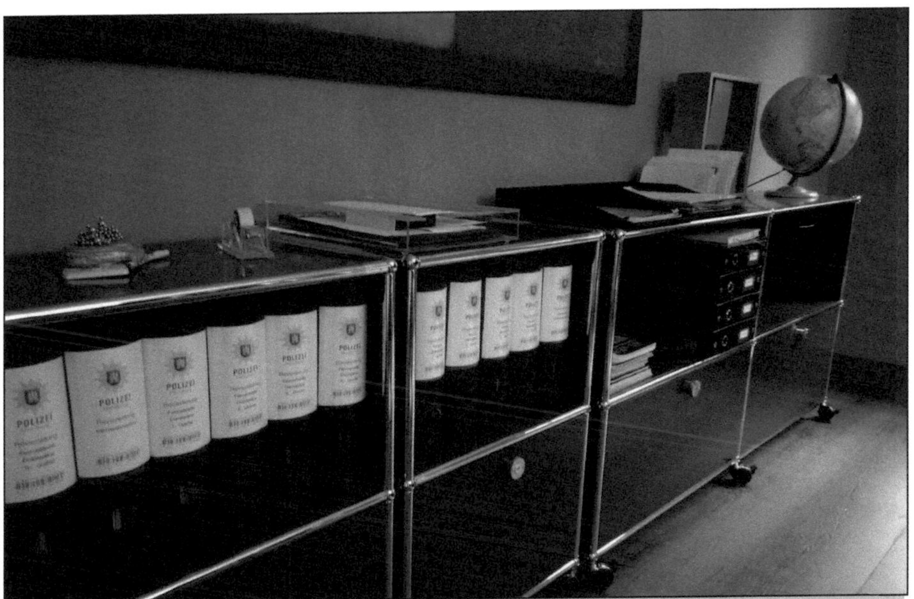

Akten über Akten reihen sich auf den Regalen im Büro von Frau Küppers. Auch ein Globus ziert das Büro – sowie einige persönliche Gegenstände.

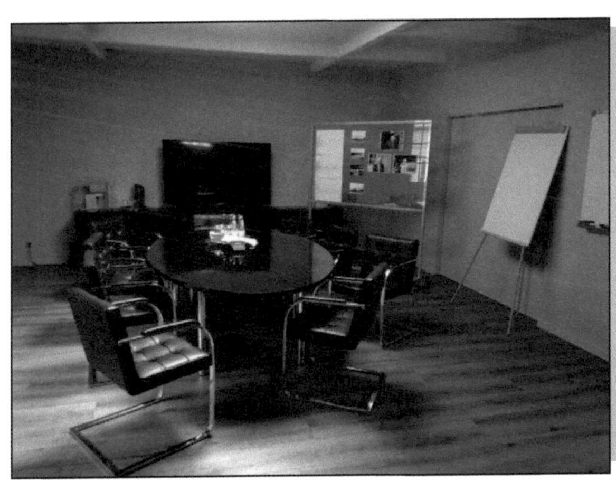

Das neue Kommissariat hält auch einen großzügigen Besprechungsraum bereit. Dort können die Beamten des PK 14 aktuelle Fälle diskutieren und Streifen- und Zivilpolizisten einteilen. Auch eine Kantine (Fotos unten) ist im neuen PK 14 zu finden.

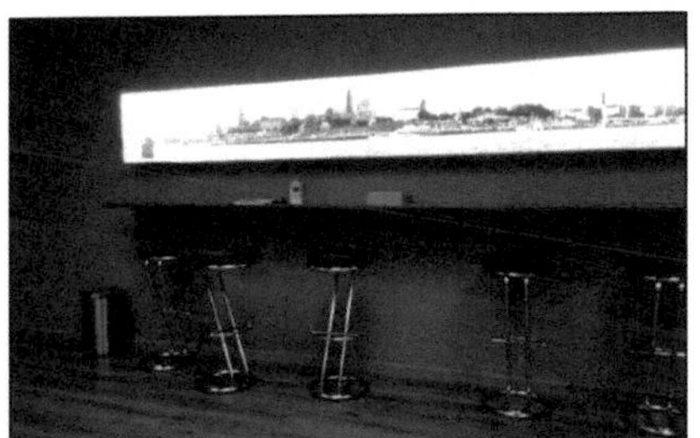

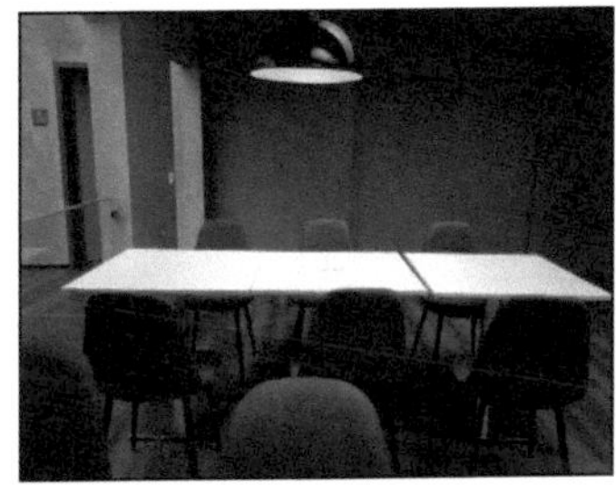

Das neue 14 Polizeikommissariat befindet sich laut Drehbuch mitten in Hamburgs Innenstadt an der Heiligengeistbrücke. Das Foto oben zeigt die Brücke, die über einen von zahlreichen Hamburger Fleeten führt. Damit der Fernsehzuschauer den Eindruck bekommt, die Wache sei tatsächlich an der Heiligengeistbrücke, hat das Produktionsteam auf dem Gelände von Studio Hamburg eine große Leinwandfläche (auf dem Foto unten, wenn man durch die Fenster schaut) an der Wand angebracht, auf die das Treiben an der Heiligengeistbrücke projiziert wird. Es fahren Autos und Lkw von links nach rechts und Passanten gehen spazieren.

Damit der Charme der alten Wache auch in den neuen Folgen erhalten bleibt, ist das neue PK 14 in einem Hinterhof in einer alten Fabrikhalle untergebracht. „Man muss Veränderungen einleiten und darauf setzen, dass der Zuschauer den Weg mitgeht", sagt Norbert Eberlein (Drehbuchautor) in der Dokumentation „Großstadtrevier – Eine Serie zieht um".

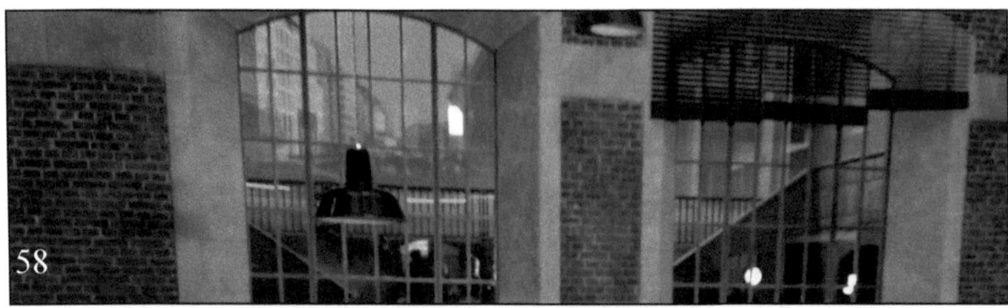

Die Innenaufnahmen in der Wache entstehen komplett im Atelier 3 auf dem Gelände von Studio Hamburg. Außenaufnahmen vor der Wache werden ebenfalls im Atelier 3 produziert. Dort steigen die Beamten in ihre Dienstwagen oder halten einen Plausch vor dem Eingang. Da dort allerdings keine Möglichkeit besteht, den Innenhof in der Filmszene vernünftig mit den Dienstfahrzeugen zu verlassen, weil der Fernsehzuschauer ansonsten eine schlichte Fassade eines Ateliers von Studio Hamburg zu sehen bekäme, musste das Filmteam in ganz Hamburg nach einer adäquaten Kulisse Ausschau halten. An der Elsässer Straße im Hamburger Stadtteil Dulsberg wurde des Team schließlich fündig. Dort steht ein altes Backsteingebäude mit einem schönen Torbogen – ideal für die Filmcrew.

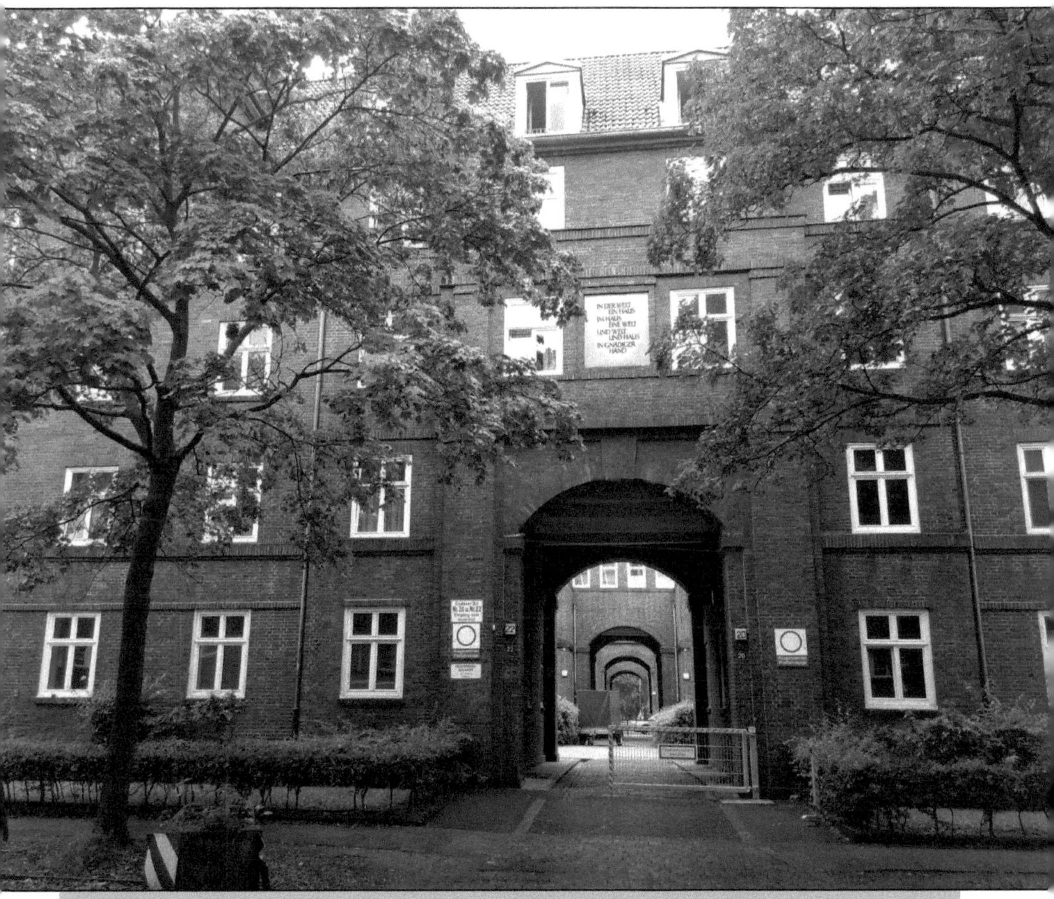

Kulisse für Außendrehs, wenn Beamte mit ihren Dienstwagen den Innenhof verlassen: das Backsteingebäude an der Elsässer Straße 20/22 in Hamburg-Dulsberg.

Von links: Wanda Perdelwitz, Maria Ketikidou, Patrick Abozen, Jan Fedder, Saskia Fischer, Peter Fieseler, Sven Fricke und Marc Zwinz bei einem Pressetermin im Mai 2019 vor dem neuen 14. Kommissariat.

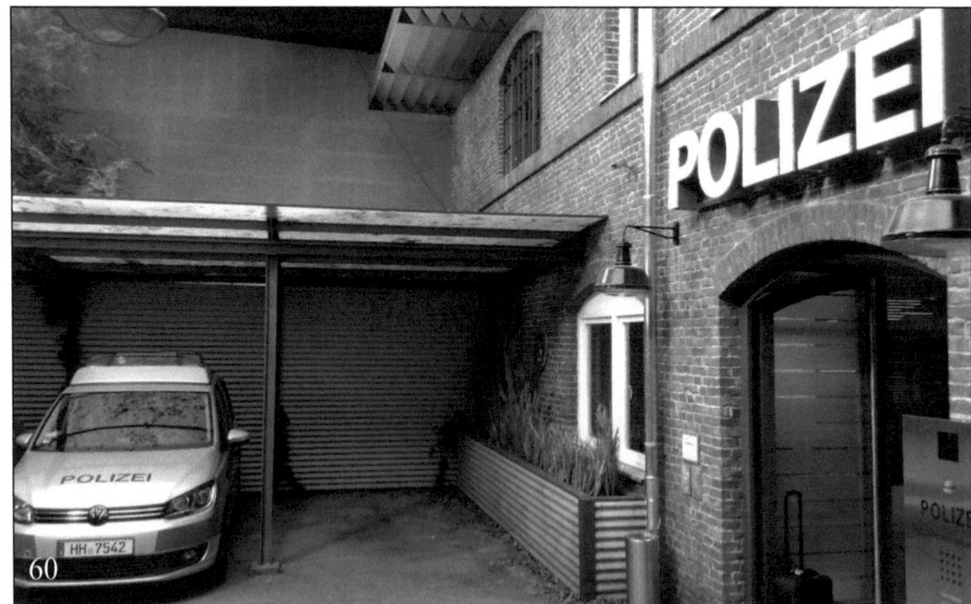

Wo wird die Polizeiserie noch gedreht?

Letztendlich ist das 14. Revier beziehungsweise 14. Kommissariat, wenn man so will, der gesamte Großraum Hamburg. Was im Fernsehen nur wenige Meter von der Wache entfernt liegt, ist in der Realtität schon mal bis zu 40 Kilometer weit entfernt. Denn die Filmcrew dreht sowohl in den Stadtteilen Bergedorf, Harburg, Mümmelmannsberg, Poppenbüttel oder Osdorf, als auch in Wellingsbüttel und Alsterdorf. Das macht die Serie ganz nebenbei auch zu einer Art Langzeitdokumentation über die Entwicklung der Stadt: viele Drehorte der älteren Folgen existieren in der dort dargestellten Form gar nicht mehr. Ob die Gebäude abgerissen oder komplett umgestaltet wurden – sogar ganze Stadtteile sind wie aus dem Nichts entstanden. Kurzum: Der Drehort ist ganz Hamburg eben. Dennoch gibt es immer wiederkehrende Kulissen, die von der Filmcrew ausgewählt werden.

Das Einsatzgebiet des 14. Reviers (Kommissariat 14): von Wedel über Altona bis hin zur HafenCity. Oftmals haben die Kollegen des Peter 14/2 und Peter 14/3 sowie die Zivilfahnder Einsätze in Elbnähe. Ob illegales Feuer am Elbstrand, ein Banküberfall, Straßenraub oder Autodiebstahl auf dem Hamburger Kiez. Auch der Hamburger Hafen mit Elbe ist in vielen Folgen zu sehen...

Wiederkehrende Drehorte sind die Speicherstadt, Landungsbrücken, Hafengebiete wie Veddel und Finkenwerder, Straßenzüge rund um den Hauptbahnhof, sowie Hamburgs Tierpark Hagenbeck. Ebenefalls beliebte und wiederkehrende Kulissen: Hochhäuser in Billstedt. Sie sind in mehreren Folgen des „Großstadtreviers" zu sehen – in dem Randbezirk im Osten der Stadt findet die Filmcrew offenbar immer wieder passende Objekte.

In der Folge „Hals über Kopf" ist die City Nord (Bürostadt im Stadtteil Winterhude) zu erkennen – auch sie wird immer wieder von der Filmcrew für Dreharbeiten angefahren. An Wochenenden ist hier kaum Verkehr, Straßen lassen sich mit behördlicher Genehmigung ohne Schwierigkeiten absperren.

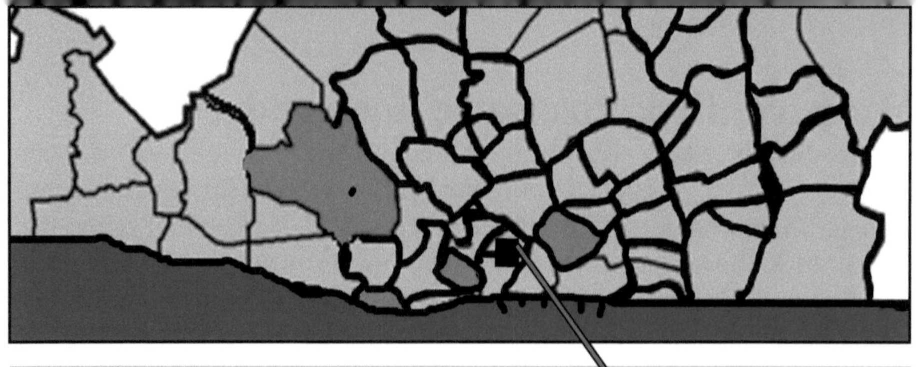

Die Kneipe von Big Harry ist Anlaufstelle der Beamten des Kommissariats 14. Abends, nach einem anstrengenden Tag, kommen die Polizisten auf ein Glas Bier in die Eckkneipe mit Charme und lassen sich von Big Harry (Harry Schmidt, bekannt aus dem TV-Format „Big Brother") bedienen. Er ist Freund der Beamten, obwohl er in einer Folge mit Falschgeld zu tun hat und somit selbst ins Visier der Polizisten gerät.

Die aktuelle Kneipe (seit der 23. Staffel) ist in der Nähe der Hauptkirche St.

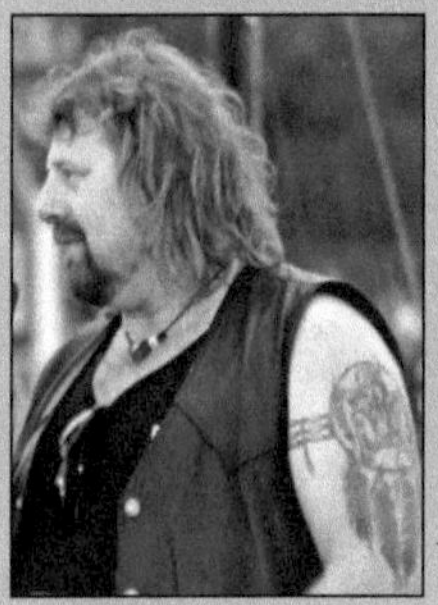

Michaelis (kurz: Michel), in der Martin-Luther-Straße 4 / Ecke Teilfeld. In der Serie als „Kiez-Kneipe" bekannt, liegt sie in der Realität im Hamburger Stadtteil Neustadt.

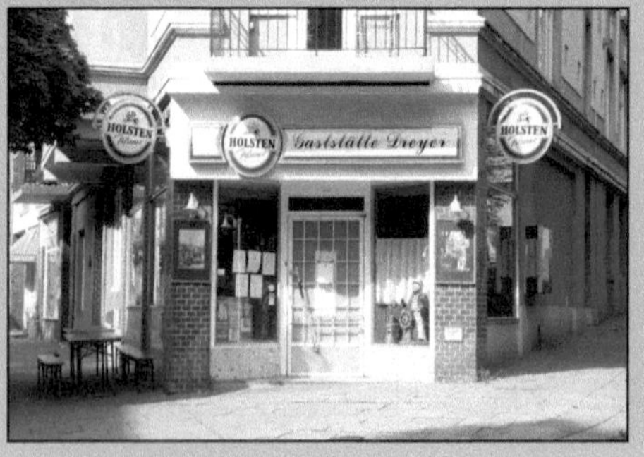

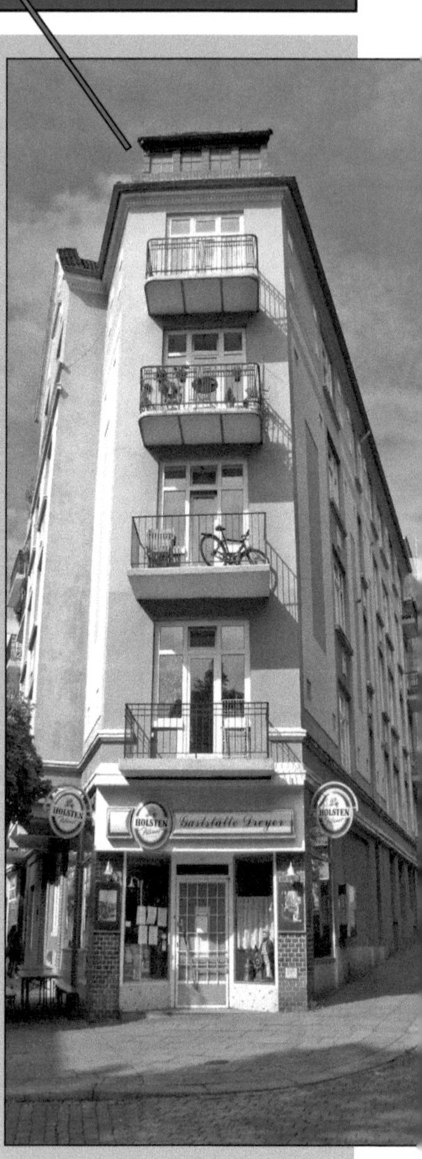

Auch **Hamburgs Außenalster** (Foto oben) ist immer wieder beliebter Drehort fürs „Großstadtrevier". Am Alsterufer können Passanten auf das Produktionsteam – samt großem Fuhrpark (Wohnmobile, Gerätewagen, Maskenmobile, Catering-Fahrzeuge) – stoßen und mit Glück bei den Dreharbeiten zuschauen. Spiegelreflexkameras sollten dann allerdings nicht herausgeholt werden: erspäht das Filmteam professionell wirkende Fotoapparate, so werden die Fotografen meist aufgefordert, keine Fotos zu machen. Gegen Handykameras hingegen hat meistens niemand etwas. Das Foto unten zeigt die **Binnenalster** in der Innenstadt Hamburgs.

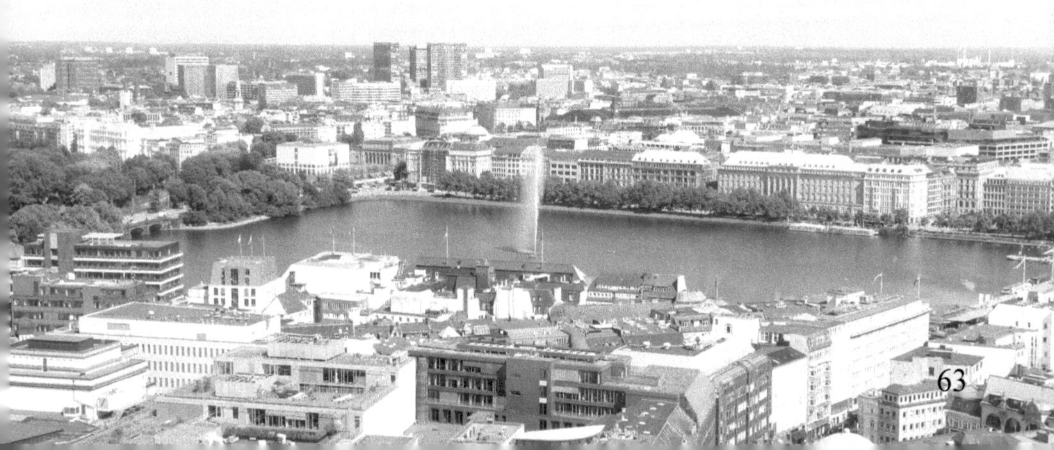

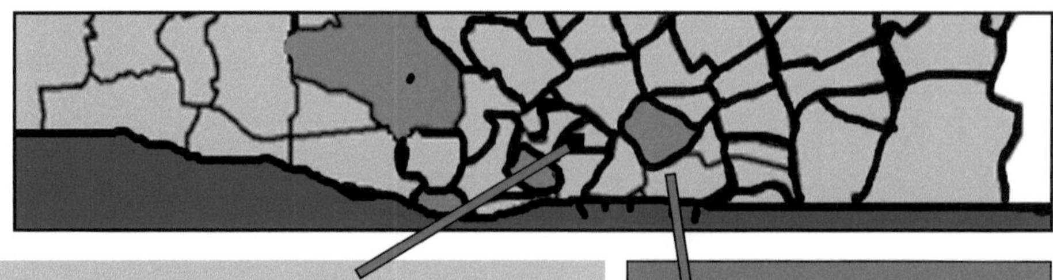

Beliebte Kulisse: **„Zur Ritze"** auf der Reeperbahn. Unter anderem in den Folgen „Der Boxer", „Videomann" und „Der Besuch" ist die Location mit historischem Boxkeller zu sehen. In der Folge „Der Besuch" heißt das Lokal zwar „Daisy" und nicht „Zur Ritze", aber echte Hamburger erkennen dennoch anhand des extravaganten Eingangs Hamburgs einzigartiges Lokal wieder. Bis vor ein paar Jahren konnte der Streifenwagen Peter 14/2 noch bis zur Haustür vorfahren. Dies ist jetzt nicht mehr möglich, weil in der Toreinfahrt ein Döner-Imbiss eröffnet hat und die Einfahrt dadurch geschmälert wurde. Für Dreharbeiten macht das Team auch heute noch gerne Halt – eine kultige Kulisse, die sich gerne für Innen- und Außenaufnahmen eignet.

Letzendlich ist gesamte **Reeperbahn** beliebte Anlaufstelle fürs Drehteam. Talstraße, Hamburger Berg und sämtliche Klein- und Nebenstraßen rund um den Hans-Albers-Platz dienen oft als Kulisse. Der Kiez ist sozusagen Mittelpunkt des Reviers.

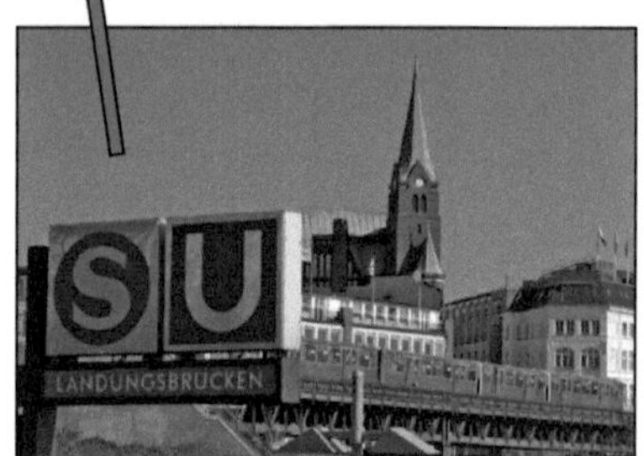

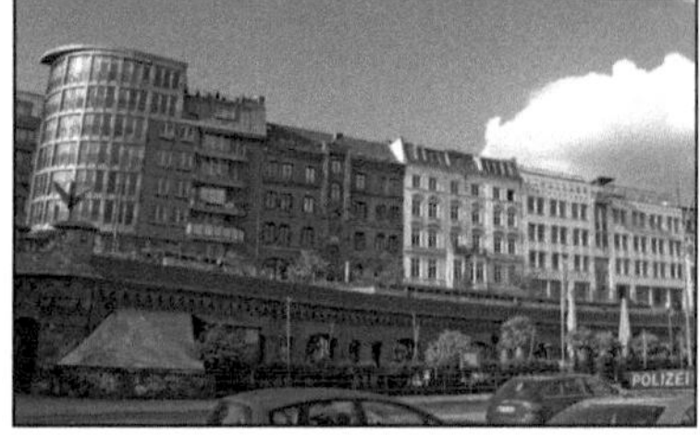

Beliebte Kulisse im Großstadtrevier: **die Landungsbrücken**. Zwischen Baumwall und Landungsbrücken gibt es fast unzählige Kulissen, die von den Fernsehmachern ausgewählt werden. Die Helgoländer Alle, die Fußgängerbrücke von der U-Bahn-Haltestelle Landungsbrücken bis zum Anleger, sowie kleine Geschäfte direkt an der Waterkant sind aus den bisher 390 ausgestrahlten Folgen nicht mehr wegzudenken. Auch rund um den alten Elbtunnel wird häufig gedreht, was das Zeug hält. Auch die berühmte **Hafenstraße** ist oftmals Kulisse.

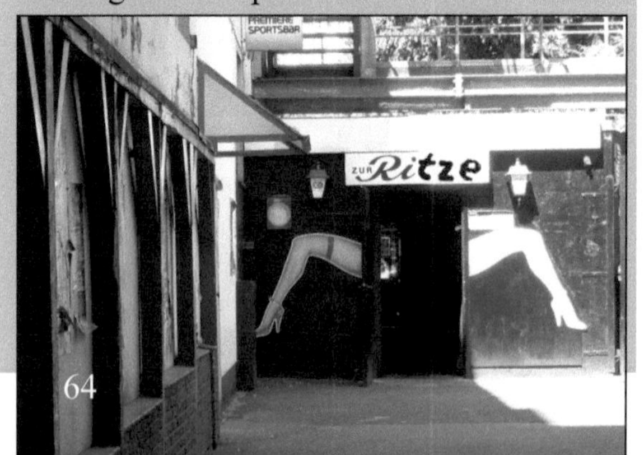

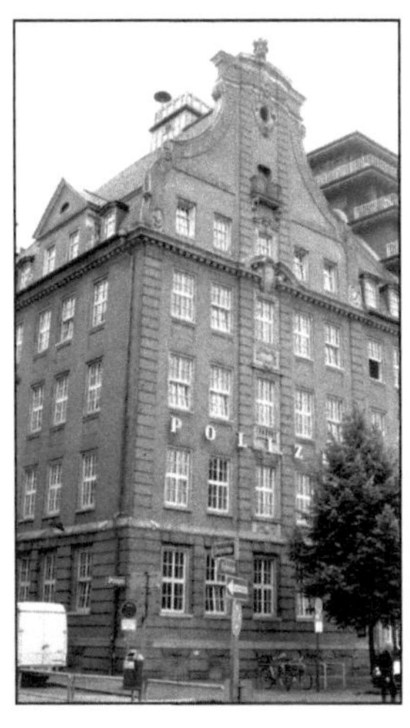
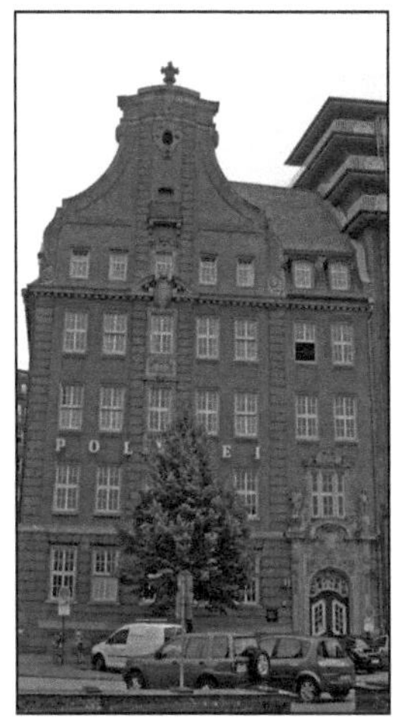

Beliebte Kulisse und damaliges 14. Revier: **die Polizeistation am Klingberg**. Während die Innenaufnahmen von 1986 bis Anfang der 1990er Jahre in einem leerstehenden Bürogebäude in Hamburg-Billbrook entstanden, wurden die Außenaufnahmen direkt auf dem Vorplatz des heutigen „echten" Polizeikommissariats 14 (Außenstelle, in der Straße Klingberg zwischen Burchardplatz und Messberg) produziert. In der Serie ist dieses Gebäude das 14. Revier, in dem Revierleiter Rolf Bogner mit seinem Team für Recht und Ordnung sorgt. Das Gebäude ist in vielen älteren Folgen von außen zu sehen, Streifenwagen parken direkt vor dem Eingang (dort, wo der weiße Pkw steht). In der Folge „Ein ganz normaler Tag" wird das 14. Revier sogar einmal komplett geräumt: Dietmar Steiner vermutet unter einer Sitzbank eine Bombe. Er hört –

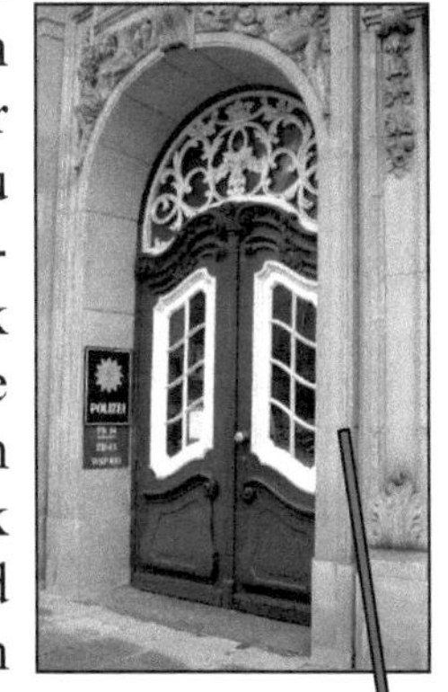

trotz lauter Geräuschkulisse im Revier und während seines Erdnüsse-Essens – ein merkwürdiges Ticken. „Ruhe!", brüllt Dietmar Steiner und dann ist das Ticken klar und deutlich zu hören. Feuerwehrleute rücken mit groß- em Geschütz an: Entwarnung. Richard Block geht mit einem Obdachlosen ins Revier, der seine Tasche samt We- cker drinnen vergessem hat. Nach einer kleinen Standpauke von Richard Block nimmt der Ob- dachlose sein Eigentum an sich und verschwindet. Große Aufregung im und vor dem 14. Revier.

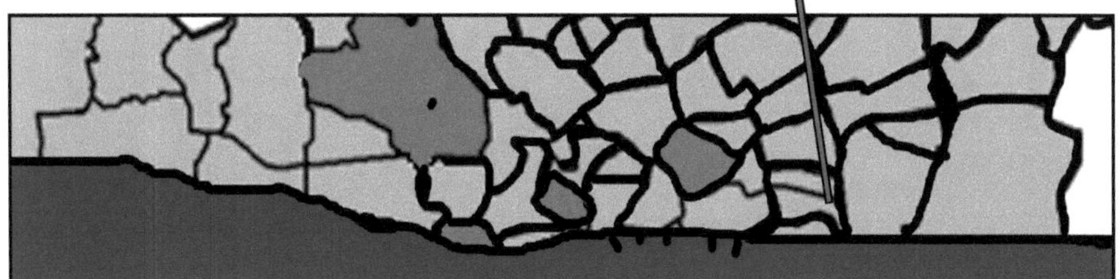

Unverwechselbar und als Wiedererkennungsmerkmal schlecht hin ist die grüne Eingangstür, durch die so manch berühmter Gastdarsteller geht (lesen Sie bitte das Kapitel „Prominente Gastdarsteller") und in der Serie zum Teil mit sehr kuriosen Angelegenheiten mit den Beamten konfrontiert. Vom Parkplatz vor der Wache startet der Peterwagen 14/2 und Motorradpolizist Neithardt Köhler zu ihren Touren auf Hamburgs Straßen.

Seit Anfang der 1990er Jahre ist als Hauptmotiv „Revier 14" ein Bürogebäude in der Mendelssohnstraße 13 in Hamburg Bahrenfeld. In der Realität ist es ein Gebäude, welches von Studio Hamburg Produktion für diverse Filme als Kulisse verwendet wird (unter anderem für den „Tatort" oder „Adelheid und ihre Mörder"). Wenn das Team Außenaufnahmen vom Gebäude macht, werden Streifenwagen auf dem Parkplatz drapiert und der Schriftzug „Polizei" über den Eingangsbereich angebracht. Ein extra angefertigter Info-Kasten wird ebenfalls im Eingangsbereich des Revier 14 befestigt.

Aber auch in neueren Folgen des „Großstadtreviers" taucht das „alte Revier 14" in der Straße Klinberg hin und wieder auf. Wenn beispielsweise Dirk Matthies einen alten Kollegen besucht, der auf einer anderen Wache seinen Dienst schiebt. Dann ist dieser Kollege, wie der Zufall es will, in diesem Gebäude untergebracht. Auch die Beamten der Kripo verrichten dort ihren Dienst. Selbst Kriminalrat Iversen geht ab und an durch die grüne Tür...

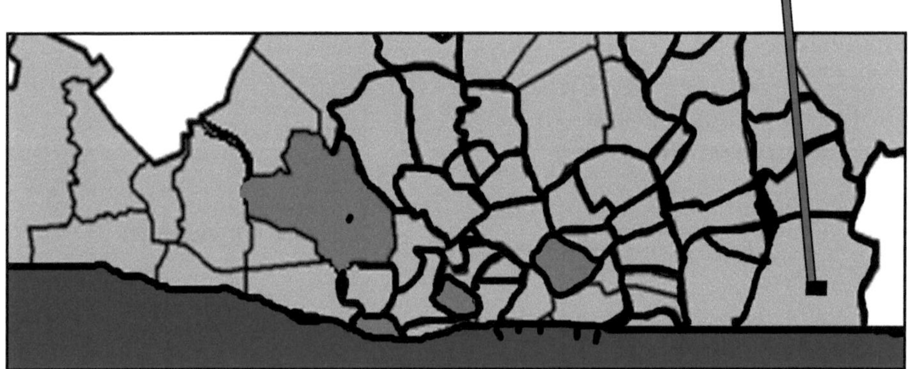

Im Billbrookdeich 147 entstanden in den 1980er Jahren die Innenaufnahmen vom 14. Revier. Rechts ist das Gebäude von außen zu sehen.

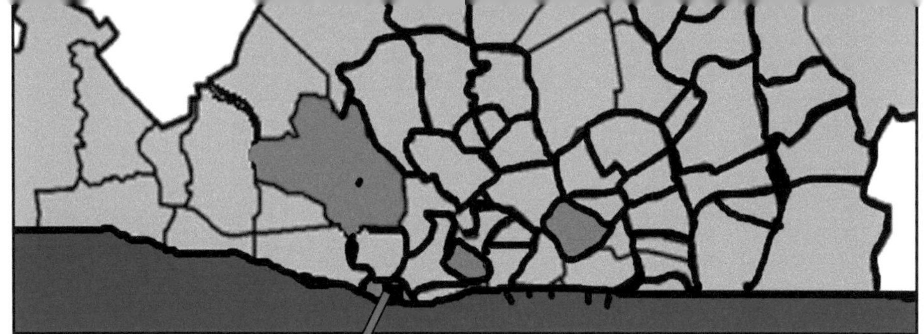

Die Wohnung von Dirk Matthies (etwa Staffel 13 bis 23) befindet sich in der Nähe des Hamburger Fischmarktes. Mit Blick auf den Hamburger Hafen kann Dirk Matthies nach getaner Arbeit abschalten und den schönen Ausblick genießen. Die Kollegen verstehen sich auch privat sehr gut – so kann es auch schon mal zu unerwartetem Besuch kommen. In der Folge 179 „Ein Tag wie jeder andere" beispielsweise wird Dirk Matthies in seiner Wohnung von seinen Kollegen anlässlich seines zehnjährigen Jubiläums überrascht.

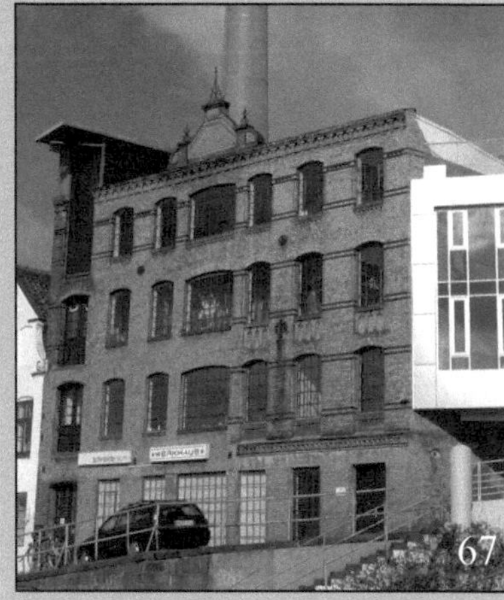

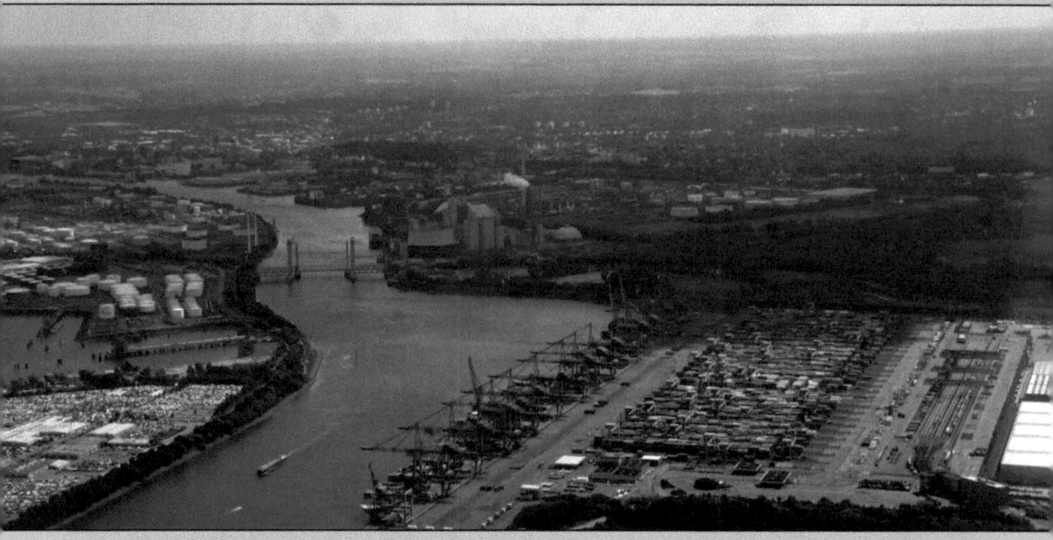

Auch der **Hamburger Hafen** gehört zu den immer wiederkehrenden Kulissen im „Großstadtrevier". Er zählt zu den größten Seehäfen in Deutschland. In der Folge „Altes Eisen" (33) ist beispielsweise ein Betriebsgelände zu sehen mit zahlreichen Containern und entsprechenden Lkw. Mit Hilfe gefälschter Ladepapiere werden in dieser Episode Container mit Computerware gestohlen. Zunächst gibt eine Spur, die allerdings zu keinem Erfolg führt. Währenddessen treffen im „Großstadtrevier" zwei „einsame Herzen" aufeinander: der pensionierte Polizist Hans Menzel (Heinz Reincke) und der zwölfjährige Computerfreak Ralf, der als Schlüsselkind wenig mit seiner Zeit anzufangen weiß.
Als die Schrottplatzbesitzerin Elfriede Knopp (Eva Maria Bauer) im 14. Revier auftaucht, weil sie ihren abgeschleppten Wagen sucht, bietet Menzel ihr seine Hilfe an. Zusammen mit Ralf fährt er die Dame zu ihrem Auto. Dankbar lädt Frau Knopp die beiden Helfer zum Kaffee auf den Schrottplatz ein. Als Menzel und Ralf den Platz verlassen wollen, finden sie einen nagelneuen Computer und identifizieren ihn als eines der Super-Modelle, die noch nicht auf dem Markt sind. Menzel wird wieder zum Polizisten und versucht, der Spur auf dem Grund zu gehen, was sich als nicht ungefährlich herausstellt.
Nicht das einzige Mal, dass der Hamburger Hafen im „Großstadtrevier" zu sehen ist. Meist nutzt das Filmteam auch Stadtteile wie Veddel, Kleiner Grasbrook oder Steinwerder. Von dort bekommt der Zuschauer die Skyline von Hamburg zu sehen – von der südlichen Seite des Hamburger Hafens...

68

Zu den 104 Stadtteilen der Freien und Hansestadt Hamburg gehört auch Neuwerk. Die kleine Insel im südöstlichen Teil der Helgoländer Bucht beziehungsweise am Südwestrand der Außenelbe spielte die Hauptrolle in der Folge „Fährmann, hol' röver" (Folge 36). Polizist Richard Block (Arthur Brauss) hat dienstfrei. Auf der Insel Neuwerk lernt er Axel (Martin Semmelrogge) und Ralf (Peter Wicke) kennen. Weder ahnt Block, dass die beiden gesuchte „Bilderdiebe" sind, noch wissen Axel und Ralf von Blocks Beruf. Ellen Wegener (Mareike Carriere) und Neithardt Köhler (Kay Sabban) werden zu einem Einsatz nach Cuxhaven gerufen. Sie nutzen die Gelegenheit, um Block auf Neuwerk zu überraschen. Mehr überrascht als Block sind jedoch Axel und Ralf beim Anblick der Polizei. Sie verlieren die Nerven, verletzen Köhler durch einen Streifschuss und fliehen. Ralf kann relativ schnell gefasst werden. Axel hingegen läuft kopflos ins Wattenmeer. Richard Block rennt hinterher und begibt sich auf eine lebensgefährliche Verfolgungsjagd, da die Flut sich bereits ankündigt. Das Wasser steigt und steigt...

In dieser Folge hat auch die Gruppe „Godewind" aus dem nordfriesischen Schwarbstedt bei Husum einen Gastauftritt.

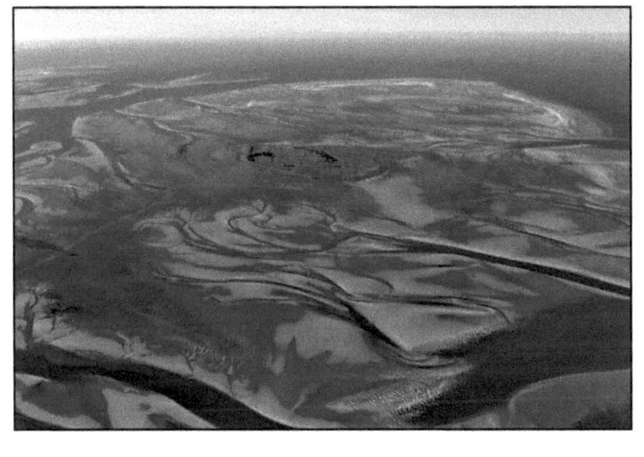

Das kleine Foto links zeigt die Insel Neuwerk aus der Vogelperspektive.

Copyright: Ralf Roletschek / CC BY-SA 3.0.

Das Foto unten bildet die Staatsscheune (1854), Großen Leuchtturm (1310) und Schulgebäude (1886) ab.

Copyright: Aeroid / CC BY-SA 3.0.

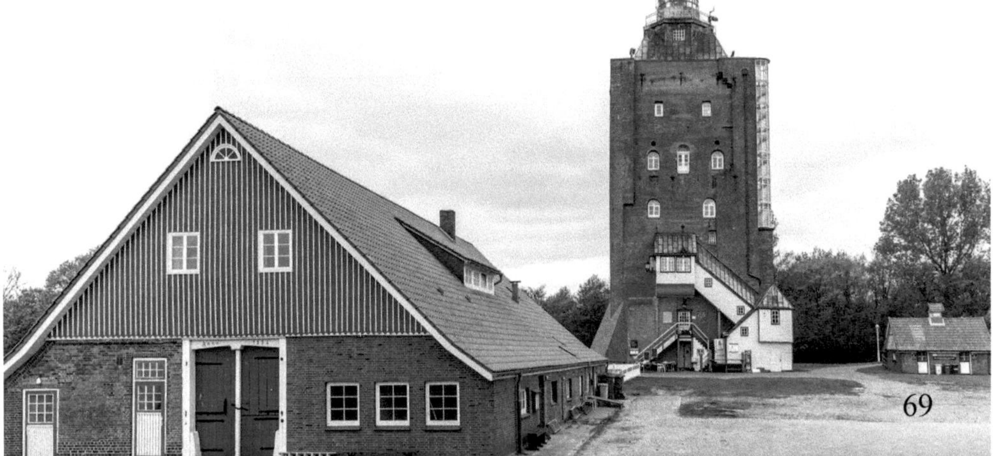

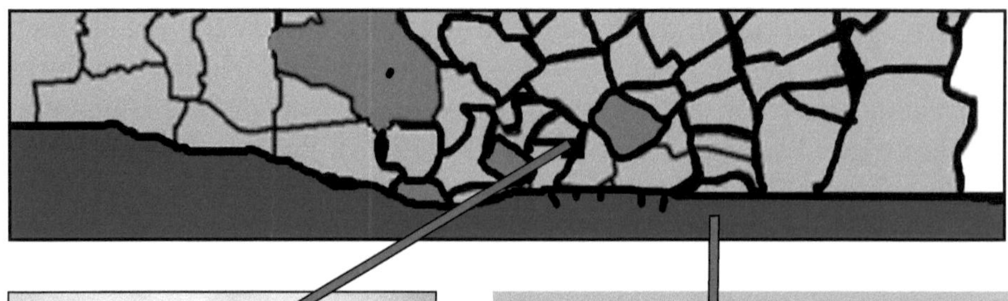

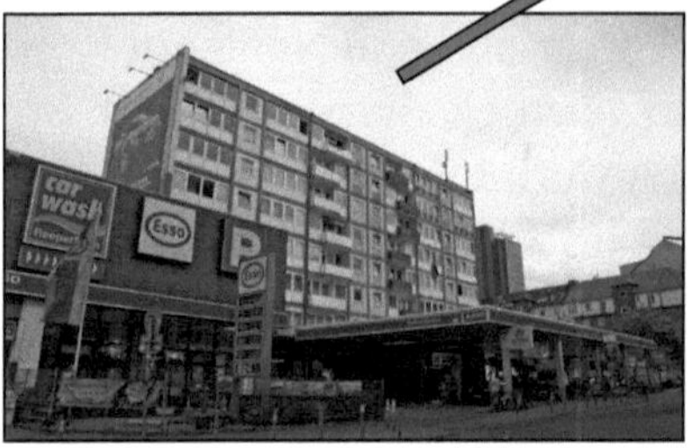

In der 6. und 7. Staffel wohnt **Dirk Matthies** in diesem Hochhaus in der Taubenstraße/Ecke Kastanienallee. In der Folge „Mitgegangen, mitgefangen" (47) beispielsweise stehen Ellen Wegener und Dirk Matthies auf dem Balkon seiner Wohnung und blicken auf Hamburgs sündigste Meile – der Reeperbahn im Stadtteil St. Pauli. Das Gebäude wird mehrfach von außen gezeigt.

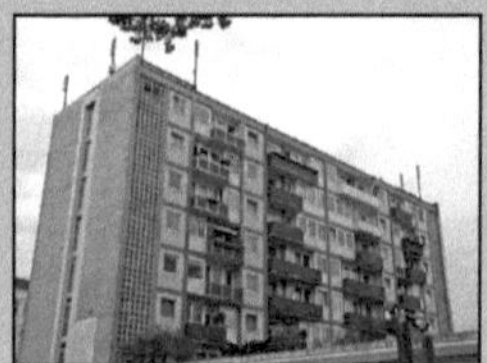

Seit 2010 hat Dirk Matthies ein neues (schwimmendes) Zuhause: die **„Repsold"**. Es ist ein gut restauriertes Schiff und eine kleine Berühmtheit in Hamburg. Django (Ulrich Faulhaber) und Ringo (Peter Lerchbaumer), zwei alte Bekannte vom Kiez und Freunde von Dirk Matthies, können ihr schwimmendes Heim aus finanziellen Gründen nicht mehr halten und machen Dirk ein gutes Angebot. Aber als Dirks Bank endlich mitzieht, wird Ringo plötzlich zögerlich beim Verkauf des Schiffes. Nach langem Hin und Her übernimmt Dirk schließlich das historische Schiff und zieht komplett ein. Das Schiff liegt in der Nähe der Magellan-Terrassen in der Hafen City.

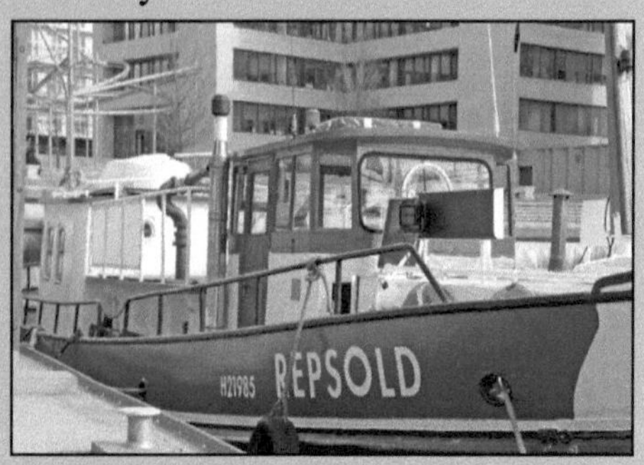

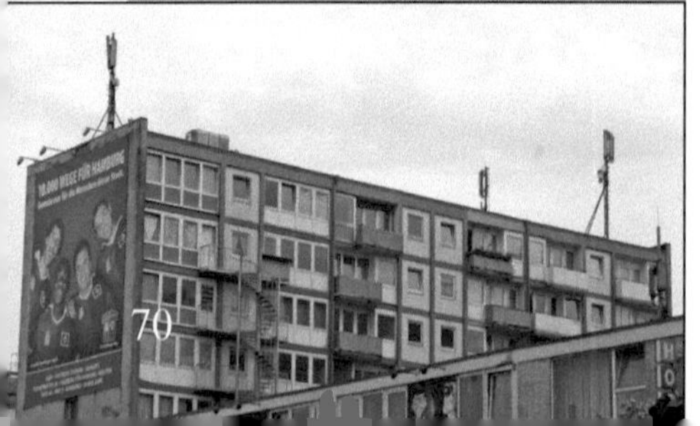

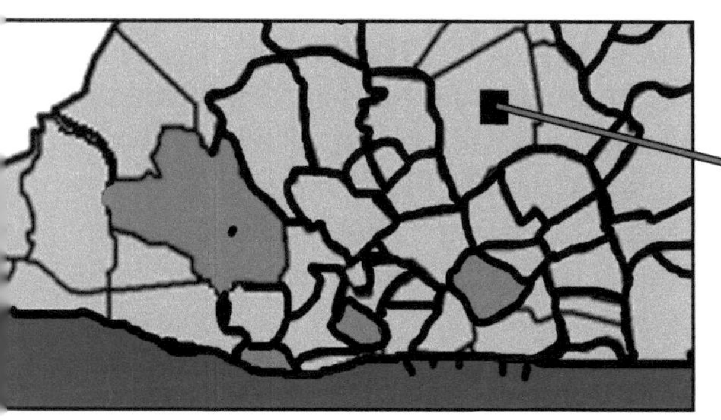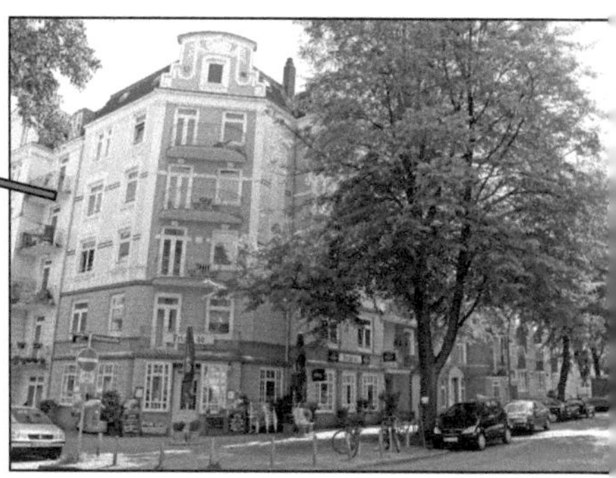

In den Staffeln 18 bis 22 treffen sich die Polizisten des 14. Reviers nach ihrem Feierabend gerne mal in der **Kneipe von Elli** (später) **Big Harry**. Lothar Krüger genießt seine Apfelschorle, während sich der Rest der Truppe meist bei einem Bierchen vergnügt. Wenn kleine Schlägereien, Schutzgelderpressung und Zechprellereien in der gemütlichen Kneipe von Big Harry vorkommen, fährt Peterwagen 14/2 mit Martinshorn und Blaulicht vor. Big Harry, der große kräftige Kneipenbesitzer, steht aber nicht nur hinter der Bar, sondern packt öfter mal mit an, wenn die Kollegen vom 14. Revier selbst Hilfe brauchen. Er unterstützt bei Umzügen, repariert Autos und Motorräder und wird auch schon mal als Lockvogel eingesetzt. Er hat immer ein offenes Ohr für die Sorgen und Nöte der Polizisten. Am liebsten aber arbeitet er in seiner Kneipe. Die befindet sich in der Frickestraße 46 im Stadtteil Eppendorf.

In der urig-stilvollen Eckkneipe (Frickestraße / Kegelhofstraße) entstanden von 2003 bis 2008 die Innen- und Außenaufnahmen.

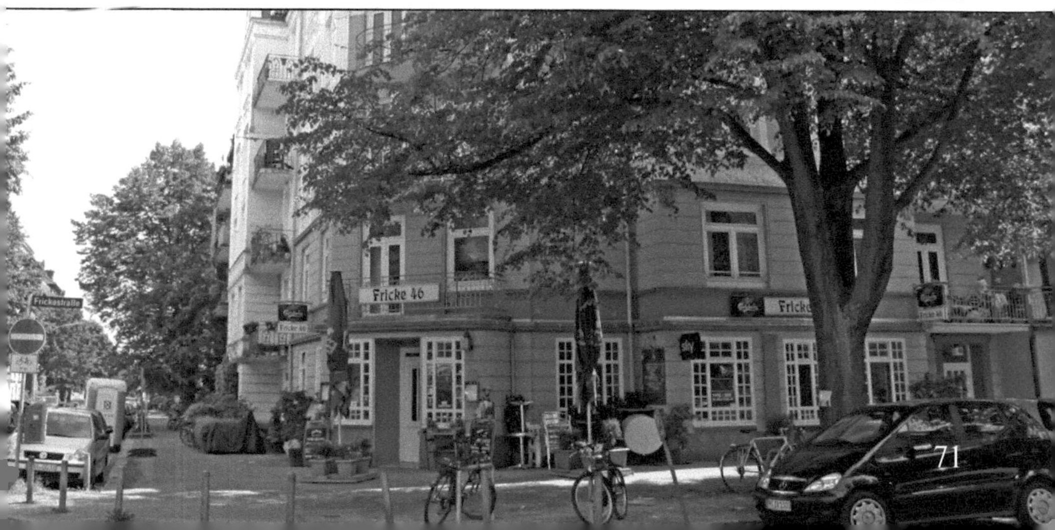

Dreharbeiten in Schleswig-Holstein

Drei Folgen des Dauerbrenners „Großstadtrevier" drehen sich inhaltlich um Erlebnisse „auf dem platten Land" und wurden fast ausschließlich in **Rundhof** und **Stangheck** im Kreis Schleswig-Flensburg (bei Kappeln / Gelting) produziert. In der Folge „Landpartie" geht es inhaltlich um Dirk Matthies, der seine alte Freundin Elli Meier aufs Land begleitet. Die ehemalige Wirtin seiner Hamburger Stammkneipe ist auf der Suche nach einem Landgasthof, um sich dort niederzulassen. Sie finden genau das richtige Anwesen; doch auf dem Dachboden wohnt Michel Brockmann, ein Faktotum, das zum Inventar zu gehören scheint.

Bevor dessen besonderes Geheimnis nicht gelüftet ist, kann auch Elli hier nicht heimisch werden – eine wirkliche Aufgabe für Dirk, der dabei dem grantigen Bruder des Sonderlings in die Quere kommt und sich beinahe in die bezaubernde Nichte Brockmanns verliebt. Denn, obwohl der Hof Michel gehört, will ihn sein Bruder hinter dessen Rücken verkaufen. Aber nicht an Elli! Sie soll als potentielle Käuferin nur den Preis in die Höhe treiben.

Anna Bergmann lernt unterdessen auf der Wache in Hamburg einen jungen Schriftsteller kennen, der eine Fahrerflucht anzeigt. Sie ist schwer begeistert von ihm; doch auf einem Spaziergang an der Alster erfährt sie, dass es – aus einem Grund, mit dem sie nie gerechnet hat – nur bei einer Freundschaft bleiben kann. Derweil testen „Harry" Möller und Henning Schulz die neuen Uniformen für die Schutzpolizei unter extremen Bedingungen. Bezahlt wird ihre Bereitschaft mit einer handfesten Grippe.

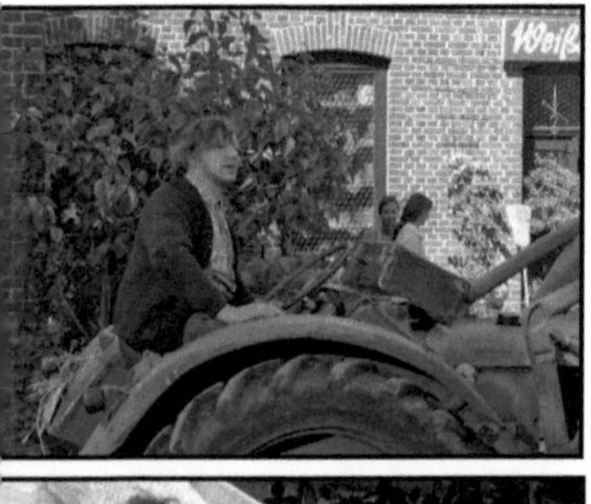

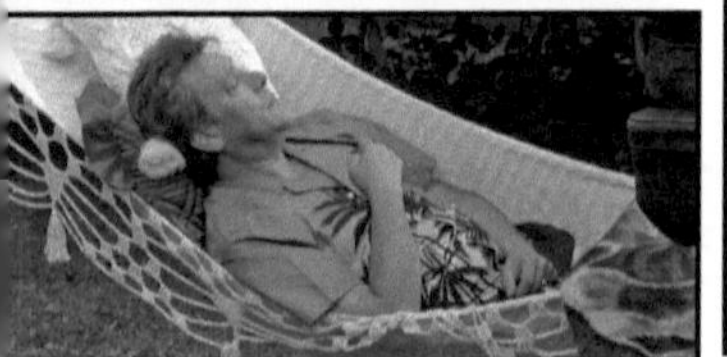

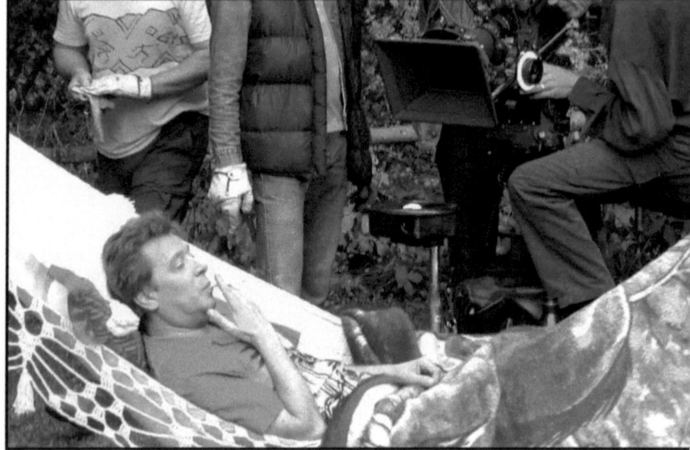

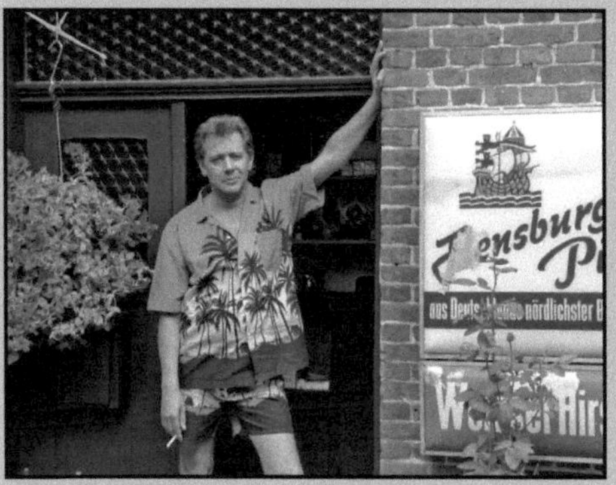

Jan Fedder bei Dreharbeiten im „Weißer Hirsch" in der Gemeinde Stangheck.

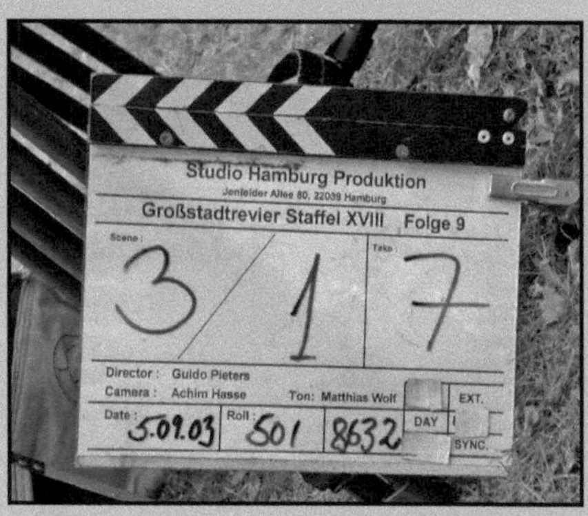

Filmklappe vom 5. September 2003, Dreharbeiten für die Episode „Landpartie".

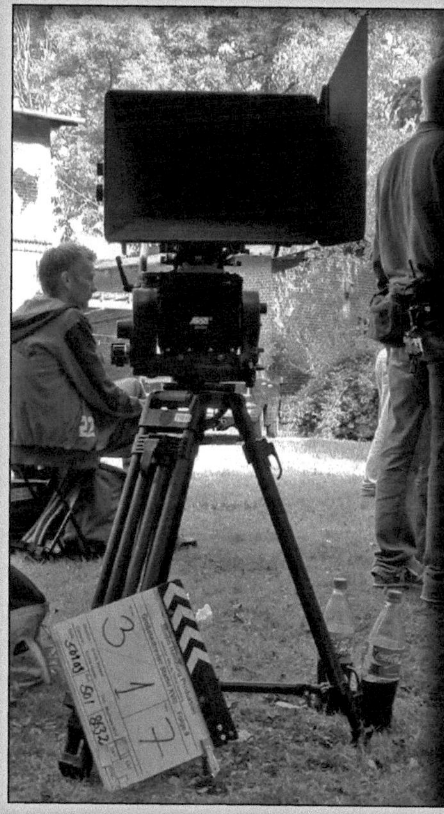

Eine Filmkamera auf einem Stativ, am Stativfuß liegt die Filmklappe.

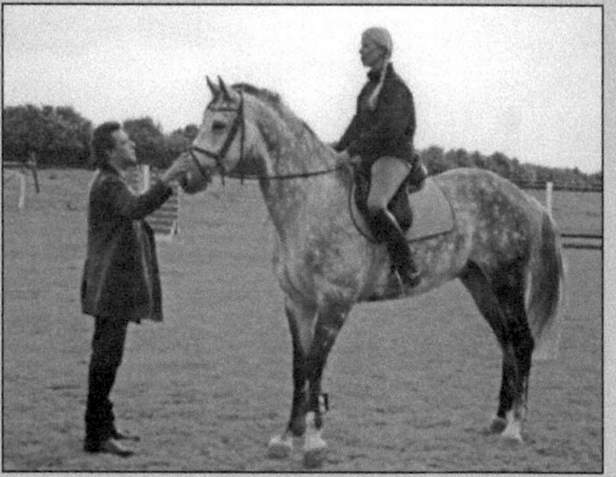

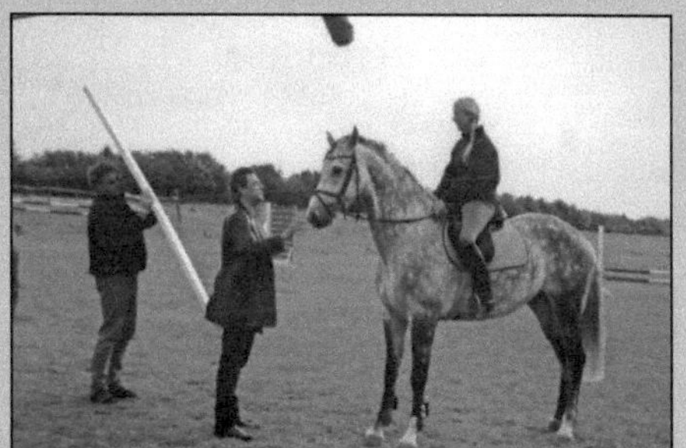

Gedreht wurde auch auf Gut Rundhof im schleswig-holsteinischen Stangheck. Das Herrenhaus befindet sich allerdings in Privatbesitz und ist nur begrenzt öffentlich zugänglich.

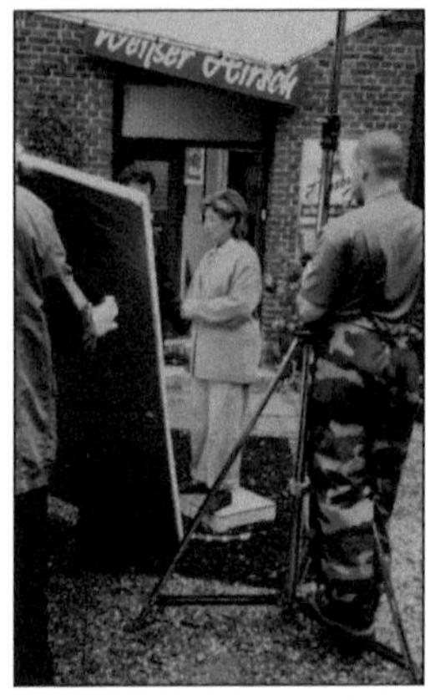

Die zweite Landpartie-Folge mit dem Titel „Bullen-Kür" wurde ebenfalls in der Gemeinde Stangheck produziert. Drehorte waren die Schleifähre Arnis, Lindaunis, Rundhof, Gelting und Umgebung.

Zum Inhalt: Einmal im Jahr fährt die Crew vom Revier 14 aufs Land. Doch nicht jeder hat Lust auf die Landpartie. Henning Schulz und Harry Möller zum Beispiel möchten lieber in ihrem geliebten Hamburg bleiben. Nur hier können sie – unbemerkt von den Kollegen – weiter miteinander turteln. Lothar Krüger und Fabian Brandt sehen den Ausflug in die Natur als Chance, Revierleiter Voss zu beweisen, dass sie keine neurotischen Großstädter, sondern echte Naturburschen sind. Voss hingegen langweilt sich ohne sein geliebtes Segelboot. Dirk Matthies bekommt von all dem wenig mit, denn er hat auf

Ex-Wirtin Elli alias Brigitte Janner bei Dreharbeiten in Stangheck.

der Landpartie nur Augen für Dörte Petersen, eine Bäuerin, die nach der Trennung von ihrem Mann Ole versucht, den Hof allein zu schmeißen. Zwar unterstützt Nina ihre Mutter tatkräftig, aber irgendwie geht dauernd etwas schief: Der Milchtank läuft aus, wichtige Maschinen gehen kaputt. Alles nur Zufälle? Als Dirk im Kraftfutter des Bullen einen Cocktail starker Tabletten findet, ist er fest davon überzeugt, dass da jemand seine Finger im Spiel hat.

Einen Verdächtigen hat er auch gleich ausgemacht: den Nachbarn Jürgen Friedrich, der gern mit Dörte Petersen anbandeln möchte, um den Hof zu übernehmen.

Die dritte Folge mit dem Titel „Landpartie – Eine Frage der Ehre" wurde ebenfalls im Kreis Schleswig-Flensburg (im nördlichen Teil Schleswig-Holsteins) gedreht. Zum Inhalt: Dirk Matthies und seine Mannschaft vom 14. Kommissariat freuen sich mal wieder auf eine gemütliche Landpartie. Doch Dirk, der schon mal vorgefahren ist, findet in Ellis Landgasthof nicht die erhoffte Entspannung.

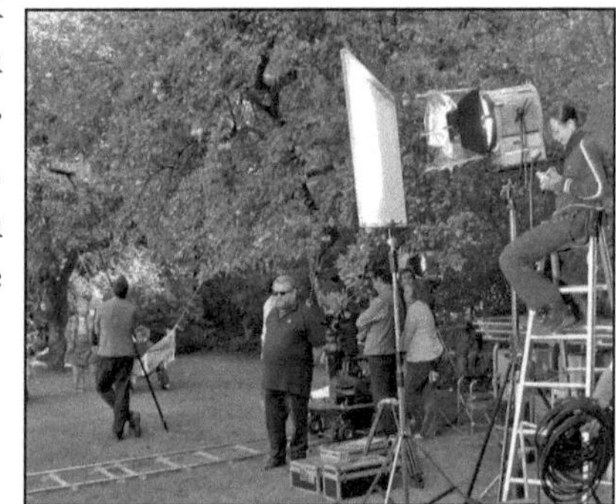

Dreharbeiten in Stangheck. Zu sehen ist die Filmcrew samt Regisseur.

74

Ein „Wildschütze" treibt in den Wäldern der Umgebung sein Unwesen und lässt im Dorf Misstrauen und Hass aufleben. Ortspolizist Holm (Dirk Bielefeld) kann nur einen Fahndungserfolg aufweisen; Er verhaftet mit gezückter Dienstpistole zunächst Dirk Matthies unter dem Verdacht, der gesuchte Wilderer zu sein. Schließlich glaubt das halbe Dorf, Fraukes neuer Freund Hark Friese sei der Wilderer. Selbst ihr Bruder Eike glaubt, dass Hark der gesuchte Wilddieb ist. In ihrem Widerstand gegen Petersen, den aufgebrachten Jäger, steht sie ganz allein. Elli drängt Dirk, Frauke zu helfen. Aber auch Johannes Krabbe, Anna Bergmann, Harry Möller, Henning Schulz und Nicki Beck haben mit Schwierigkeiten zu kämpfen. Ihr Betriebsausflug beginnt mit einem Fehlstart. Im üblichen Alltagschaos ist untergegangen, dass Frau Küppers den Betriebsausflug um einen Tag verschoben hat und nun zum Dienstunterricht bittet.
Doch statt ein „Friedensangebot" der Kommissariatsleiterin Küppers anzunehmen, bricht Hannes Krabbes einen handfesten Streit vom Zaun. Die Landpartie droht in weite Ferne zu rücken.
Drei komplette Folgen dieser Serie handeln inhaltlich von der Landpartie und wurden zum größten Teil im Kreis Schleswig-Flensburg in Schleswig-Holstein gedreht. Aber oftmals steckt auch in anderen Folgen mehr Schleswig-Holstein als man denkt – obwohl sie als typische Hamburger Serie gilt.

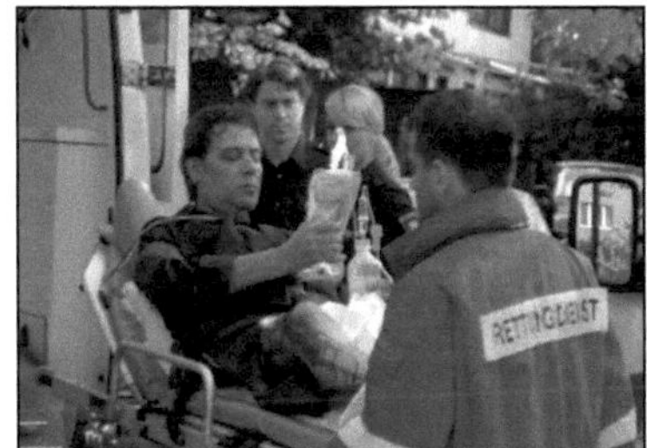

Dreharbeiten in Glinde (bei Hamburg). Szene: Dirk Matthies wird schwer verletzt in einen Krankentransportwagen bugsiert. In der Doppelfolge „Tage wie dieser" (Teil 1 und 2) wird Matthies im Keller einen Wohnhauses angeschossen. Den Täter kennt Dirk Matthies.

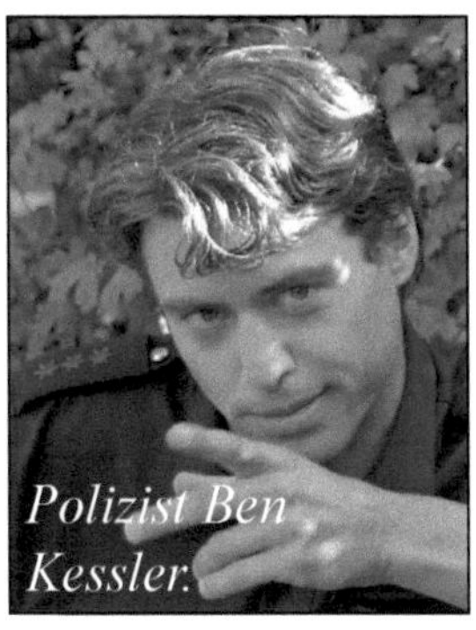

Polizist Ben Kessler.

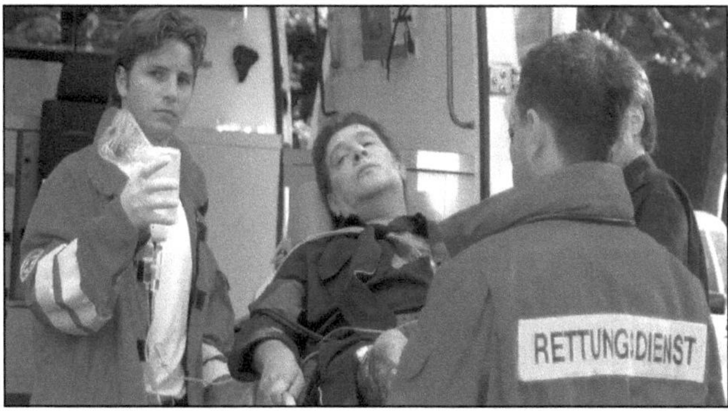

Die Stadt **Glinde** (Kreis Stormarn) dient ab und an als Kulisse. Die Szene der Doppelfolge „Tage wie dieser" mit folgendem Inhalt, wurde beispielsweise in Glinde gedreht: Als Dirk Matthies und Katja Metz zu einem Nachbarschaftsstreit gerufen werden, sieht alles nach einem ganz normalen Routinefall aus. Doch an diesem Tag geschieht das Unfassbare: Drei Schüsse fallen; Dirk bricht – am Oberschenkel getroffen – schwer verletzt im Keller eines Hochhauses zusammen. Ben Kessler (Sebastian Hölz), ein Kollege vom 32. Revier, der zufällig in der Nähe ist, kann Dirk Matthies noch aus der Schussbahn ziehen und damit dessen Leben retten. Doch der dramatische Vorfall hat fatale Folgen: Polizist Matthies liegt mehrere Monate im Krankenhaus, muss danach aus dem Streifendienst ausscheiden – Knochensplitter haben die Nerven seines Beines geschädigt. Nach der Entlassung aus dem Krankenhaus heißt es erst einmal Innendienst schieben. Während Dirk Matthies im Krankenhaus behandelt wird, nehmen Katja Metz und die Kollegen vom 14. Revier die Ermittlungen auf. Unterstützt werden sie dabei von Ben Kessler, dem smarten Kollegen einer Nachbarwache. Bald gelingt es ihnen, einen Tatverdächtigen festzunehmen. Und tatsächlich legt der mehrfach vorbestrafte Alex Kunert ein umfassendes Geständnis ab. Die „Helden" vom „Großstadtrevier" haben den Fall gelöst.

Nur Dirk Matthies weiß, dass Alex Kunert nicht der Täter ist.

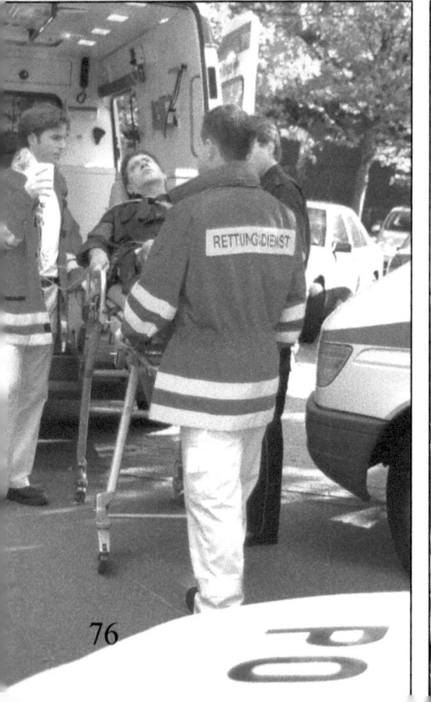

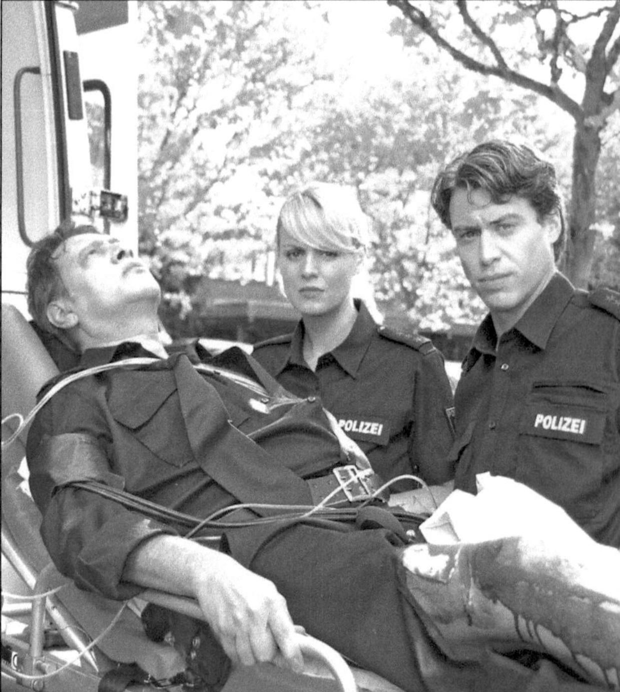

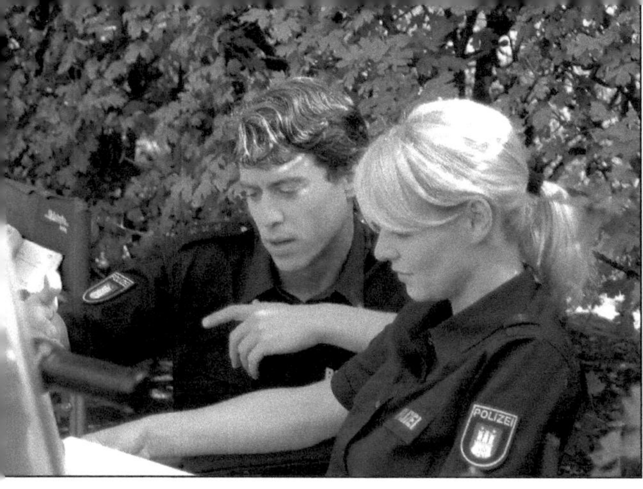

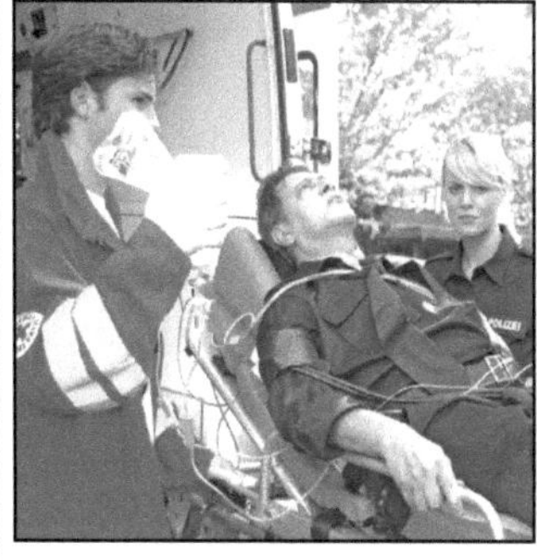

In den Drehpausen werfen Schauspieler

Sebastian Hölz und Anja Nejarri einen kleinen Blick ins Drehbuch. Bei hochsommerlichen Temperaturen sind sie froh, das sie Sitzmöglichkeiten im Schatten gefunden haben. Alle Fotos auf dieser Seite entstanden bei Dreharbeiten für die Doppelfolge „Tage wie dieser" in Glinde.

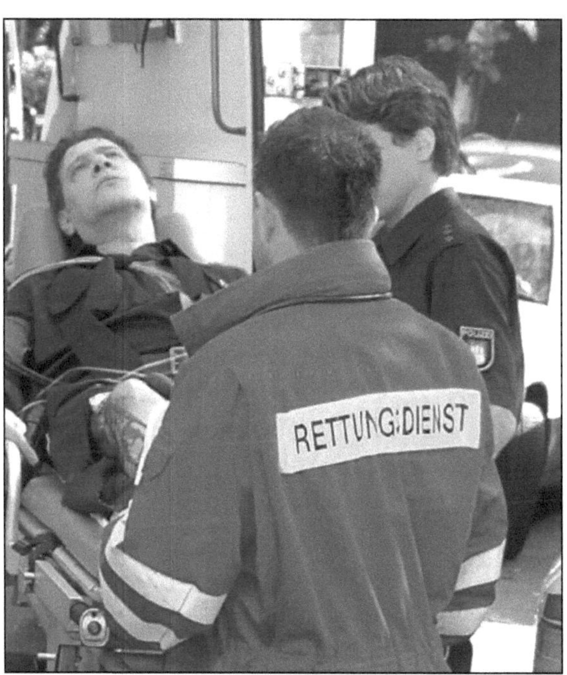

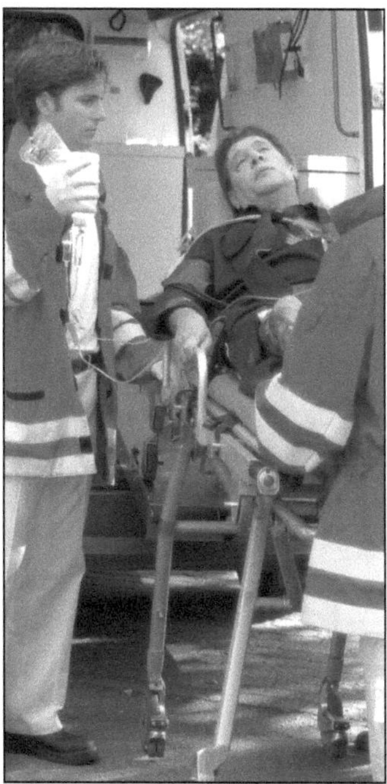

Aber auch die Stadt **Pinneberg** (Kreis Pinneberg) ist Kulisse für einzelne Folgen. Erst im September 2008 machte das Team in einem Alten- und Pflegeheim Halt, um dort mit Kult-Moderator Carlo von Tiedemann eine Szene abzudrehen.

Was macht das PK 14 aus?

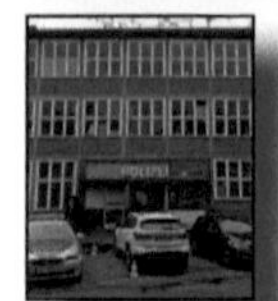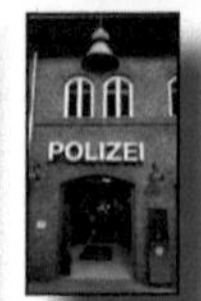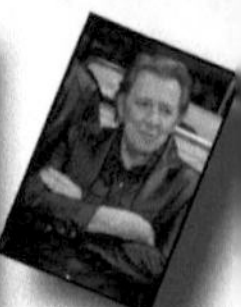

„Die Polizei dein Freund und Helfer" – das Motto gilt selbstverständlich auch für die Beamten des 14. Reviers/Kommissariats. Immer ein lockerer Spruch am richtigen Platz, ein offenes Ohr am Tresen auf der Wache und schnelle Auffassungsgabe: das sind die freundlichen Polizisten vom „Großstadtrevier" in Hamburg. Dirk Matthies und seine Kollegen ziehen, wenn es erforderlich ist, auch ab und an die Waffe. Dies bleibt im Polizeidienst einer Großstadt wie Hamburg nicht aus. Aber meist kümmern sie sich um die kleinen Dinge des Alltags in ihrem Revier. Eine ältere Frau, die das Polizeirevier für ein Postamt hält (gespielt von Edith Hancke) wird nett hinaus gebeten. Eine Nachbarin fühlt sich allein und ruft unter einem Vorwand die Beamten zu sich in die Wohnung. Dietmar Steiner eilt herüber und repariert den defekten Ofen der Dame. Es folgt Lothar Krüger, der unterstützend in der Küche hilft. Wenig später folgt auch Rolf Bogner. „Könnt ihr mir mal sagen, was ihr hier macht?", fragt Bogner zwar erstaunt, sieht aber die Hilfsbereitschaft seiner Kollegen und zeigt Sympathie. Auch er packt kurzerhand mit an.

So sind sie halt: die Polizisten vom 14. Revier bilden ein Team mit Herz. Sie beschützen Senioren, führen junge Leute auf den richtigen Weg der Ehrlichkeit zurück und trösten Opfer von Straftaten. Zugegeben: es herrscht ab und zu auch mal ein rauher Ton im Revier 14. „Ist hier bald mal Ruhe", schreit Dietmar Steiner des Öfteren durch das Großraumbüro. Sekunden später lächelt er freundlich seinen Kollegen zu.

Die Polizisten aus dem Revier 14 arbeiten dort, wo ganz normale Menschen leben, die mit ganz normalen Schwierigkeiten zu kämpfen haben. Ob der Nachbar seinen Rasenmäher zu laut eingestellt hat oder Autofahrer die „Rechts vor Links-Regelung" nicht beachten und es so zu kuriosen Fällen kommt. Die Beamten haben immer ein offenes Ohr. Das Ende einer jeden Folge ist fast immer mit einem lockeren Spruch oder sogar einer Pointe. Auch zu Zeiten, in denen Dirk Matthies – oder als seine Vertretung Hanno Harnisch – als Revierleiter agiert. Trotz gelegentlicher rauher Töne aus dem Chefbüro sind die Folgen meist spannend, witzig, charmant – Eigenschaften für das „Großstadtrevier".

Diese charakteristischen Eigenschaften bleiben auch bestehen, als das 14. Revier in das 14. Kommissariat umgewandelt wird. In der Folge 273 („Ungeschriebene Gesetze") gibt es diese Veränderungen zu sehen: Mit dem Einzug der Kripo in das Dienstgebäude wird aus dem 14. Revier das

Polizeikommissariat 14. Für Dirk Matthies bietet sich die einmalige Chance, den ungeliebten Chefsessel endlich wieder mit dem Platz am Steuer des Streifenwagens 14/2 zu tauschen. Dirk Matthies ist damit zurück im Streifendienst. Aber wer wird jetzt das Kommissariat leiten? Eine wichtige Frage, die nicht nur Lothar Krüger beschäftigt. Denn er macht sich in erster Linie viele Gedanken über den Nachfolger beziehungsweise, wie sich später herausstellt, seine Nachfolgerin. Stichwort: Teppich im Chefbüro.

Übrigens spielt es keine Rolle, wer gerade auf dem Chefsessel sitzt. Ob Rolf Bogner, Bernd Voß, Dirk Matthies selbst, Hanno Harnisch und Frau Küppers: das gesamte „Großstadtrevier" steht und fällt quasi mit Dirk Matthies alias Jan Fedder. Er verkörpert bis zur Folge „Schlüsselmomente" (447) den typisch norddeutschen Charakter: hart, aber letztendlich herzlich und verständnisvoll. Dirk Matthies ist eher ein Raubein. Ein echter Hamburger, der sich nicht an Konventionen hält und sich nicht verbiegen lässt. Der Hauptdarsteller Jan Fedder wurde übrigens mehrfach zum beliebtesten Schauspieler des Nordens gewählt.

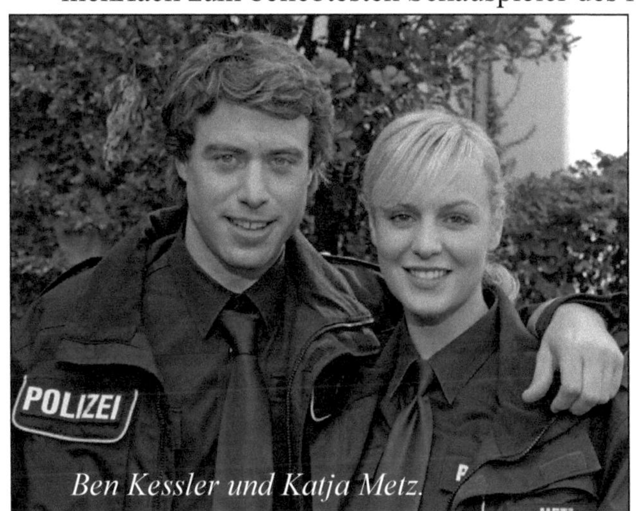

Ben Kessler und Katja Metz.

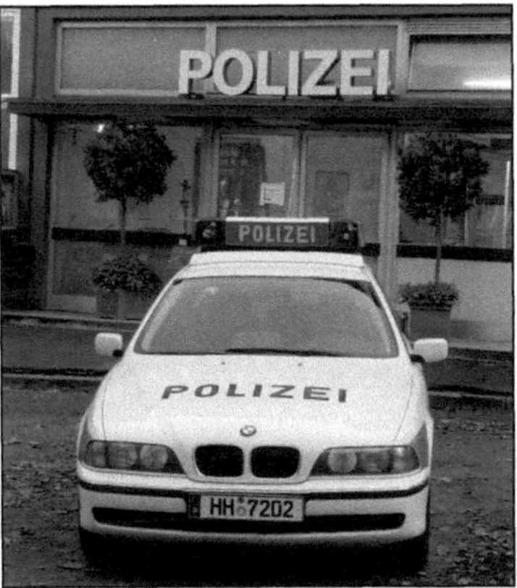

Immer Rufname „Peter 14/2", aber verschiedene Kfz-Typen.

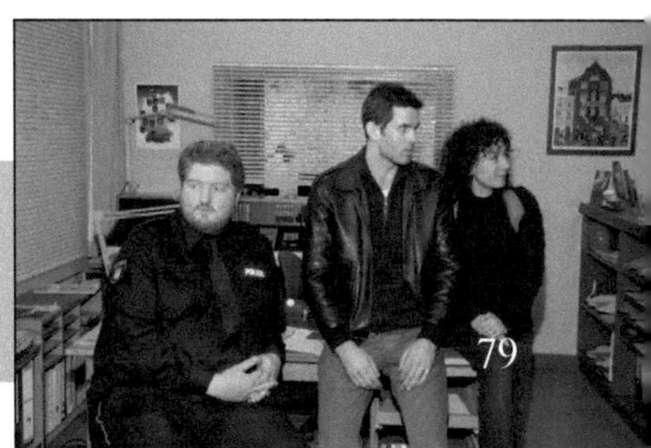

Hannes Krabbes als Wachhabener und die beiden Zivilfahnder Hauke Jessen und „Harry" Möller im Großraumbüro im „Großstadtrevier".

79

Kurz und knapp – Wissenswertes zur Serie

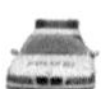 Die Erstausstrahlung war am 16. Dezember 1986.

 Wer als **Komparse** beim „Großstadtrevier" mitmachen möchte, bewirbt sich am besten direkt bei der Produktionsfirma. Auf der Internetseite von Letterbox Filmproduktion GmbH können sich Interessierte über das Unternehmen schlau machen. Kurz Interesse bekunden und der Erfahrung, als Komparse durch das Bild zu laufen, steht nichts mehr im Wege.

 Sie möchten die **Folgen auf DVD**? Seit dem Jahr 2006 sind diverse DVD-Boxen auf den Markt. Inzwischen sind es über 20 Stück, die in diversen Internet-Shops käuflich zu erwerben sind.

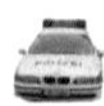 Der **Titelsong** zur Serie mit dem ersten Satz „Wenn der Schutzmann ums Eck kommt" wird von der deutschen Country-Gruppe „Truckstop" gesungen. In dem Moment, wo der Satz im Vorspann erklingt, fährt der Streifenwagen Peter 14/2 passend von der Reeperbahn in die Große Freiheit – ums Eck halt. Im ganz neuen Vorspann fährt der Peterwagen von links nach rechts über eine Brücke – kommt also auch quasi ums Eck (Bildschirms-Eck) gefahren...

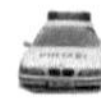 Es sind bereits einige **Bücher zur Serie** erschienen. Ende der 1980er Jahre erschien das Buch „Großstadtrevier – Drei Romane in einem Band" von H. W. Müller. Im Jahr 2003 erschien sowohl das Buch „Wachgeküsst" von Jürgen Roland und Jan Schröter, als auch das Buch „Schattengeister" von Jan Schröter. Seit September 2007 gibt es das Buch „Chefsache" im Handel zu kaufen. Auch die Bücher „Das 14. Revier", „Peter 14/2 auf Streife" und „Die Kultbullen aus Hamburg" sind käuflich zu erwerben.

 Es gibt zahlreiche **Merchandising-Produkte** im NDR Shop zu kaufen. T-Shirts, Schlüsselanhänger, Schlüsselbänder und DVDs sind nur einige Beispiele. Hierbei handelt es sich um offizielle Produkte der Serie. **Autogrammkarten** der Darsteller sind ebenfalls im Umlauf. Diese können bei der Letterbox Filmproduktion GmbH oder beim Norddeutschen Rundfunk angefordert werden. Ein adressierter und ausreichend frankierter Rückumschlag sollte unbedingt beigefügt werden, damit die Autogrammwünsche berücksichtigt werden. Von allen Darstellern gibt es

Autogrammkarten mit dem Schriftzug „Das Erste" und „Großstadtrevier".

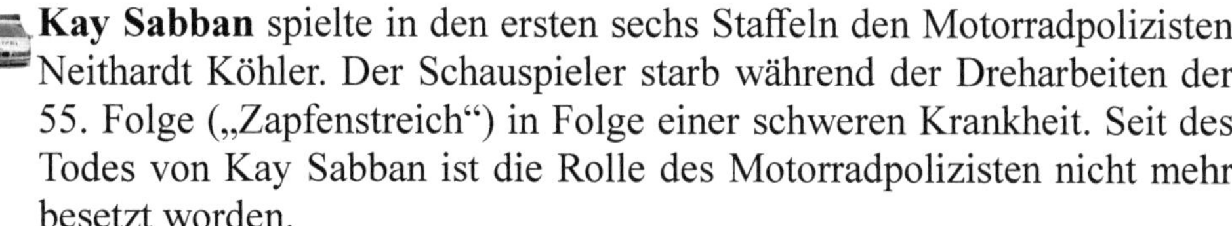 **Kay Sabban** spielte in den ersten sechs Staffeln den Motorradpolizisten Neithardt Köhler. Der Schauspieler starb während der Dreharbeiten der 55. Folge („Zapfenstreich") in Folge einer schweren Krankheit. Seit des Todes von Kay Sabban ist die Rolle des Motorradpolizisten nicht mehr besetzt worden.

Einige Polizisten, die in der TV-Serie als Komparsen oder sogar Kleindarsteller mit Sprechrolle mitwirken, sind **„echte" Beamte** der Hamburger Polizei. Für die Zeit des Drehens werden sie von ihrem Dienst teilweise freigestellt oder sie drehen während ihrer Frei- oder Urlaubszeit. Aus Sicht der Polizei ist die Serie ein ideales Aushängeschild. Ein Sprecher der Landespolizei Hamburg sagte während einer Pressekonferenz: **„Die Serie ist die beste Werbung für die Polizei Hamburg."**

Die **Figur Lothar Krüger** wurde mit Unterbrechung von zwei verschiedenen Schauspielern dargestellt. In den Jahren 1986–1993 von Mischa Neutze, dann folgte eine zweijährige Unterbrechung. 1995 stieß Peter Heinrich Brix dazu, der in den Folgen 85 bis 289 als Lothar Krüger zu sehen ist.

Viele Hauptdarsteller wie Peter Heinrich Brix, Jan Fedder, Wilfried Dziallas, Till Demtrøder, Marc Zwinz und Maria Ketikidou hatten einen **Gastauftritt im „Großstadtrevier"**, bevor sie zur Stammbesetzung übersiedelten. Jan Fedder beispielsweise war zuvor Mieter einer Wohnung, der zu laute Musik abspielte und deswegen mit seinen Nachbarn in Streit geriet. Brix spielte einen Taxifahrer. Marc Zwinz spielte als Gastdarsteller einen Koch und Restaurantbesitzer. Auch Saskia Fischer wirkte vorher in einer Gastrolle mit.

Der Erfinder der Serie und **Regisseur Jürgen Roland** ist in einigen Folgen des „Großstadtreviers" selbst zu sehen. Mal taucht Roland als Polizist auf, mal steht er als Stadionsprecher vor der Kamera. Oftmals ist er auch als so genannter Off-Sprecher zu hören. In der Episode „Revanche" agiert er beispielsweise als Hallensprecher. In der Folge „Auf Gift gebaut" spielt er den Einsatzleiter der Polizei. In der Folge „Das schwarze Schaf" spielt er treffenderweise einen Regisseur.

Der **Streifenwagen Peter 14/2** ist ein Fahrzeug von BMW, obwohl die Serie in Hamburg und nicht in Bayern spielt. In Hamburg gibt es in der Realität mehrheitlich Streifenwagen der Marken Mercedes und VW. Lediglich die Bundespolizei fährt mit einigen Modellen von BMW durch Hamburg. Nur vereinzelt haben einige Polizeikommissariate (die mit Autobahnanschluss zum Beispiel) und die Landespolizei Fahrzeuge der Marke BMW. Bei der „normalen" Hamburger Schutzpolizei ist es eine Seltenheit, Fahrzeuge der bayerischen Marke zu entdecken.

Die Serie wurde an mehrere Sendeanstalten in ganz Europa verkauft. In Italien läuft sie beispielsweise unter dem Titel „14 distretto". Sie gehört in Deutschland zu den beliebtesten Fernsehserien.

Die Erstaustrahlung dieser Serie war am 16. Dezember 1986 im Programm der ARD (Das Erste). Mittlerweile gibt es **447 ausgestrahlte Folgen**. Folgen aktueller Staffeln werden montags um 18.50 Uhr in der ARD gesendet. Wiederholungen gibt in den Dritten Landesprogrammen der ARD (zum Beispiel NDR Fernsehen, WDR Fernsehen, SWR Fernsehen).

Die meisten Hauptdarsteller stehen in engem **Kontakt mit der „richtigen" Polizei** und fahren auch tatsächlich gelegentlich mit einer Streife mit, um so den realen Dienst bei der Polizei mitzubekommen. Authenzität ist beim „Großstadtrevier" elementar und mit Sicherheit ein Grund für den Erfolg. Einige Darsteller nehmen sogar am Schießunterricht teil, um das Halten und Handhaben einer Waffe zu lernen.

Im Jahr 2011 wurde in das Gebäude in der Mendelssohnstraße 13 im Hamburger Stadtteil Bahrenfeld eingebrochen.

Zum Andenken an den geistigen Schöpfer der Serie steht bis heute im Vorspann die Zeile „Eine Serie von Jürgen Roland".

In der ersten Folge („Mensch, der Bulle ist `ne Frau") hat der aus Frankfurt am Main stammende Schauspieler Karl-Heinz Hess einen Gastauftritt als Polizeipräsident und verbindet somit das „Großstadtrevier" mit den Vorläuferserien „Polizeifunk ruft" und „Hamburg Transit". Karl-Heinz Hess verstarb am 1. Juli 1995 in seiner Heimatstadt Frankfurt.

Wer schiebt alles seinen Dienst im PK 14?

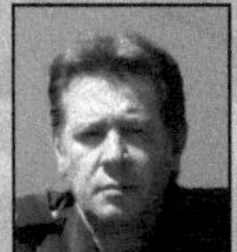

Jan Fedder

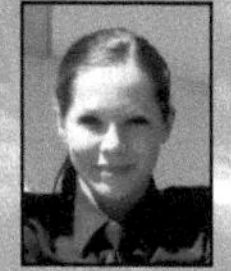

Sophie Moser

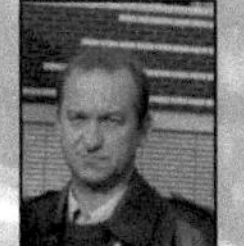

Peter Heinrich Brix

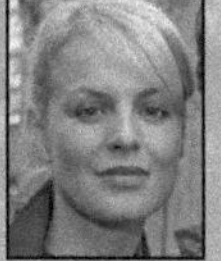

Anja Nejarri

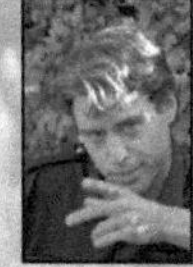

Sebastian Hölz

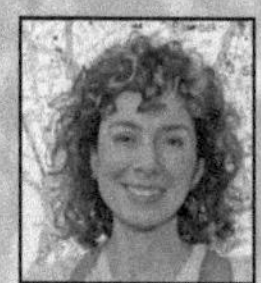

Maria Ketikidou

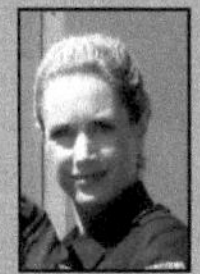

Dorothea Schenck

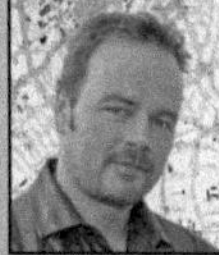

Till Demtrøder

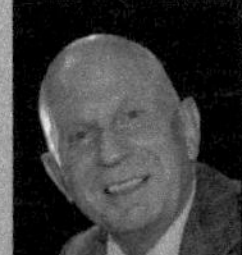

Lutz Mackensy

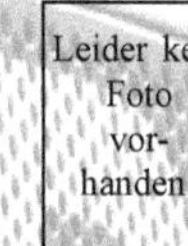

Christoph Eichhorn

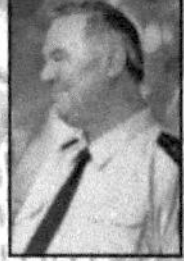

Edgar Hoppe

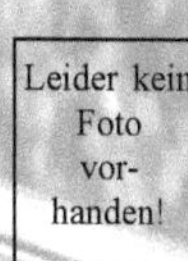

Britta Schmeling

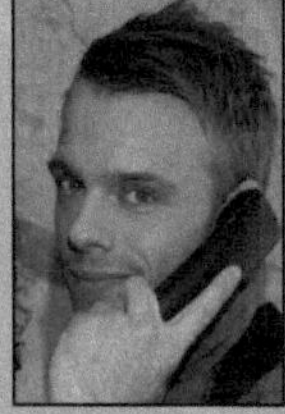

Mads Hjulmand

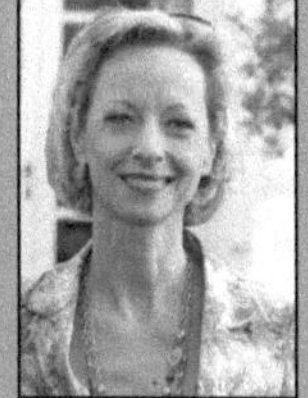

Mareike Carriere

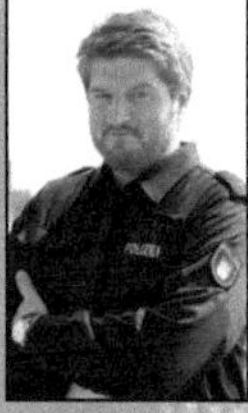

Marc Zwinz

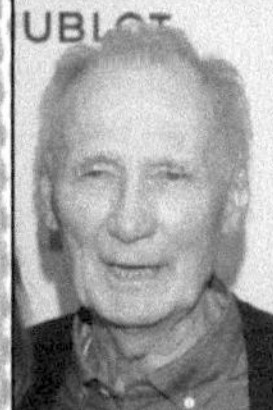

Arthur Brauss

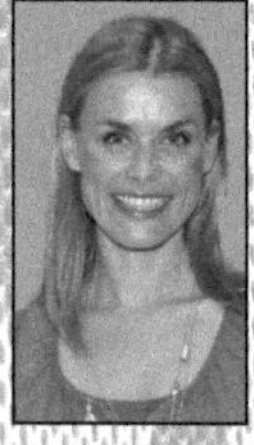

Andrea Lüdke

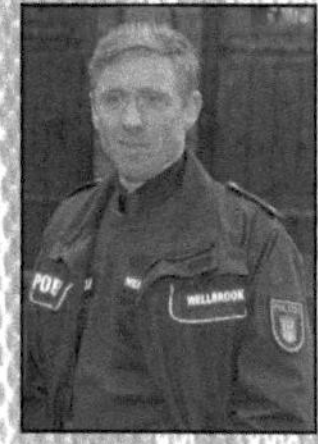

Peter Fieseler

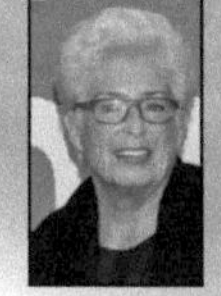

Brigitte Janner

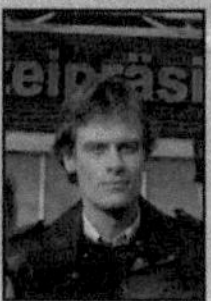

Matthias Walter

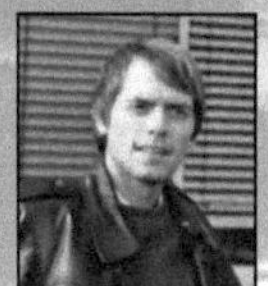

Tommaso Cacciapuoti

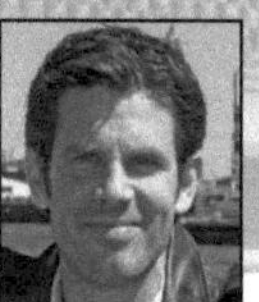

Steffen Groth

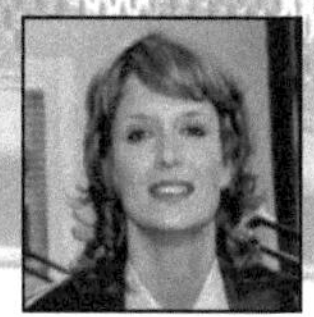

Ann-Cathrin Sudhoff

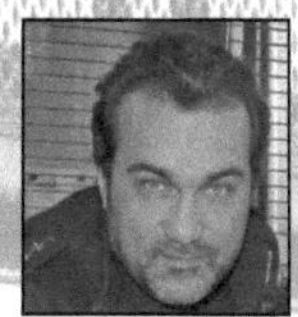

Jens Münchow

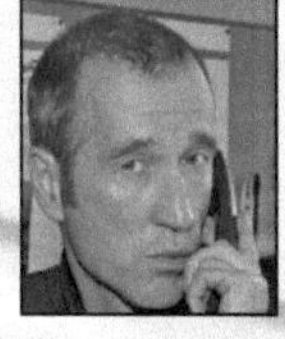

Peter Lohmeyer

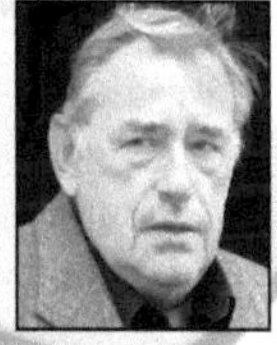

Wilfried Dziallas

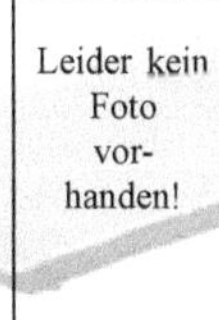

Kay Sabban

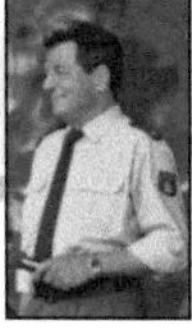

Peter Neusser

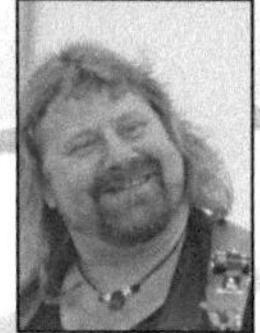

Harry Schmidt

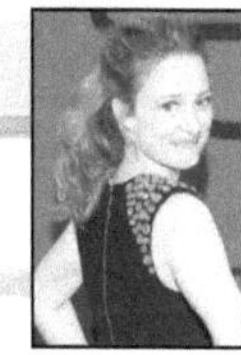

Wanda Perdelwitz

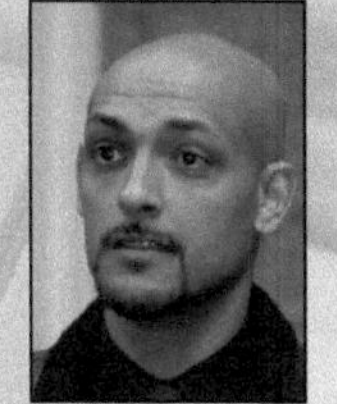

Patrick Abosen

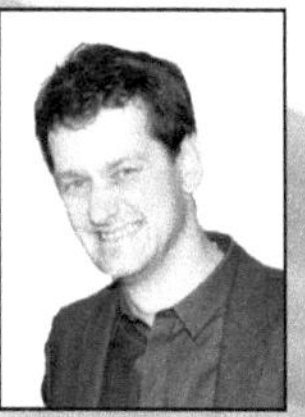

Sven Fricke

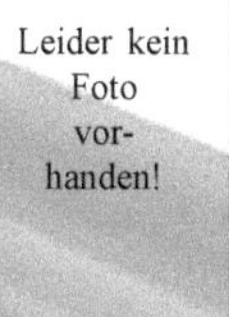

Thomas Naumann

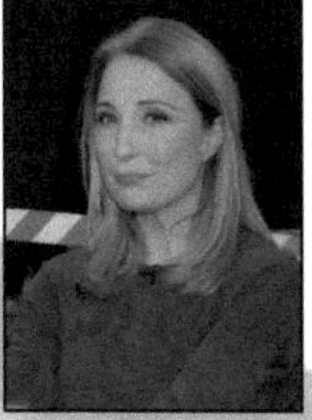

Saskia Fischer

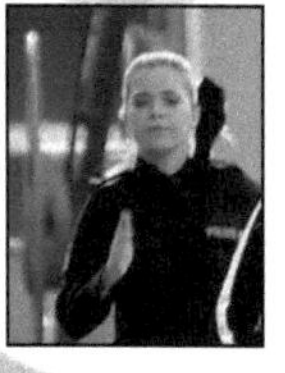

Farina Flebbe

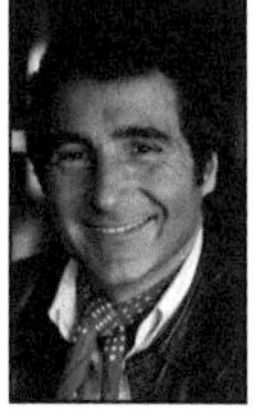

Freddy Quinn

Jan Fedder als Dirk Matthies

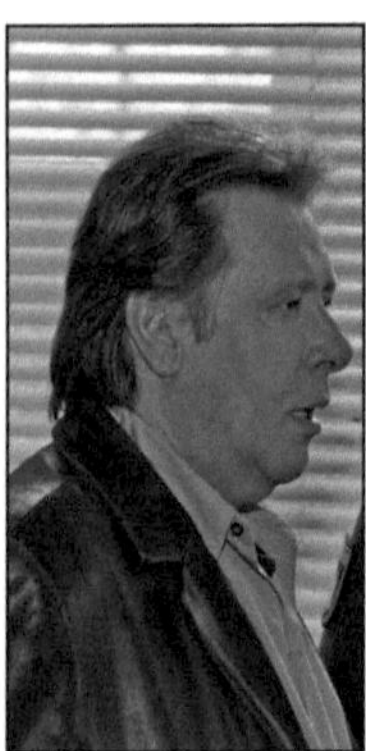
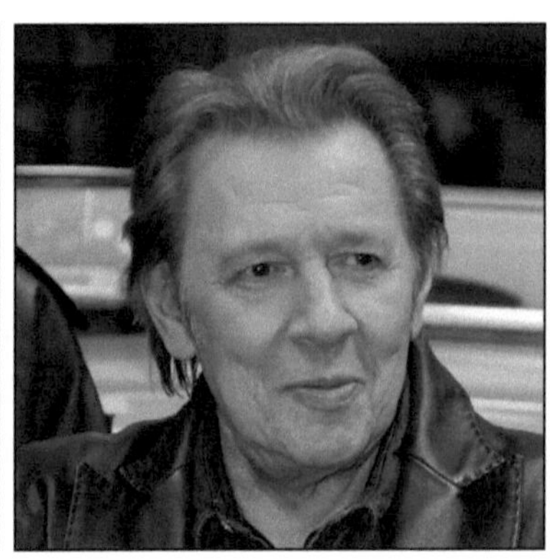
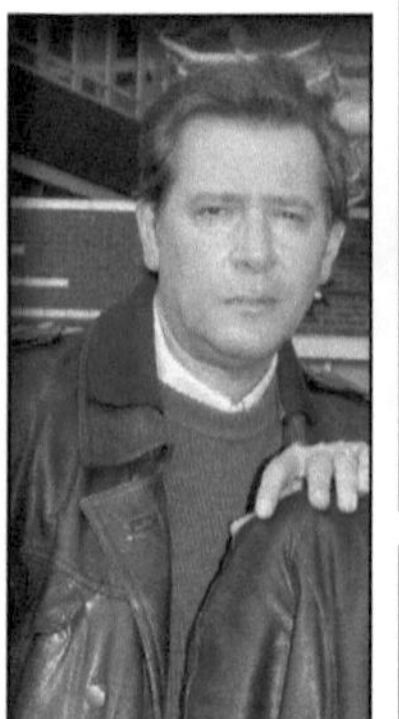
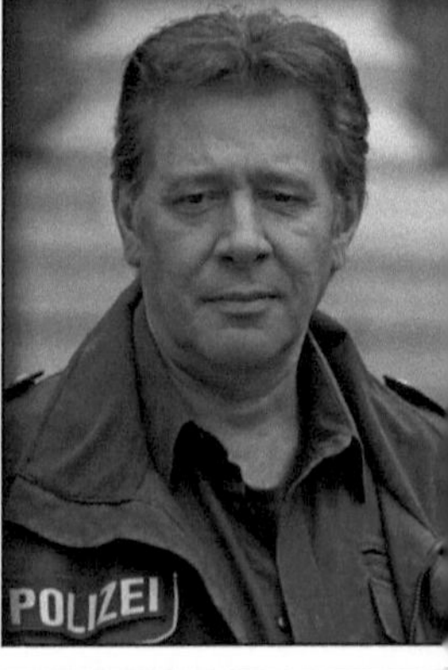
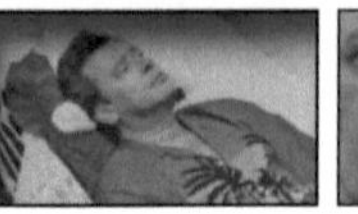
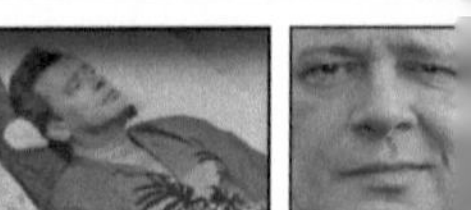

Weit über 200 Rollen im Theater, in Kinofilmen und im Fernsehen hat Jan Fedder bislang gespielt. Ob als Taucher Hinrichs in dem TV-Movie „Der Mann im Strom", als schnoddriger Bootsmann Pilgrim in „Das Boot", als Bauer Kurt Brakelmann in „Neues aus Büttenwarder" (an der Seite von Peter Heinrich Brix) oder als Dirk Matthies im „Großstadtrevier" – Jan Fedder ist ein echter Hamburger Jung mit rauer Schale und weichem Kern. Aber das Herz immer am richtigen Fleck. Der auf St. Pauli aufgewachsene Jan Fedder nimmt kein Blatt vor den Mund, ist musikalisch und zum Volksschauspieler avanciert. 2006 wurde Jan Fedder mit dem Deutschen Fernsehpreis als bester Schauspieler des Jahres für die Rolle des Taucher Hinrichs geehrt. Ein Jahr zuvor hatte er für das gesamte Team des „Großstadtreviers" die Goldene Kamera (Kategorie: „Beste Kult-Serie") in Berlin in Empfang genommen. Mit einer kleinen Gastrolle hat alles im „Großstadtrevier" angefangen. Es folgte der Einstieg als neuer Kollege Dirk Matthies, der zunächst an der Seite von Ellen Wegener (Mareike Carriere) auf Streife geht. Jan Fedder wohnt in der Nähe von Itzehoe und auf St. Pauli in Hamburg.

Zur Rolle: Dirk Matthies begann als einfacher Streifenpolizist und wurde im Jahr 2007 Revierleiter. Seitdem kümmert er sich um bürokratische Angelegenheiten, schreibt Dienstpläne und sorgt für Materialbestellungen und die Personalführung. Nicht gerade der Traumjob, für den Dirk Matthies geschaffen wurde. Er liebt den Geruch vom Hafen, die Reibereien zwischen Zuhältern und Prostituierten und kennt jeden Kneipenwirt auf St. Pauli persönlich. Sein Zuhause sind die Straßen von Hamburg. Da verwundert es kaum, dass Dirk Matthies als Revierchef seine eigenen Wege geht. Nichts hält ihn am Schreibtisch, wenn ernsthaft gehandelt werden muss. Ein so eigensinniger Mitarbeiter ist für seine Vorgesetzte Frau Küppers ein echtes Berufsrisiko: sie hat ihre Versetzung beantragt, weil sie Dirk Matthies nicht im Griff und die Auseinandersetzungen mit ihm satt hat. Dirk Matthies hält als Revierleiter nicht nur sein Team bei Laune, sondern verliert immer wieder einen lockeren Spruch. Er ist eben ein richtiger Kultbulle. Einmal Bulle, immer Bulle. Ob Revierleiter oder Millieu-Ermittler.

Dirk Matthies ist ein waschechter Hamburger, sein Vater soll tragisch ermordet worden sein. In der Folge „Jens 7 Jahre" erzählt Matthies seiner Kollegin Ellen Wegener seine Lebensgeschichte und geht auf seinen Vater ein. Allerdings klärt er am Ende der Folge auf, dass sein Vater nicht ermordet, sondern an Alkoholismus gestorben sei.

Sophie Moser als Nicole („Nicki") Beck

Bereits im Alter von sechs Jahren absolvierte Sophie Moser erste Auftritte als Violinistin. In den darauf folgenden Jahren gab sie als Teenie Konzerte in weltbekannten Sälen wie der New Yorker Carnegie-Hall, der Tonhalle in Zürich, dem Megaron in Athen und unter anderem dem Tschaikowsky-Saal in Moskau. Sophie Moser füllte die Säle und sorgte für Begeisterung. Sie errang zahlreiche Preise bei nationalen und internationalen Violinwettbewerben. Aber auch das Klavierspielen kam bei der jungen Musikerin nicht zu kurz. Damit aber nicht genug: Im Alter von zwölf Jahren gab Sophie Moser 1997 in der Kinokomödie „Immy the Kid" ihr Leinwand-Debüt. In diesem Kinofilm übernahm Sophie Moser die Hauptrolle. Kein Wunder also, dass die Jungdarstellerin zeitgleich mit ihrer Ausbildung zur Musikerin mit dem Schauspieltraining begann. Im Jahr 2008 schloss sie ihr Studium an der Musikhochschule Köln erfolgreich ab. Bereits zwei Jahre zuvor stieß sie zu den Dreharbeiten ins „Großstadtrevier". Dort übernahm sie die Rolle der Nicole „Nicki" Beck – ihre erste durchgehende Serienrolle.

Zur Rolle: Nicole Beck besucht noch die Polizeischule und stößt während eines Praktikums ins Revier 14. Sie ist über Monate hinaus im Team integriert und hat sich mittlerweile gut eingefügt. Nicki kennt die wichtigsten Arbeiten im Revier: Akten sortieren, Protokolle schreiben und bearbeiten und den obligatorischen Telefondienst. Sie ist die jüngste Polizistin im 14. Revier und absolviert zusammen mit ihrem „Bärenführer" Lothar Krüger Innendienst. Dort kann sie ihre Stärken, Spontaneität und kreatives Denken voll einbringen. Sie kommt mit ihren Kollegen gut aus, auch wenn es schon mal die eine oder andere Situation gibt, die sie fast überfordert. Besondere Problematik: Nicki muss ihre Prüfungen bestehen – und davor hat sie richtig Bammel. Denn erst wenn diese in der Tasche sind, steht dem Polizeidienst nichts mehr im Wege. Aber bis dahin ist es noch ein langer und steiniger Weg. Nicki ist begabte Violinistin und handelt ab und an nach ihrem Bauchgefühl – aber immer adäquat nach Dienstvorschrift! Sie sagt gerne, was sie denkt und vetritt ihre Meinung.

Ein ausführliches Interview mit Sophie Moser über die Rolle der Nicki Beck lesen Sie auf Seite 268ff.

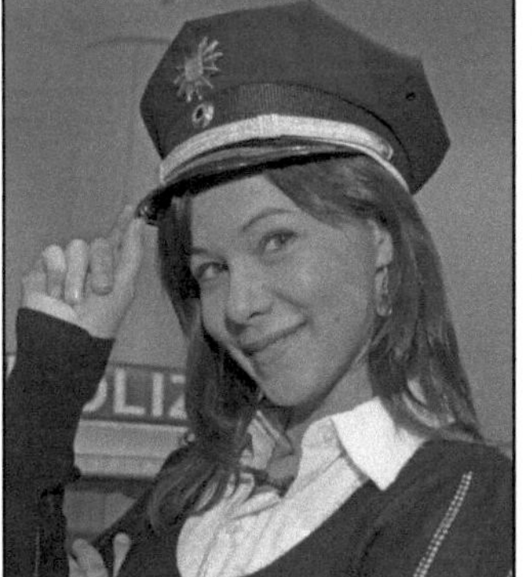

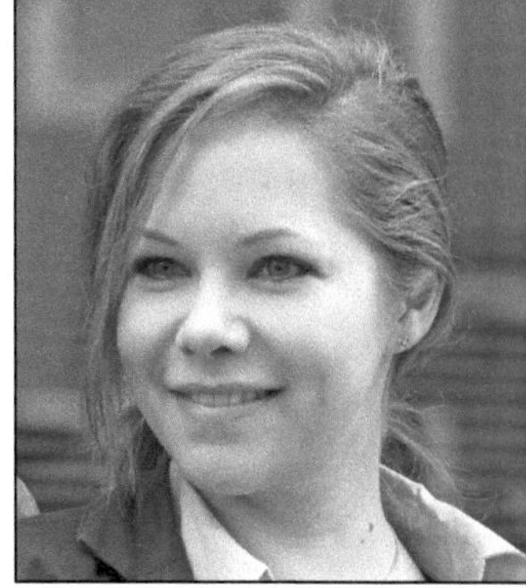

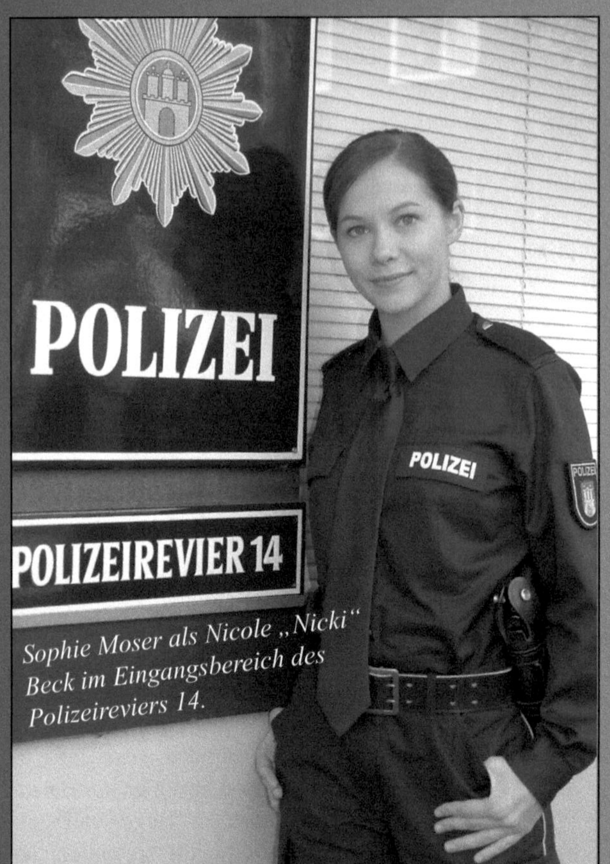

Sophie Moser als Nicole „Nicki" Beck im Eingangsbereich des Polizeireviers 14.

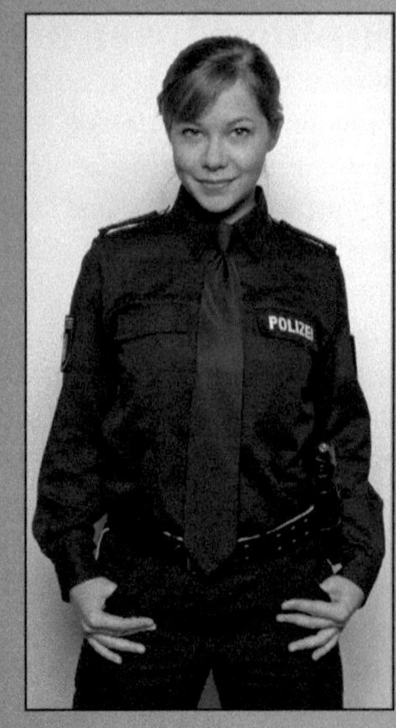

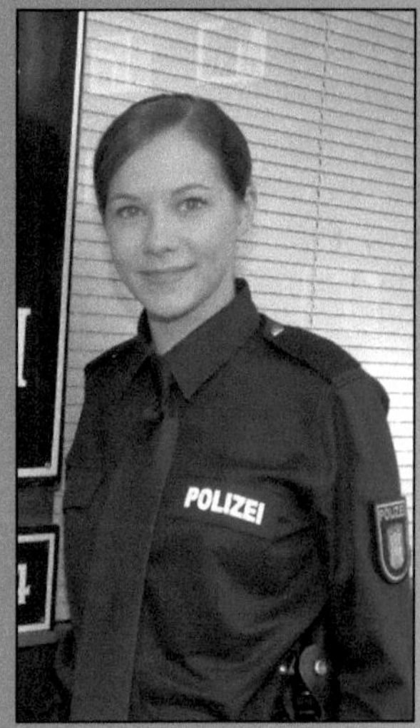

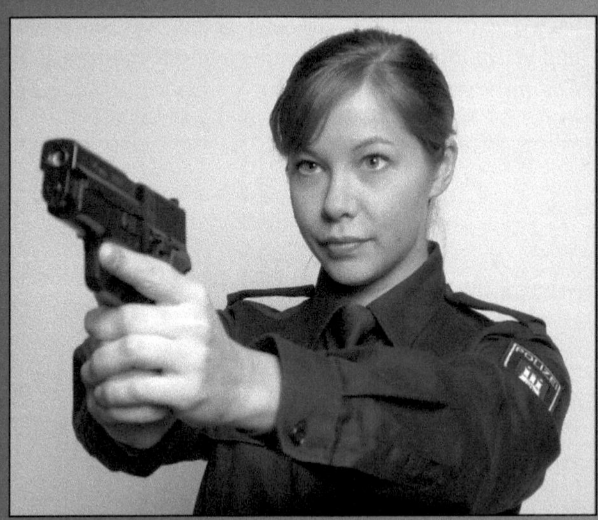

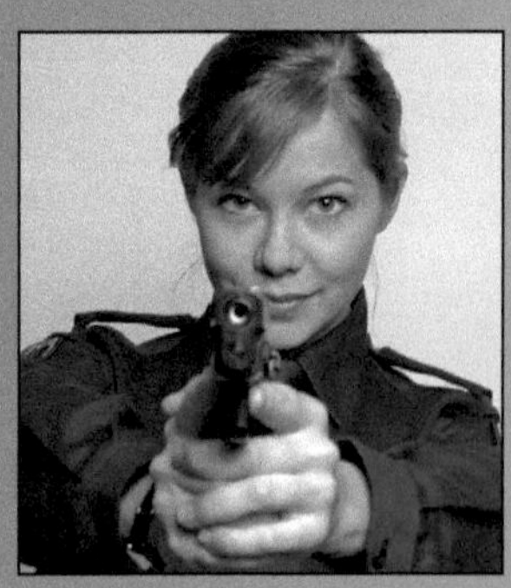

Peter Heinrich Brix als Lothar Krüger

Es war eine Zäsur in seinem Leben: Etwa zehn Jahre lang hat der staatlich geprüfte Landwirt Peter Heinrich Brix seinen Bauernhof in der Nähe von Flensburg (Schleswig-Holstein) bewirtschaftet. 1989 legte er die Verantwortung für den Besitz in andere Hände. Seitdem ist er ausschließlich als Schauspieler aktiv. Peter Heinrich Brix, der bereits einige Jahre mehr oder weniger hobbymäßig an der Niederdeutschen Bühne Flensburg gespielt hatte, wollte nun professionell als Schauspieler arbeiten. Sein Plan ging auf: Nach Engagements am Ernst-Deutsch-Theater in Hamburg und vielen Hörspiel- und Fernsehrollen übernahm er 1995 die Rolle des Lothar Krüger im Großstadtrevier. Weitere Paraderollen, in denen er in den vergangenen Jahren vor der Kamera stand: als Kommissar Geiger an der Seite von Ottfried Fischer in der Serie „Pfarrer Braun", neben Jan Fedder in der norddeutschen Kultserie „Neues aus Büttenwarder", in der Produktion „Butter bei die Fische", sowie seit einigen Jahren mit Jörg Schüttauf in den „Heimatgeschichten". Brix spielte in seiner Laufbahn als Schauspieler aber auch schon einen Kinderschänder und stand als Feuerwehrmann vor der Kamera. Die meisten Fernsehzuschauer kennen ihn allerdings als Kultbullen Lothar Krüger im „Großstadtrevier".

Zur Rolle: Lothar Krüger wird eines in seinem Dienstleben wohl nicht mehr los: die Aktenberge, die sich auf seinem Schreibtisch nur so stapeln. Aber Lothar ist ja auch nicht der Aktenhengst, sondern das elementare Herzstück des 14. Reviers. Er ist ein engagierter Polizist und vor allem ein gutmütiger Kollege. Insbesondere bekommt die Polizeischülerin Nicole Beck die Qualitäten ihres „Bärenführers" zu spüren. Als Dirk Matthies zu einem Sonderauftrag abgezogen wird, beweist Lothar, dass er auch als kommissarischer Revierchef seinen Mann stehen kann.

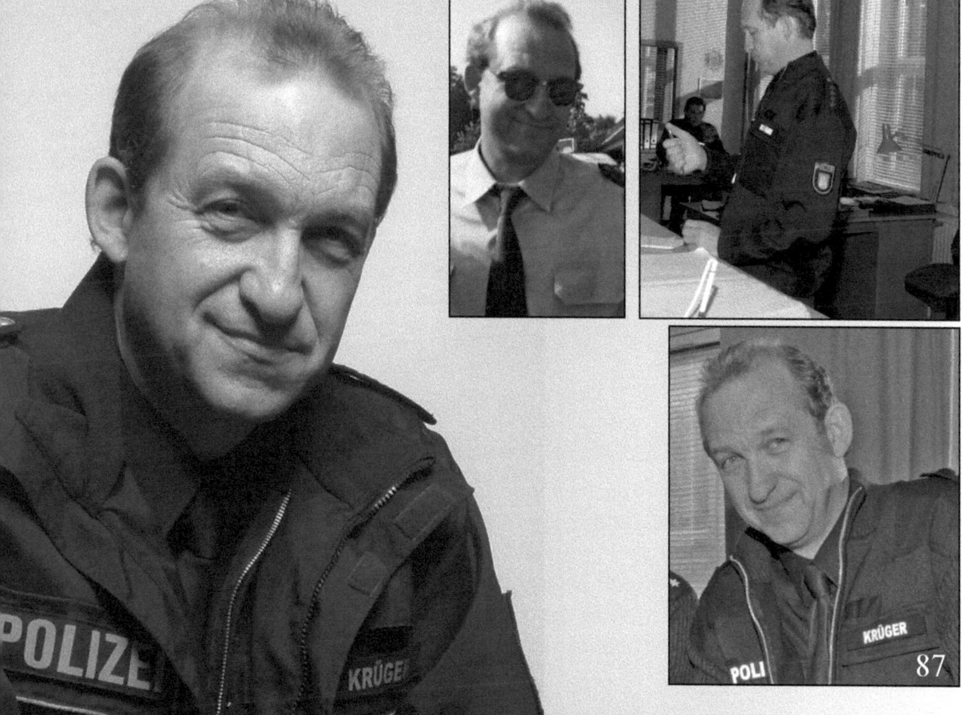

Es muss ja niemand wissen, dass er Dirk per Telefon dann doch um ein paar Ratschläge und Hilfe bittet. Lothar Krüger ist für den Innendienst abbestellt. Anfangs mit Dietmar Steiner verrichtet er seit einigen Jahren seinen Dienst an der Seite von Nicole Beck auf der Wache. Er übernimmt den Sprechfunk, kümmert sich um Falschparker und ist einfach da – für „Kunden" des Reviers und natürlich für alle seine Kollegen...

In der 22. Staffel scheidet Lothar Krüger aus dem Polizeidienst aus. Krüger gewinnt im Lotto. Endlich hat er genug Geld, um sich einen Lebenstraum zu erfüllen. Zumindest sehen das seine Kollegen vom Hamburger Kiez so. Lothar Krüger möchte angesichts von zwei Millionen Euro Gewinn aber erst einmal nur, dass alles so bleibt, wie es ist. Denn Veränderungen können auch Angst machen. Nicole Beck hat aber lange genug mit Lothar zusammengearbeitet, um zu wissen, wie man Lothar Krüger zu seinem Glück überredet. Kurzer Hand packt er all seine Habseligkeiten in einen Karton (Foto unten) und verlässt vor den Augen seiner Kollegen das 14. Revier. Seitdem tourt er mit der Niederdeutschen Theaterbühne durchs Land...

Ein ausführliches Interview mit Peter Heinrich Brix über die Rolle des Lothar Krüger lesen Sie auf den Seiten 152, 153 und 154.

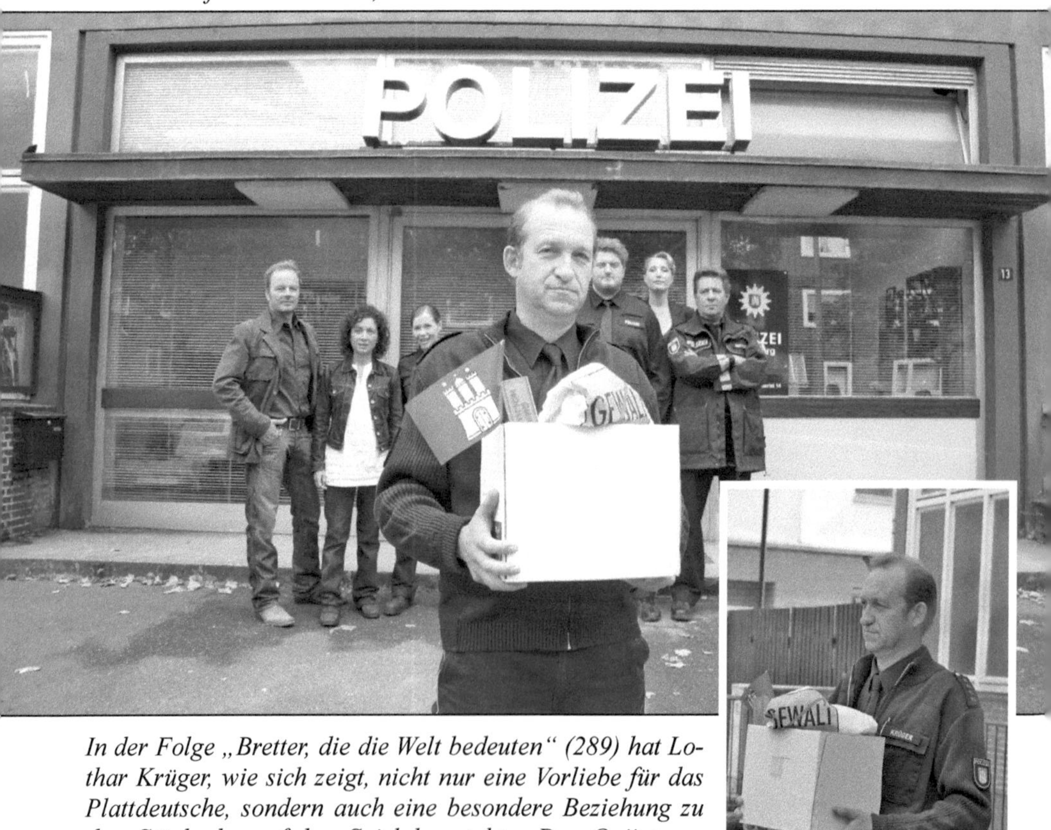

In der Folge „Bretter, die die Welt bedeuten" (289) hat Lothar Krüger, wie sich zeigt, nicht nur eine Vorliebe für das Plattdeutsche, sondern auch eine besondere Beziehung zu dem Stück, das auf dem Spielplan steht: „Don Quijote op plattdütsch". Er entscheidet sich in dieser Episode seinen Polizeidienst zu quittieren und Schauspieler zu werden.

Anja Nejarri als Streifenpolizistin Katja Metz

Anja Nejarri wurde am 12. April 1975 in Köln geboren. Sie machte zunächst eine Lehre als Dekorateurin, bis sie die Lust am Schauspiel entdeckte und lebte bis zu ihrem Einstieg ins „Großstadtrevier" unter anderem in Berlin und Köln. Als Schauspielerin hat sie sich in der Zeit von 1995 bis 1997 in der täglichen Serie „Jede Menge Leben" Kameraerfahrung geholt. Es kamen zahlreiche Episodenhauptrollen in diversen Fernsehserien wie beispielsweise bei der „Küstenwache", „Alarm für Cobra 11" und die durchgehende Hauptrolle als Daniela von Hohenkamp in der ARD-Vorabendserie „St. Angela" auf sie zu. Diese Rollen haben Anja Nejarri zu einer gefragten Schauspielerin gemacht. Anja Nejarri lebte während ihrer Rolle als Katja Metz in Hamburg.

Zur Rolle: Katja Metz begann als Streifenpolizistin an der Seite von Dirk Matthies ihren Dienst auf dem 14. Revier. Im Team fuhren beide den Michel 14/2 und kümmerten sich um die Bedürfnisse der Hamburger. Ruhestörung, Einbrüche, Verkehrsunfälle – mit ihrer ruhigen Art ist sie an ihren Aufgaben peu á peu gewachsen. Dann der Schuss auf Dirk Matthies. Von heute auf morgen verliert Katja Metz ihren Partner, mit dem sie jahrelang auf Streife ging. Der neue Kollege Ben Kessler stößt dazu. Mit ihm ist sie sich zwar oft uneins, dennoch ist aus den Kollegen im Peterwagen 14/2 ein richtig gutes Team geworden. Kein Wunder, denn Gegensät-ze ziehen sich bekanntlich an. Wenn die gradlinige Katja Metz ihren Dickkopf einsetzt und auf Streife die Führungsrolle übernimmt, wird es brenzlig. Sie sagt, was sie will und sie sagt, was sie denkt. Sie stellt sich sogar als Lockvogel im Auftrag der Kriminalpolizei zur Verfügung, um einen Sexgangster dingfest zu machen, der mehrere Frauen im Bereich der Außenalster überfallen und schwer verletzt hat. Keine Frage, dass ihr Kollege Ben in solchen Fällen Katja zur Seite steht. Ein Risiko ganz anderer Art ist allerdings die vorübergehende Wohngemeinschaft mit Ben. Allzu nah möchte die vorsichtige Polizistin aber ihren Kollegen nicht kommen lassen. Dies ist leichter gesagt als getan, wenn sich beide kurzfristig eine Wohnung teilen. Ben und Katja kommen im Laufe der Zeit sehr gut miteinander aus – privat wie beruflich. In der 288. Folge („Im Zeichen des Zweifels") hat Katja Metz ihren letzten Diensttag im Kommissariat 14.

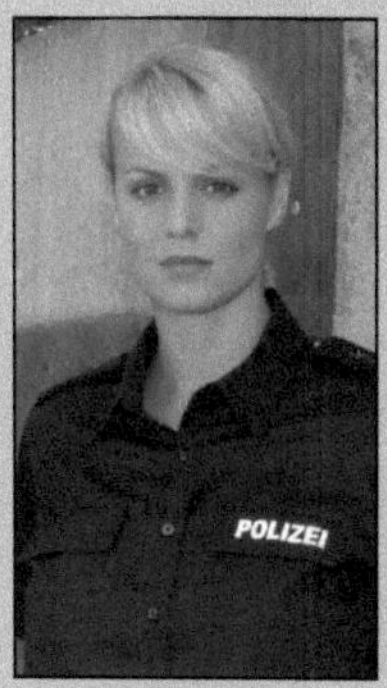 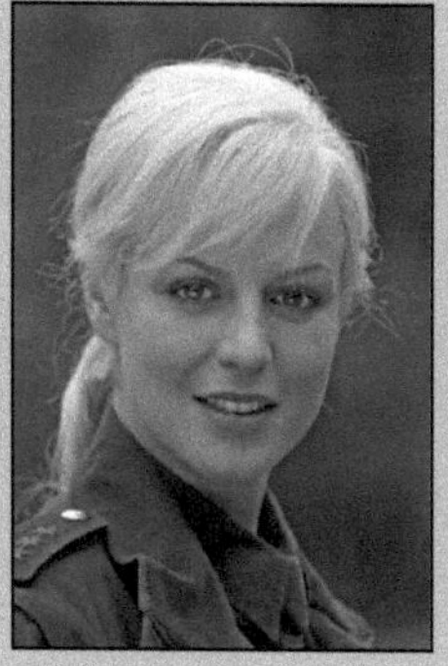 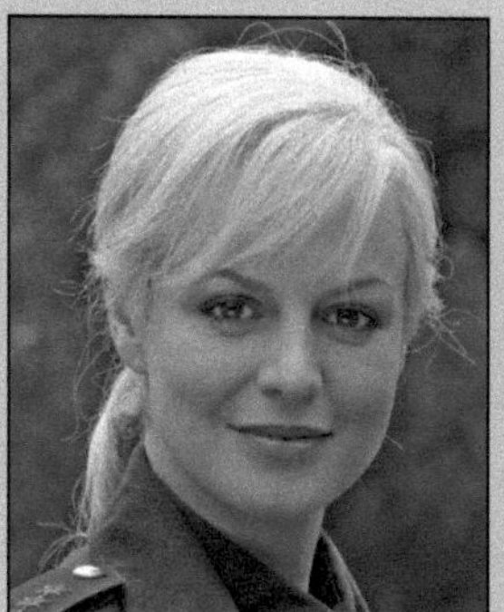 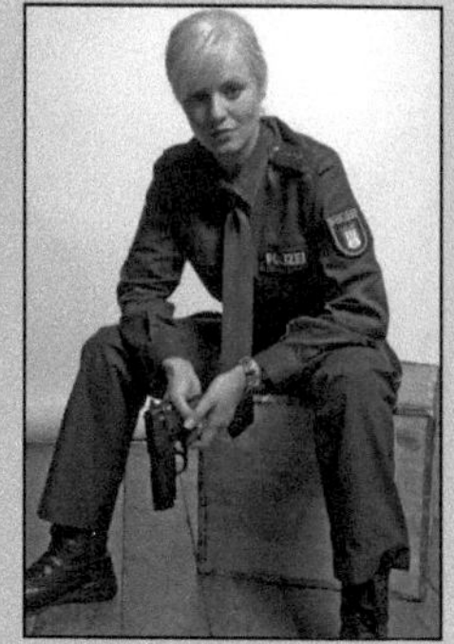

Thomas Naumann als Polizist Georg Thiede

In den 1980er Jahren erlangte Thomas Naumann durch seine Moderation zusammen mit dem computeranimierten Wuslon Zini in der Sendung „Spaß am Montag" große Bekanntheit unter jugendlichen Fernsehzuschauern. Es folgten Rollen in „Die Schwarzwaldklinik", „Jupiter Moon" und der Familienserie „Diese Drombuschs". Danach gab es regelmäßig Rollen in Fernsehserien wie „Großstadtrevier", „Der Landarzt", „Hallo, Onkel Doc!", „Für alle Fälle Stefanie", „Die ache", „In aller Freundschaft", „Adelheid und ihre Mörder" und „Unser Charly". Auch in der Krimireihe „Tatort" wirkte Naumann mit. Schauspieler Thomas Naumann wohnt in Hamburg und steht noch heute für verschiedene Serien vor der Kamera.

Zur Rolle: Polizeihauptwachtmeister Georg Thiele schiebt im 14. Revier in den Folgen 1 bis 6 Innendienst an der Seite von Dietnar Steiner (Edgar Hoppe) und Lothar Krüger (Mischa Neutze). Er hat immer für einen lockeren Spruch auf der Zunge und weist Neithardt Köhler auch mal zurecht.

Sebastian Hölz als Streifenpolizist Ben Kessler

Seine Ausbildung hat Schauspieler Sebastian Hölz am Mozarteum in Salzburg (Österreich) absolviert. Neben zahlreichen Theaterengagements, beispielweise am Schauspielhaus Zürich, an der Volksbühne Berlin und dem Staatstheater Nürnberg, hat er Rollen bei diversen namhaften Fernsehproduktionen angenommen. Sebastian Hölz konnte dabei in Serien wie „Medicopter 117", „Soko Kitzbühel" und in der beliebten TV-Serie „Kommissar Rex" (mit einem Schäferhund in der Hauptrolle) Krimi-Erfahrung sammeln, bevor er erstmals in der 21. Staffel als Streifenpolizist Ben Kessler und Partner von Katja Metz (Anja Nejarri, Seite 62) im „Großstadtrevier" vor der Kamera

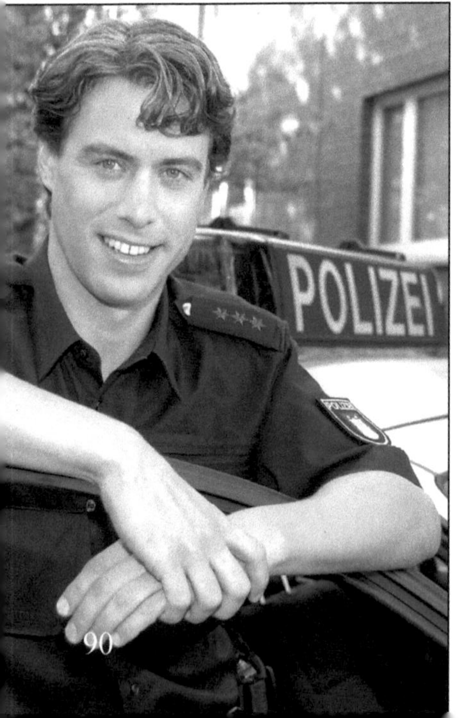

stand. Beide trafen sich erstmals bei einem Einsatz in einem Hochhaus, in dem Polizist Dirk Matthies angeschossen wurde.

Zur Rolle: Sebastian „Ben" Kessler ist ein junger Polizist, der nach dem Anschlag auf Dirk Matthies vom 32. ins Team des 14. Reviers stößt. Dirk Matthies liegt schwer verletzt im Krankenhaus, während Katja Metz mit dem neuen Kollegen Ben Kessler den Schützen sucht. Es rattert im Karton zwischen beiden Streifenpolizisten, denn sie verstehen sich anfangs gar nicht.

Im Laufe der Zeit erobert sich der kernige, attraktive Polizist eine feste Position im Team. Die alteingesessenen Beamten wissen: Ben Kessler ist da, wenn man ihn braucht. Vor allem Katja Metz hat diese Eigenschaft an ihrem Kollegen schätzen gelernt. Jeder ahnt schon im Vorwege, was der andere denkt. Hin und wieder kommt es zu kleinen Reibereien zwischen Katja und Ben: „Benutzt du etwa mein Champoo?"

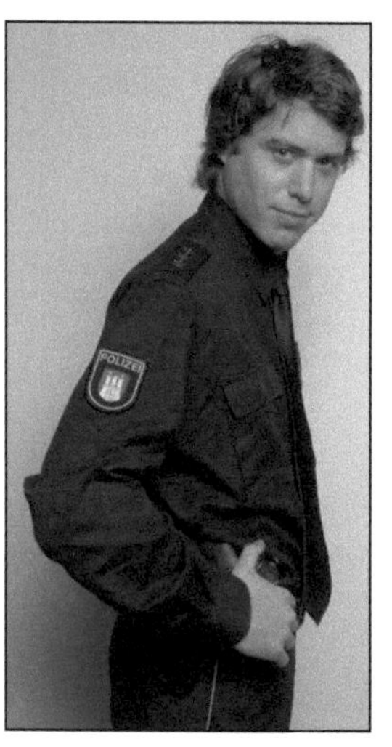
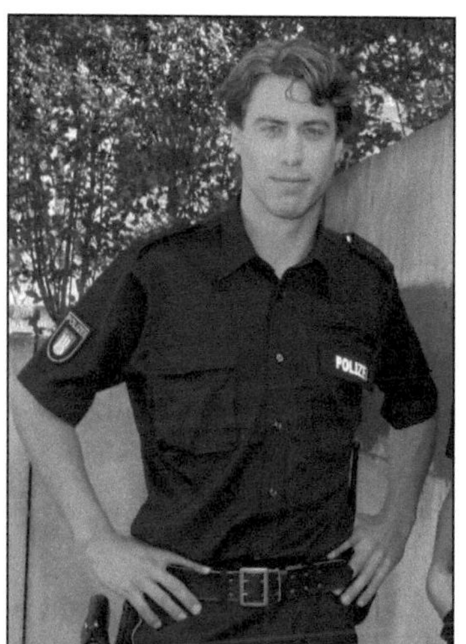
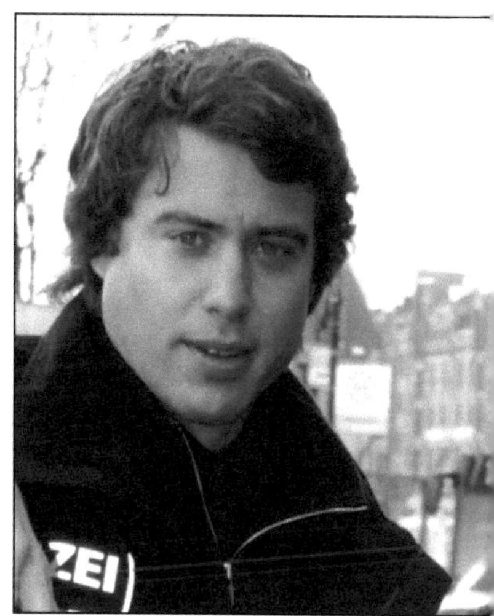

Auch wenn Ben Kessler gegenüber seiner hartnäckigen Kollegin immer loyal ist, weiß er sie doch auch zu bremsen, wenn sie in ihrem Eifer zum Erfolg über das Ziel hinausschießt. Ab und zu muss er Katja vor sich selber schützen. Genau das sieht Katja allerdings ganz anders: Katja hat einiges damit zu tun ihre Privatsphäre zu schützen, als Ben vorübergehend in ihre Wohnung einzieht. Während des Zusammenwohnens gibt es ebenfalls einige Reibereien. Aber: Ist Katja gegenüber Bens Flirtversuchen wirklich so resistent, wie sie behauptet? Beide verstehen sich immer besser und bilden ein gutes Paar – „Streifenpaar". In der 22. Staffel quittiert Ben Kessler seinen Dienst, um Profi-Fußballtrainer zu werden.

Maria Ketikidou als Hariklia („Harry") Möller

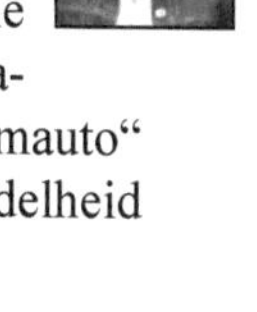

Schauspielerin Maria Ketikidou wurde im Jahr 2005 zur Bayerischen Ehrenkommissarin ernannt. Ihr Lohn für langjährigen, unermüdlichen Einsatz als Zivilfahnderin Hariklia „Harry" Möller im „Großstadtrevier". Ihre erste Filmrolle hatte Maria Ketikidou in „Die Heartbreakers". Als Schülerin hatte sie sich auf die Rolle der Rocksängerin Lisa beworben und wurde schwups angenommen. Danach folgten Hauptrollen in Fernsehfilmen wie „Alles Paletti" (1984), „Das Traumauto" (1987) und „Aufs Ganze" (1988) sowie zahlreiche Gastrollen in Serien wie „Adelheid und ihre Mörder" und beispielweise „Peter Strohm".
Seit 1994 ist Maria Ketikidou im Team des „Großstadtreviers". Sie spielt die sympathische und durchsetzungsfähige Zivilfahnderin Hariklia „Harry" Möller. Mit Henning Schulz (Till Demtrøder, Seite 76) an ihrer Seite, ermittelt sie undercover im Hamburger Milieu. Maria Ketikidou wuchs in Itzehoe (Schleswig-Holstein) auf und lebt heute im Hamburger Stadtteil Rotherbaum unweit der Außenalster.
Zur Rolle: Sie ist klein, hat es aber faustdick hinter den Ohren. Hariklia „Harry" Möller, Zivilfahnderin griechischer Herkunft, kommt schnell zur Sache. Sie ist eine konsequente und hartnäckige Persönlichkeit im Revier 14 und eckt auch schon des Öfteren

bei ihrem Partner Henning Schulz an. In „Harry" vereinen sich Sanftheit und Beharr-
lichkeit und gerade deshalb ist sie aus dem Team des Reviers 14 nicht mehr wegzuden-
ken. Charmant, nett und hilfsbereit – wenn es drauf an kommt, weht aber ein sehr harter
Wind und sie zappelt nicht lange. Mit ihrem Kollegen Henning Schulz verbindet sie
aber nicht nur die gute Zusammenarbeit. Beide gehen auch als Freunde durch dick und
dünn und verbringen das eine oder andere Weihnachtsfest miteinander (Zitat „Harry":
„Aber ich will Weihnachtslieder singen"). Meistens ist es jedoch „Harry", die ihrem
Kollegen bei persönlichen Problemen auf die Sprünge hilft. Sie kennt ihren Henning,
weiß ihn so zu nehmen, wie er ist. Hariklia „Harry" Möller gibt ihm auch schon mal
den entscheidenden Schubs, wenn Henning in der Einschätzung seines Gegenübers mal
wieder daneben liegt. Ob privat mit seiner Freundin Eva oder beruflich mit mutmaß-
lichen Verbrechern. In der 23. und 24. Staffel geht „Harry" Möller mit ihrem neuen
Partner Hauke Jessen (gespielt von Steffen Groth) in zivil auf Ganoven- und Verbre-
cherjagd. Ab der Staffel 25 hat Hariklia „Harry" Möller wieder einen neuen Partner an
ihrer Seite: Mads Thomsen (gespielt von Mads Hjulmand). In späteren Folgen ermittelt
sie zusammen mit Piet Wellbrook (Peter Fieseler) und anderen Kollegen.

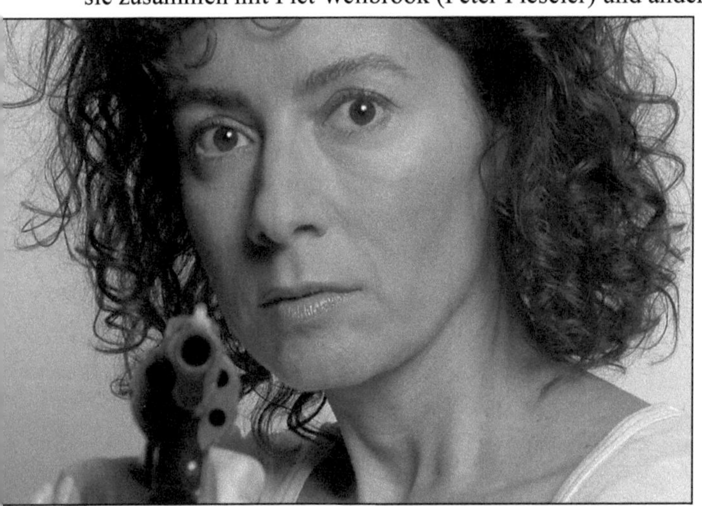
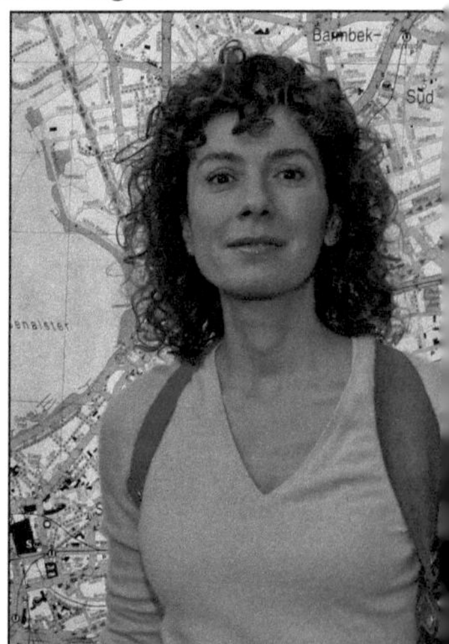

Dorothea Schenck als Anna Bergmann

Dorothea Schenck wurde 1971 in Berlin geboren. Sie absolvierte ihre Schauspielausbil-
dung am „Theaterstudio Friedrichstraße" in der Bundeshauptstadt und sammelte zudem
Erfahrungen im Bereich Regie im „Theater am Dom" in Köln. Sie stand zunächst in Serien
wie „Für alle Fälle Stefanie" und „Der Fahnder"vor der Kamera, bevor sie im Großstadtre-
vier erstmals die Rolle der Streifenpolizistin Anna Bergmann übernahm (1998 bis 2003).
Danach übernahm sie unterschiedliche Rollen unter anderem in „Die Handschrift des
Mörders", „Der letzte Zeuge", „Neues aus Büttenwarder", „Unser Charly" und beispiels-
weise „Edgar Wallace – Die vier Gerechten". Nach ihrem vorübergehenden Abschied
vom Großstadtrevier konnte der Fernsehzuschauer Dorothea Schenck in „Hallo Robbie!",
„Soko Kitzbühel", „Rosamunde Pilcher: Wolken am Horizont", „Unter weißen Segeln"

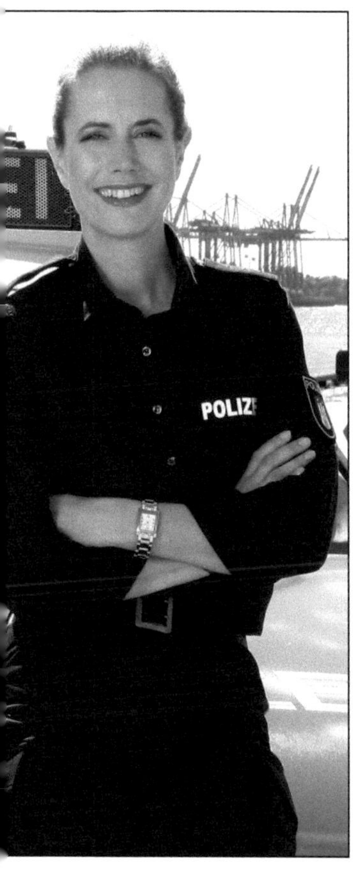

und „Italien im Herzen" im Fernsehen erleben. Dorothea Schenck lebt in Berlin und ist Mutter von drei Kindern. Sechs Jahre und 98 Episoden pausierte Dorothea Schenck. In der Folge 290 kehrt die sympathische Schauspielerin ins „Großstadtrevier" zurück.

Zur Rolle: Jahrelang fährt Anna Bergmann mit Dirk Matthies auf dem Peter 14/2 durch Hamburg.

Dann wird sie schwanger und hängt ihren Job als Polizistin zunächst an den Nagel. Ihr Sohn Max wird geboren, Mutter Anna kann für eine gewisse Zeit in einem Imbiss jobben. Dann der Entscluss: sie kehrt wieder zurück in den Polizeidienst. Auch wenn es

ihr als alleinerziehende Mutter manches Mal schwerfällt, ihren Sohn und den Job als Polizistin unter einen Hut zu bringen: sie hat die Rückkehr ins Team des Kommissariats 14 nie bereut. Privat fehlt ihr allerdings ein Partner. Zum Glück begegnet ihr in ihrem Job der eine oder andere Mann, mit dem sie flirten kann. Aber auch alte Lieben tauchen wieder auf. Als ihr Ex-Freund Markus bei einem gemeinsamen Essen vergiftet wird, machen sich Dirk und Anna auf die Suche nach den Ursachen.

Sie ist herzensgut, nett und hilfsbereit. Aber sie sagt auch schon mal ihre Meinung, wenn ihr etwas nicht passt. Anna Bergmann ist in den Folgen 125 bis 191, sowie 290 bis 326 im „Großstadtrevier" zu sehen.

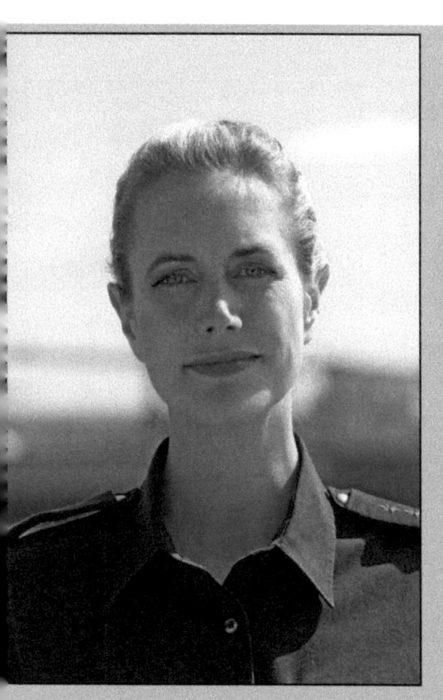

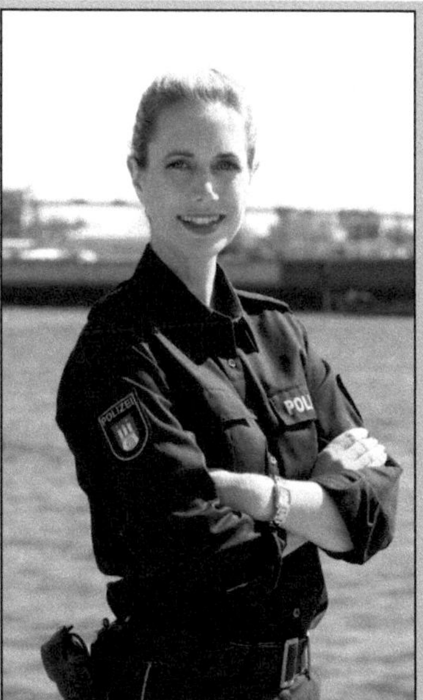

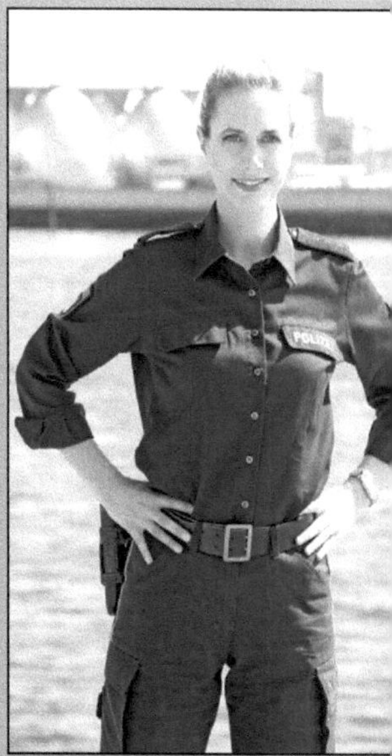

Till Demtrøder als Zivilfahnder Henning Schulz

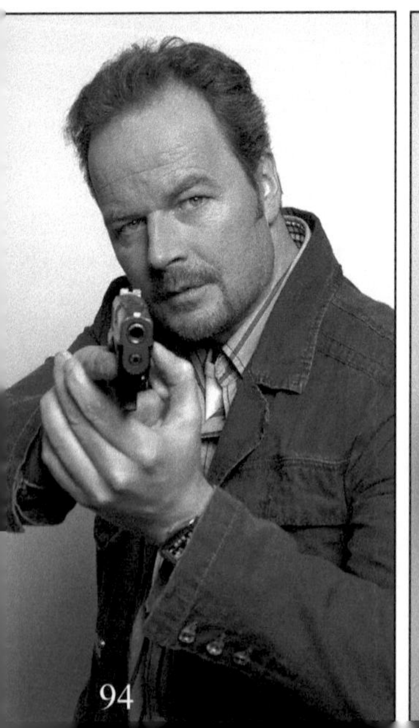

Till Demtrøder gehört zweifelsohne zu den meist beschäftigten Schauspielern in Deutschland. Seit über 20 Jahren spielt er im „Großstadtrevier" den Polizisten Henning Schulz (anfangs Schutz-, jetzt Zivilpolizist). Wenn Till Demtrøder nicht gerade vor der Kamera für die Sicherheit in der Hansestadt Hamburg sorgt, agiert er an der Seite von Seelöwen in der ZDF-Serie „Hallo Robbie" oder schlüpft in die Rolle von Rechtsanwalt Wanja Teschner, dem Sohn vom Ex-Landarzt Dr. Ulrich Teschner. Die meisten TV-Zuschauer kennen ihn allerdings als den Zivilbeamten Henning Schulz, der zusammen mit Partnerin Harry Möller Einbrechern, Erpressern und Dieben auf der Spur ist. Ein Zivilfahnder, der seinen Job aus dem Eff-Eff beherrscht, in Liebesdingen allerdings noch einiges zu lernen hat.

Mit elf Jahren gab Till Demtrøder sein Debüt in der Literaturverfilmung „Am Südhang" und hatte seitdem einen klaren Berufswunsch. Nach dem Studium im Schauspielstudio Hamburg übernahm Till Demtrøder diverse Theaterengagements, bevor er sich als Schauspieler auf dem Bildschirm etablierte. Zugleich arbeitet er als Synchron- und Werbesprecher sowie als Autor.

Zur Rolle: Niemand hätte es für möglich gehalten: Zivilfahnder Henning Schulz, der sich manchmal zu Höherem berufen fühlt und sich für einen Frauentyp hält, ist sicher in den Hafen der Ehe eingelaufen. Damit ist Henning Schulz der Einzige im Team des Reviers 14, der verheiratet ist. Aber hat er in Eva auch die Richtige gefunden? Eine Ehe ist kein reines Zuckerschlecken, sondern kann nur dauerhaft gelingen, wenn sich beide aktiv darum bemühen, die Ehe lebendig zu halten. Genau das versucht Henning – nachdem ihm Kollegin Harry ein paar Tipps gegeben hat. Immerhin waren sie auch mal ein Paar. Öffentlich bekannt haben sich Henning und Harry zu ihrer Liebe, als beide zusammen mit den Kolle-

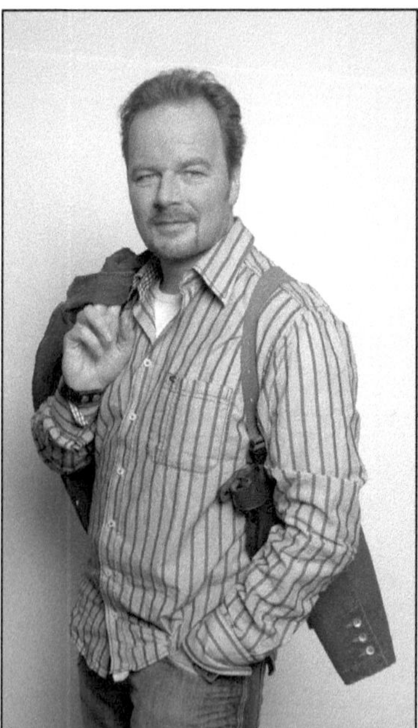

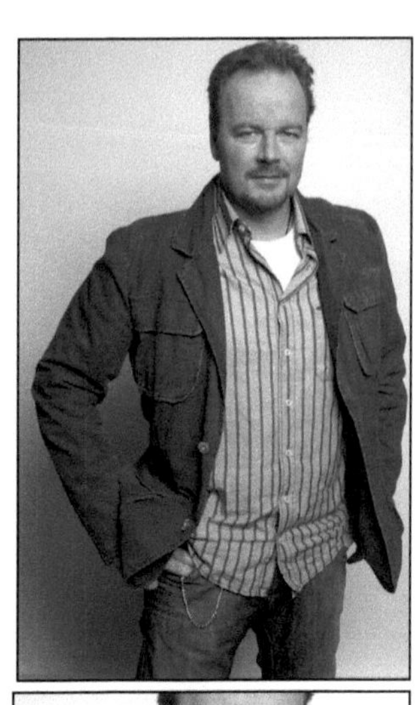

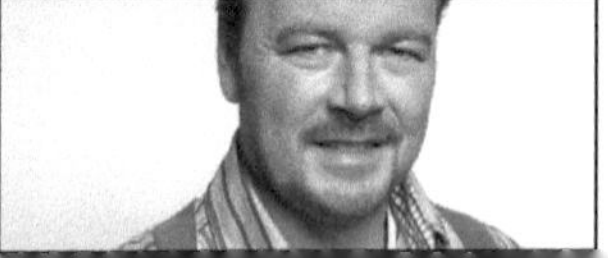

gen auf Landpartie in Schleswig-Holstein waren. Es war allerdings nur eine Frage der Zeit – getuschelt wurde über die Beziehung wochenlang. Henning ist ein cooler Typ, der manches Mal über fünf Ecken denkt, bevor er zum Ziel kommt. Henning Schulz eben. In der Folge 285 („Ein neuer Anfang") kommt ein neuer Kollege ins Kommissariat 14: Hauke Jessen. Der sympathische Kollege aus dem nordfriesischen Husum, wird als Vertretung für Henning Schulz eingestellt, der als Polizeiausbilder für sechs Monate nach Afghanistan geht. Henning SChulz kehrt dann noch einmal nach Hamburg zurück, entscheidet sich aber in Folge 294 („Hilfe hat kein Warum") für den endgültigen Umzug nach Afghanistan. Der letzte Einsatz von Henning Schulz in seiner Heimatstadt Hamburg: Harry Möller und Henning Schulz unterstützen

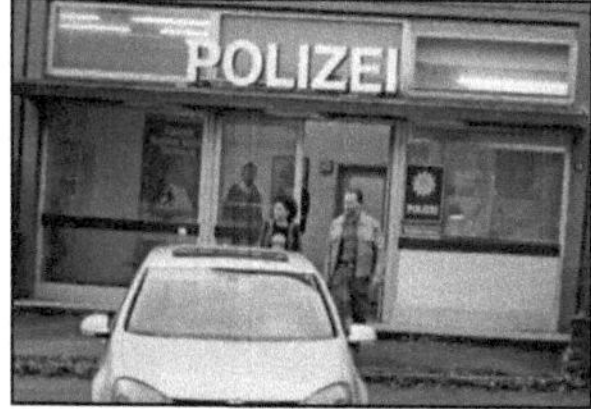

die Kollegen von Zoll und Arbeitsamt unter der Führung von Burkhard Bauer bei einem Einsatz gegen Schwarzarbeit und treffen dabei auf Nurija, eine junge Afghanin, die illegal in Hamburg lebt. Henning kennt die Geschichte des jungen Mädchens, denn während seines Einsatzes in Afghanistan hatte er ihren Bruder Hamil zum Polizisten ausgebildet.

Lutz Mackensy als Kriminalrat Iversen

1958 gab Lutz Mackensy in der Komödie „Meine 99 Bräute" sein Spielfilmdebüt. Fast zehn Jahre später verlagerte sich sein künstlerischer Schwerpunkt peu á peu auf Film- und Fernsehproduktionen. Er spielte unter anderem Rollen im „Tatort", „Polizeiruf 110" und „Rosa Roth". In der Science Fiction-Serie „Der Androjäger" verkörperte er die Hauptrolle des Außerirdischen, der auf der Erde nach Aliens sucht, um sie auf ihren Heimatplaneten zurückzuschicken. In der Serie „Kasse bitte!" spielte Mackensy einen gestressten Filialleiter eines Lebensmittelmarktes. Außerdem spielte er wiederkehrende Rollen in den ZDF-Serien „Der Landarzt" (Zeitungsreporter) und Stubbe – Von Fall zu Fall", in der er als penibler und vorallem sehr arroganter Kommissar der Hauptfigur Stubbe (gespielt von Wolfgang Stumph) das Leben schwer macht.

Zur Rolle: Apropos das Leben schwer machen: Als selbstgerechter und unzulänglicher Vorgesetzter taucht Lutz Mackensy des Öfteren als Kriminalrat Iversen im Großstadtrevier auf. Immer wenn die Kripo eingeschaltet werden muss, kann der Fernsehzuschauer sicher sein, dass Kriminalrat Iversen als erster durch die Tür des Reviers kommt und vorlaute Bemerkungen über die Streifenpolizisten verliert. „Hallo die Herren von der Trachtentruppe", werden die Beamten vom 14. Revier meist begrüßt. Stets gerät Iversen während seiner Ermittlungen vor Ort mit Dirk Matthies und seiner jeweiligen Partnerin (je nach Folge) aneinander. Für den Kripobeamten sind Matthies und Konsorten vor Ort nur störendes Beiwerk, das allenfalls zum Absperren des Tatorts geeignet ist. Steht ein Fall vor der Aufklärung, ist es natürlich immer der Verdienst der Kripo – nicht der Schutzpolizei. So gibt der durchaus tüchtige Iversen gerne Interviews gegenüber der

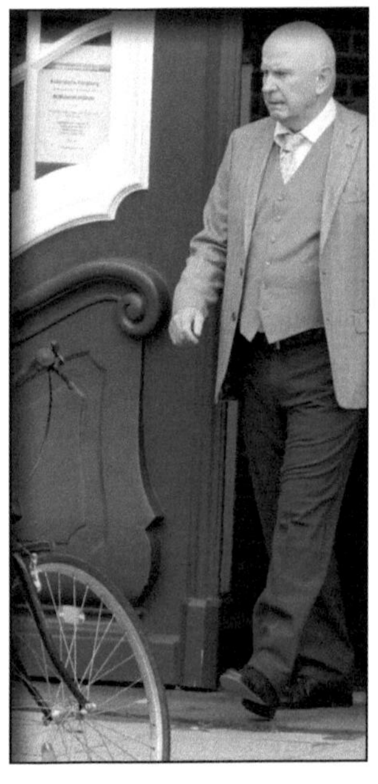

Presse, steht gern im Vordergrund und erntet sozusagen die Früchte, die die Beamten des 14. Reviers ins Leben gerufen haben. Dies regt Dirk Matthies natürlich immer wieder auf und er springt in so manchen Folgen fast an die Decke. Denn Dirk Matthies möchte sich von der Kripo natürlich nicht in die Ermittlungen fuschen lassen. Schon gar nicht von Kriminalrat Iversen, der grundsätzlich davon überzeugt war, er täte das Richtige und hätte immer die heißeste Spur. Denn in all den Folgen war dies selten bis nie der Fall. Meist lösten die Beamten vom 14. Revier den Fall auf ihre Art, während Iversen in den Ermittlungen steckenblieb. Mit Charme, Menschenkenntnis und viel Humor. Auch wenn es „von oben" immer wieder rügende Befehle gab, ließen sich die Beamten – meist mit Rückendeckung des Revierleiters – nicht davon abbringen, die Fälle zu lösen. Es wurden Überstunden gemacht, Zeugen ausgefragt und mutmaßliche Verbrecher observiert. Bei diesen Tätigkeiten stießen die Be-

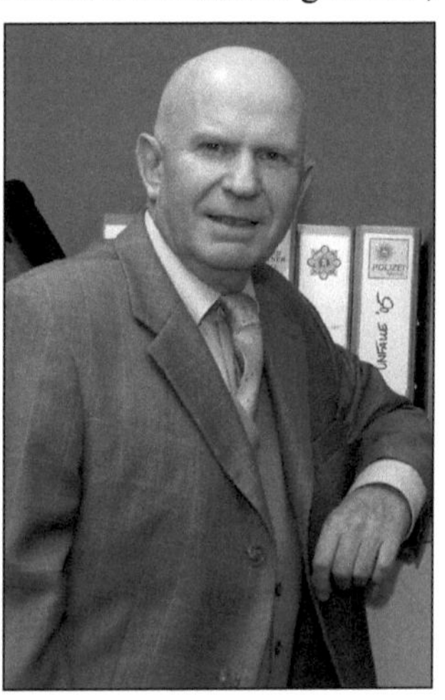

amten oftmals auf Iversen, der mit seiner Truppe ebenfalls den Verbrechern auf der Spur war. Kennzeichnend für Iversen sind vor allem seine schnell aufbrausende und impulsante Art, sein Irrglaube immer im Recht zu sein und seine Abneigung gegen die Arbeit und Effizienz der „Trachtengruppe in grün". Wenn Kriminalrat Iversen auftaucht, kann der Fernsehzuschauer sicher sein: Iversen liegt mit seinen Ermittlungen immer falsch – erntet am Ende aber immer Lob, weil er mithilfe der Beamten des 14. Reviers die Fälle aufklärt. In den jüngsten Staffeln tritt Kriminalrat Iversen nicht mehr auf.

Saskia Fischer als Vorgesetzte Frau Küppers

Ihre Ausbildung absolvierte Saskia Fischer an der Hochschule für Musik und darstellende Kunst in Wien. In der österreichischen Hauptstadt besuchte Saskia Fischer das Konservatorium der Stadt Wien. Seit Mitte der 1980er Jahre ist Saskia Fischer vornehmlich auf den Theaterbühnen in Deutschland zu sehen und spielt mit großem Erfolg die unterschiedlichsten Rollen. Saskia Fischer spielte unter anderem Lola, Ophelia, Lady Milford, Lorcas „Dona Rosita", Maria Stuart, sang den Teufel in „Black Rider", spielte eine Doppelhauptrolle in „Die Entdeckung der Currywurst". Dabei arbeitete die Enkelin von Jahrhundertschauspieler Johannes Heesters und Tochter von Schauspielerin Nicole Heesters mit zahlreichen namhaften Regisseuren zusammen. Im Fernsehen hat es ihr vor allem die Sendereihe „Tatort" angetan. Saskia Fischer stand bis 2008 zehn

Male für die Krimireihe vor der Kamera und überzeugte das Publikum. Seit 2008 ist Saskia Fischer im Team des „Großstadtreviers" dabei. Sie spielt die Vorgesetzte von Revierleiter Dirk Matthies.

Zur Rolle: Wenn Frau Küppers ins Großraumbüro ins 14. Kommissariat kommt, herrscht Eiseskälte. Ein rauer Umgangston und starker Gegenwind weht den Beamten, insbesondere Revierleiter Dirk Matthies, entgegen. Nett, aber bestimmend verteilt Frau Küppers diverse Aufgaben und rügt an und ab das sehr eigenwillige Verhalten der Beamten. Frau Küppers verkündet auch schon mal ohne Angabe von Gründen die Anordnung, dass Dirk Matthies vorübergehend vom Dienst abgezogen wird und Lothar Krüger derweil dessen Pflichten als Chef des 14. Reviers übernimmt. Beinahe kommentarlos müssen Lothar Krüger und Kollegen dies hinnehmen. Dennoch ist das Verhältnis angenehm.

Frau Küppers wird nett begrüßt, freundliche Gespräche werden geführt. Als Frau Küppers Ihre eigene Versetzung beantragt, kommt sogar eine gewisse Freundschaft zwischen Dirk Matthies und Frau Küppers ans Tageslicht. Der Revierleiter steht vor Hamburgs Polizeipräsidium und wartet auf Frau Küppers, die ihm einen Kaktus überreicht. Wenige Tage später ist die Versetzung annulliert – sie bleibt Vorgesetzte von Dirk Matthies und dem gesamten Team.

In der 27. Staffel steht das „Großstadtrevier" unter Schock: Kaum ist Dirk Matthies (Jan Fedder) nach überstandener Krankheit zurück aus Kanada, wirft er alles hin. Ein Schicksalsschlag lässt ihn seine Uniform an den Haken hängen. Und diese Entscheidung hat Konsequenzen für das ganze 14. Revier. Nichts ist mehr, wie es einmal war. In einer dramatischen Doppelfolge erschießt Matthies einen jungen Menschen – und will danach aufhören. Auf Zureden seiner Kollegen nimmt er seine Entscheidung zurück, doch die Uniform bleibt im Schrank. Matthies wird Milieu-Ermittler auf dem Hamburger Kiez. Als Informant, vertrauensvoller Zuhörer und Verhandlungsführer macht der Kommissar künftig das, was er am besten kann: Auf dem Kiez ermitteln. Dort kennt er sich aus, hat Kontakte und Beziehungen. Er sitzt quasi an der (Informations-) Quelle.

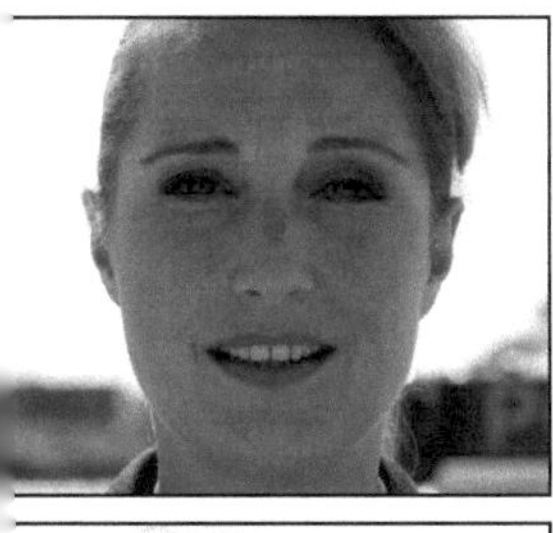

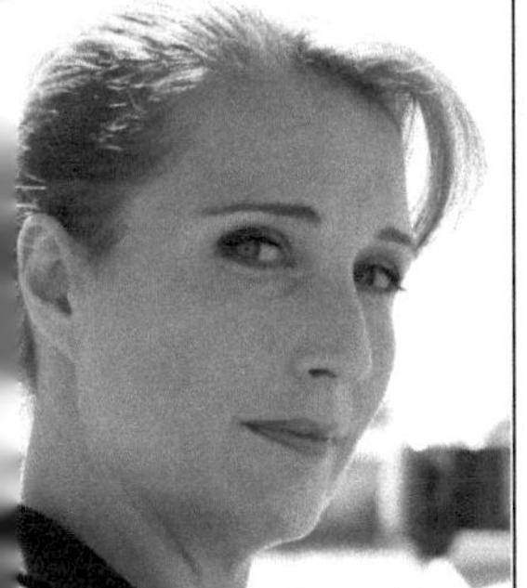

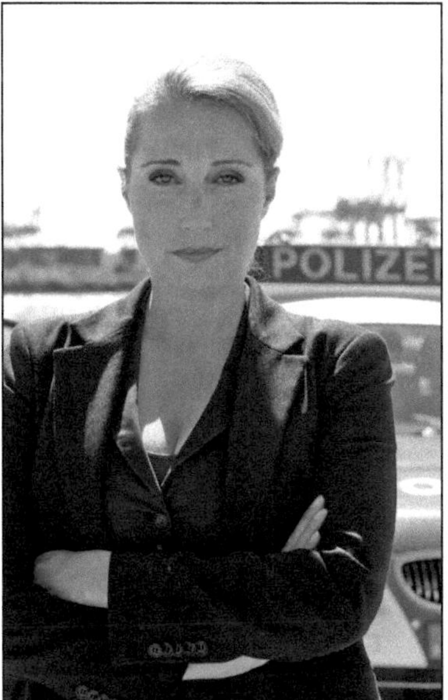

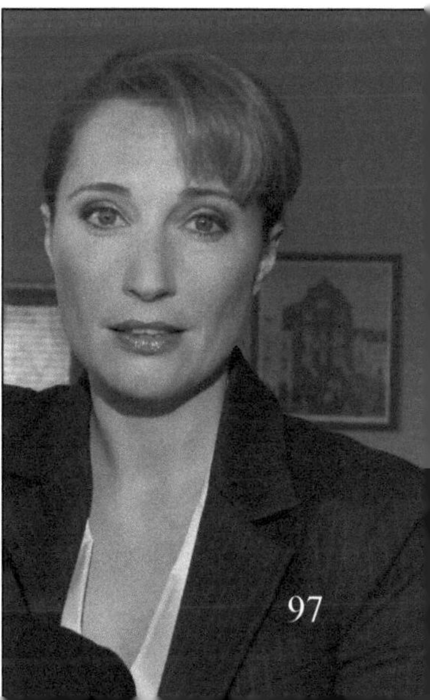

Edgar Hoppe als Dietmar Steiner

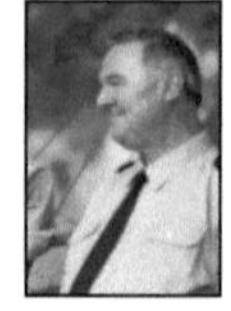

Der 1937 geborene Edgar Hoppe wurde an der Hochschule für Musik und Theater Hannover ausgebildet. Sein erstes Engagement erhielt er 1956/1957 in Hildesheim. Im Anschluss war Edgar Hoppe in verschiedenen Schauspielhäusern beschäftigt, darunter im Schauspielhaus Bochum, Wiesbaden, sowie am Deutschen Schauspielhaus Hamburg. Auch auf den Brettern des Thalia Theaters Hamburg war er des Öfteren tätig. Edgar Hoppe arbeitete darüber hinaus fürs Radio und wirkte in zahlreichen Fernsehproduktionen mit. Auch als Synchronsprecher machte er sich einen Namen. Edgar Hoppe lebt heute zurückgezogen in einem Einfamilienhaus im Hamburger Stadtteil Volksdorf.

Zur Rolle: Dietmar Steiner ist das Herz und die Seele des 14. Reviers. Er ist ein richtiger Freund und Helfer wie er im Buch steht. Hilfsbereit und freundlich – und das nicht nur gegenüber den „Kunden" der Polizeiwache, sondern auch bei seinen Kollegen. Das Zwischenmenschliche spielt bei Dietmar Steiner eine sehr große Rolle: Er merkt sofort, wenn Kollege Krüger beispielsweise private Probleme hat. Gibt es im Hause Bogner Streit, steht Dietmar Steiner mit Rat und Tat zur Seite. Auch nach Feierabend wird auf der Wache stundenlang geredet. Polizeihauptmeister Steiner hat wohl schon viele Hundert Mal seine berühmte Frage gestellt: „Was kann ich für Sie tun?" In den meisten Fällen kann er tatsächlich etwas tun, wenn wieder Ratsuchende, Hilflose und Verzweifelte vor ihm am Tresen des Wachraums stehen. Gerne sieht er sich als engagierten Beamten, der auch mal Kartons oder schwere Einkaufstaschen von netten Nachbarinnen der Wache in den fünften Stock trägt. Er flirtet gerne mit Frauen und sieht Kollege Lothar Krüger nicht nur als Arbeitskollegen, sondern vielmehr als guten Freund und guten Mitbewohner an. Er macht sich stets um den Gesundheitszustand von Krüger Sorgen. „Mama Steiner" schnüffelt gerne mal hinterher und passt auf. Dietmar Steiner lebt für sein Revier und versorgt es mit jener Portion Humor, Optimismus und menschlicher Wärme, an der die Zuschauer so gern teilhaben. Steiner liebt Erdnüsse und leckere Kuchen – und wird liebevoll „Dicker" genannt. In der Folge „Das Leben ist schön" (191) verlässt Dietmar Steiner das 14. Revier. Er zieht zu seiner Freundin Helga nach Frankfurt.

Britta Schmeling als Maike Bethmann

Nach dem Abitur besuchte Britta Schmeling die Schauspielschule Kiel. Ihren ersten Fernsehauftritt hatte sie in dem Film „Die besten Jahre kommen noch", später spielte sie die Schreinergesellin Gisela in der Fernsehserie „Die Wicherts von nebenan". Im Jahre 1992 übernahm sie dann an der Seite von Jan Fedder die Rolle der Streifenpolizistin Maike Bethmann im „Großstadtrevier". Sie spielte diese Rolle bis 1994 (Folgen 63 bis 72). Sie lebt in Berlin.

Zur Rolle: Maike Bethmann war die Nachfolgerin von Ellen Wegener und saß an der Seite von Dirk Matthies auf dem Streifenwagen Peter 14/2. Beide mussten sich erst einmal aneinander gewöhnen. Zunächst biss sie bei Dirk Matthies auf harten Granit und sie musste ganz schön gegen ihn „ankämpfen". Mit der Zeit schmolz jedoch das Eis und beide bildeten ein nettes Team im 14. Revier.

Mads Hjulmand als Mads Thomsen

Mads Hjulmand, geboren am 12. November 1982, in einer Kleinstadt nördlich von Kopenhagen (Dänemark), hat von 2004 bis 2008 die Nationale Theaterschule Dänemark besucht. Ein Semester hat er am Konservatorium in Wien studiert. Nach seinem erfolgreichen Abschluss spielte er auf mehreren Theaterbühnen und übernahm diverse Rollen in dänischen TV-Serien. Hjulmand war im Jahr 2009 in der Fernseh-Komödie „Ein Mann, ein Fjord" an der Seite von Hape Kerkeling zu sehen. Die Figur des Zivilfahnders Mads Thomsen ist seine erste Serienrolle in Deutschland. Seit Folge 311 ist er der neue Zivilfahnder im „Großstadtrevier" an der Seite von Hariklia „Harry" Möller alias Maria Ketikidou. Mads Hjulmand wohnt zur Hälfte in Dänemark und Hamburg.

Zur Rolle: In der Folge 310 („Sturköppe") steht ein Wechsel bei den Zivilfahndern im „Großstadtrevier" bevor. Hauke Jessen verlässt das 14. Revier und Mads Thomsen ist startklar. Er ist ein Womanizer, der aus Kopenhagen nach Hamburg gekommen ist, weil er in seiner Heimatstadt nicht mehr mit seinen Frauengeschichten klar kam. Aber natürlich hat er seinen Charme nicht zwischen Kopenhagen und Hamburg verloren, was ihn wieder in neue Probleme bringt. Mads ist ein eher lockerer Typ, der auch schon mal mit einer Zeugin flirtet. Gleichzeitig trägt er mit seinen kreativen Ideen zum Erfolg des Ermittlerteams wesentlich bei. Mit seiner neuen Streifenpartnerin Harry Möller (Maria Ketikidou) versteht er sich blendend. Zu gut, wie Kommissariatsleiterin Frau Küppers zunehmend meint. Auch bei den anderen Polizisten punktet er – besonders sein dänischer Dialekt kommt gut an.

In der Folge „Mads Entscheidung" (382) wird im 14. Kommissariat eine Weiche gestellt. Mads Thomsen hat sich entschieden, endgültig in Hamburg zu bleiben. Frau Küppers überreicht ihm die Ernennung zum Kommissar.

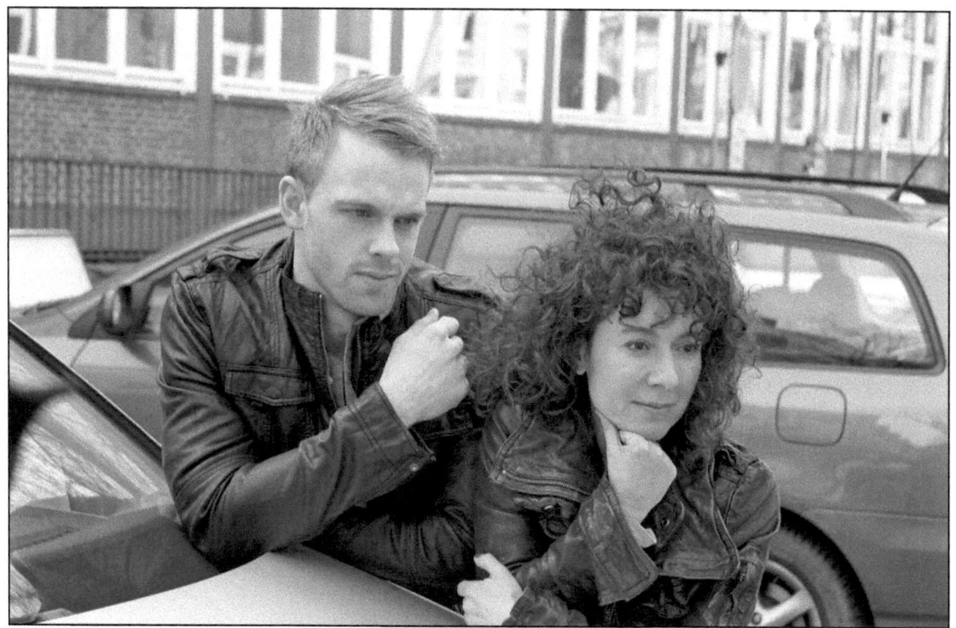

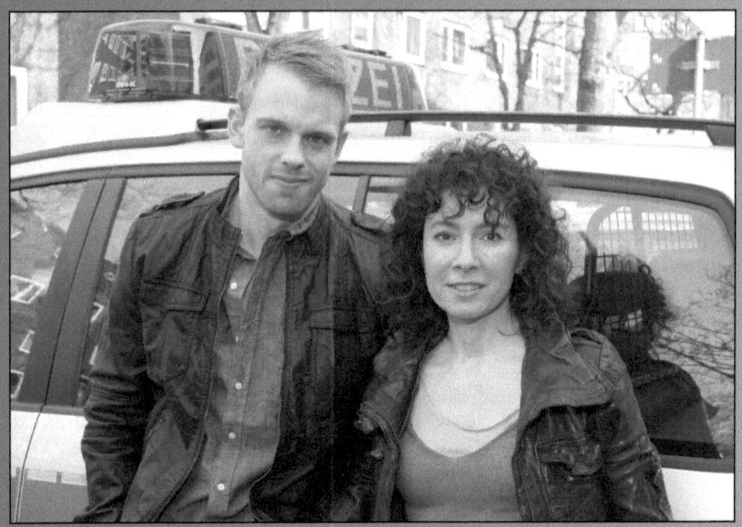

Die Kollegen des PK 14 bereiten eine Überraschungsparty in der Eckkneipe von Big Harry (gespielt von Harry Schmidt) vor. Zuvor aber fährt Mads Thomsen mit den beiden Kollegen Hariklia „Harry" Möller und Piet Wellbrook zu einem Einsatz. Sie wollen eine Drückerkolonne kontrollieren. Zwei der Drücker hauen ab, als sie die Polizei sehen. Mads verfolgt einen der Drücker, holt ihn ein und glaubt nicht, was er sieht: Vor ihm steht seine 18-jährige Schwester Maja. Maja behauptet, Aslak Nielson, ihr Freund und Chef der Drückerkolonne, sei ein engagierter Tierschützer. Das Geld, das sie sammeln, sei für den Tierschutz bestimmt. Mads glaubt davon kein Wort, kann aber nicht verhindern, dass Maja mit den Drückern verschwindet.

Im Kommissariat erlebt Mads dann die nächste Überraschung. Sein Vater wartet im Zimmer von Frau Küppers auf ihn. Er fordert Mads auf, seine Schwester Maja zu suchen. Wie üblich ist Flemming Thomsen sehr charmant. Und nur Mads weiß, dass die

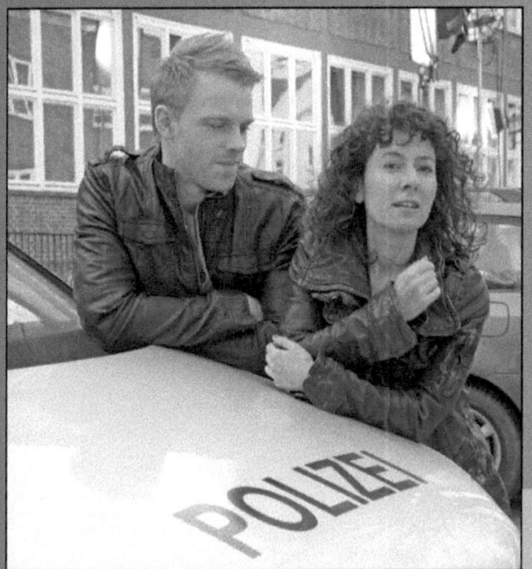

Stimmung seines Vaters von einem Moment auf den anderen kippen kann. Wegen der Tobsuchtsanfälle des Vaters hat Mads einst seine Familie verlassen und ist nach Hamburg gegangen. Jetzt reagiert Mads auf seinen Vater zum Erstaunen seiner Kollegen ablehnend bis aggressiv. Mads Thomsen ist völlig klar: Er muss Maja aus den Fängen der Drückerkolonne befreien. Und er muss einen Weg finden, Maja und seine Mutter vor dem Choleriker Flemming Thomsen zu schützen.

Sein letzter Auftritt im „Großstadtrevier".

Mads Hjulmand als Mads Thomsen und Maria Ketikidou als Hariklia „Harry" Möller.

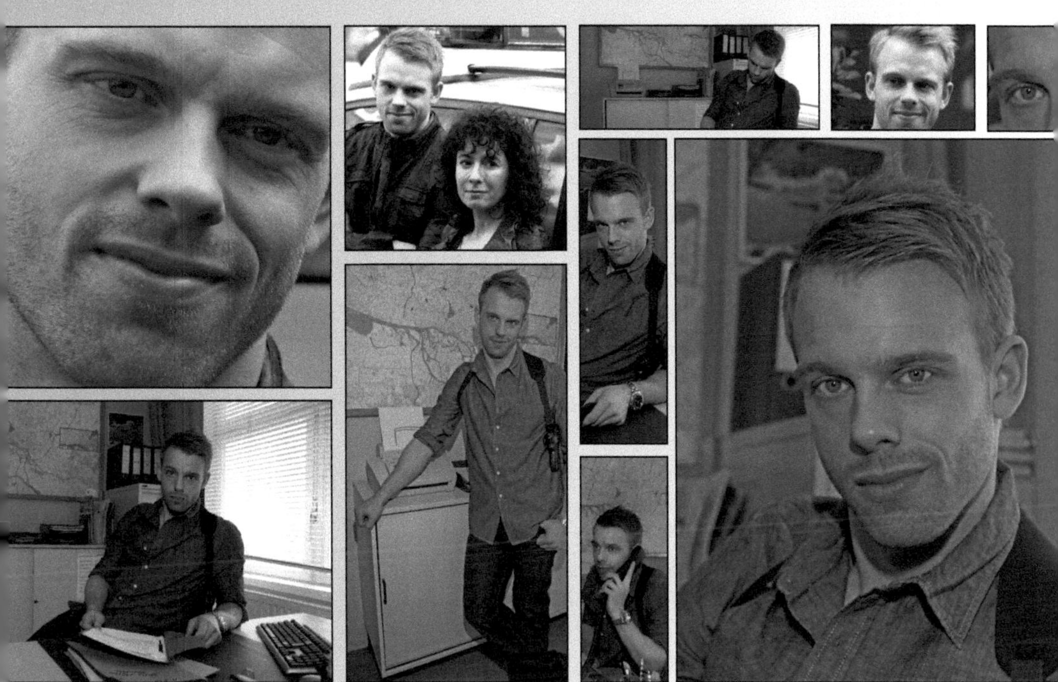

Mareike Carriere als Ellen Wegener

Mareike Carriére wurde 1954 in Hannover geboren. Im Alter von 16 Jahren begann sie ihre Ausbildung an der Lübecker Schauspielschule. Carriére wurde die erste Polizistin im Deutschen Fernsehen: Im Film „Mensch, der Bulle ist ′ne Frau" spielte sie die Beamtin Ellen Wegener. Es ist die erste Folge vom „Großstadtrevier". Der Film (nach einer Idee des Regisseurs Jürgen Roland) wurde ein Riesenerfolg. Auf Grund dessen beschloss die ARD, eine Serie daraus zu machen. Als Ellen Wegener spielte Mareike Carriére an der Seite von Arthur Brauss und später Jan Fedder. Parallel zum „Großstadtrevier" stand sie in Berlin für „Praxis Bülowbogen" vor der Kamera. Dort trat sie als Ärztin Katrin Brockmann auf und hatte mit ihrem Filmvater Doktor Peter Brockmann (gespielt von Günter Pfitzmann) eine Gemeinschaftspraxis. Mareike Carriére spielte zudem die Hauptrolle in der Serie „Die Schule am See", die vorwiegend in Plön und Umgebung in den 1990er Jahren gedreht wurde. Sie starb am 17. März 2014 und lebte jahrelang im Hamburger Stadtteil Eppendorf.

Zur Rolle: Zu einer Zeit, als Frauen bei der Polizei nur ein Art „Modellversuch" waren, kommt Ellen Wegener ins 14. Revier. Revierleiter Rolf Bogner und Kollegen sind erfreut über den Zuwachs – mit einer Ausnahme: Richard Block. Er sitzt zusammen mit Dietmar Steiner in einem Restaurant und lästert quasi schon im Voraus über die neue Kollegin, obwohl er sie gar nicht kennt. Es kommt wie es kommen soll: Frisch von der Polizeischule kommend, wird Ellen Wegener zu Richard Block auf den Streifenwagen Peter 14/2 gesetzt. Block ist sichtlich gar nicht darüber erfreut. Es dauert seine Zeit, bis sich beide aneinander gewöhnen. Erst nach einer gewissen Zeit zeigt sich, dass auch eine hübsche Frau – mit auffallend langen Haaren – sehr wohl durchsetzungsstark sein kann. Ellen Wegener lernt, sich neben Richard Block zu behaupten.

In der Folge „Ellens Abschied" (Teil 2) kämpfen die Ärzte auf der Intensivstation um das Leben von Ellen Wegener. Schließlich erhält Dirk Matthies jedoch die traurige Nachricht: Ellen Wegener ist tot. Er kann es nicht fassen, kämpft mit den Tränen. Dirk Matthies muss die Nachricht den Kollegen überbringen. Niemand

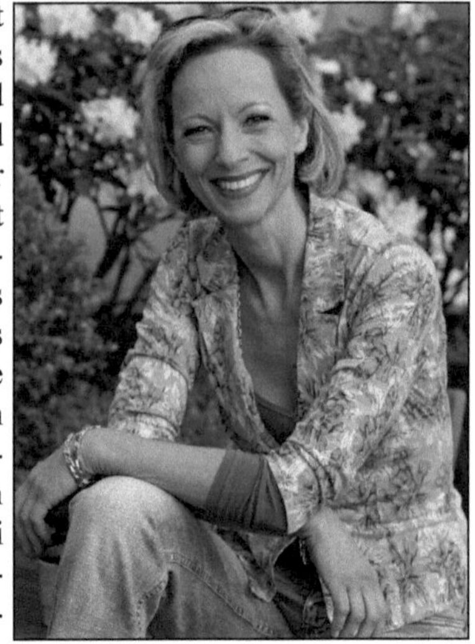

kann den plötzlichen Tod der Kollegin fassen oder erklären. Offiziell lautet die Todesursache Herzversagen. Für Dirk Matthies steht jedoch fest, dass es eine andere Todesursache gibt. Er glaubt fest an ein Verbrechen. Immerhin hatte Ellen sich zuletzt um einen Fall gekümmert, bei

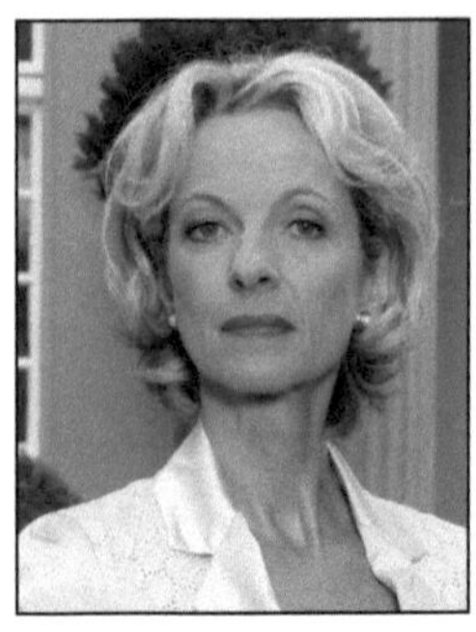

dem es um eine verschwundene, möglicherweise ermordete Frau ging. Dirk beschließt, Ermittlungen aufzunehmen.

Marc Zwinz als Polizist Hannes Krabbe

Marc Zwinz wurde 1974 in der Hansestadt Lübeck geboren. Er studierte zunächst ein paar Semester Politologie an der Freien Universität Berlin, bevor er sein Schauspielstudium an der Hochschule „Ernst Busch" in Berlin-Treptow aufnahm. Marc Zwinz wurde nach seinem Abschluss festes Ensemblemitglied am Nationaltheater Mannheim. Es folgten unter anderem Engagements in Berlin, Zürich und Basel. Seit 2006 arbeitet Marc Zwinz hauptsächlich vor der Fernsehkamera: „Der Dicke", „SoKo Leipzig", „Notruf Hafenkante" und „SoKo Wismar" sind nur einige Beispiele. In Folge 289 war Marc Zwinz erstmals als Polizist Hannes Krabbe im „Großstadtrevier" zu sehen. Marc Zwinz wohnt in Berlin-Kreuzberg.

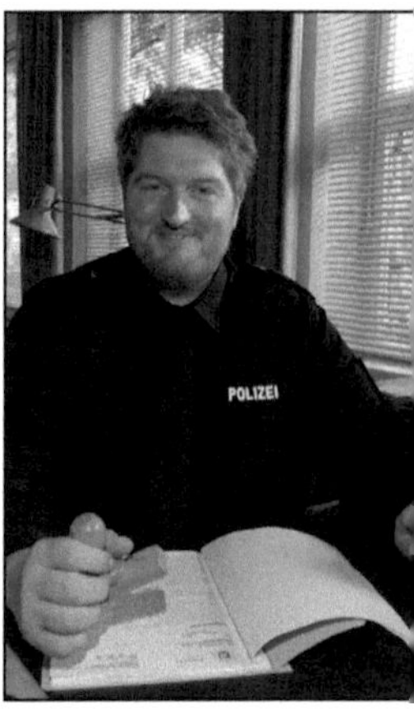

Zur Rolle: Hannes Krabbe ist ein Pfundskerl – das ist zunächst ganz wörtlich zu verstehen. Denn Hannes Krabbe ist fast zwei Meter groß und bringt so manche Kilos auf die Waage. Er ist begeisterter Hobby-Konditor und zaubert ständig leckere Kuchen hervor, die sich bestens als „Bestechungsgeschenke" bei seinen Kollegen einsetzen lassen. Krabbe ist ein Freund der Wohlfühlatmosphäre: hilfsbereit, aufgeschlossen, lustig und immer für einen Plausch (nicht nur mit Kollegin Nicole Beck) zu haben. Doch gerade weil er vor keiner Intimität zurückschreckt und sich in alles Mögliche einmischt, befindet er sich ständig auf dem Weg in den nächsten Konflikt. Eine Unmenge an Arbeitszeit in Tratschen und persönlichen Angelegenheiten der Kollegen und „Kunden" geht vorbei. Somit fehlt ihm häufig die Zeit für die tägliche Routinearbeit im 14. Kommissariat.

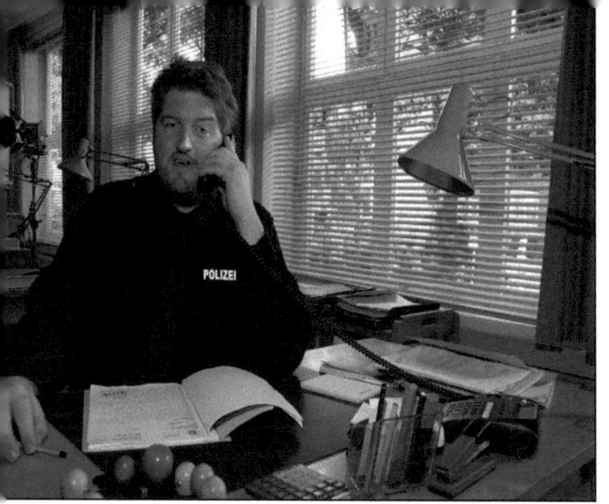

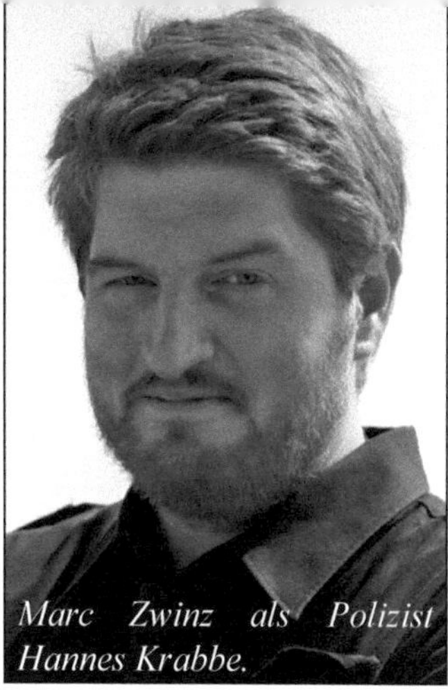

Marc Zwinz als Polizist Hannes Krabbe.

Arthur Brauss als Richard Block

Arthur Brauss wurde 1936 in Augsburg geboren. Er war jahrelang Theaterschauspieler. Bundesweit bekannt wurde er als Polizeibeamter Richard Block. Brauss spielte darüber hinaus unter anderem in mehreren Folgen der Fernsehserien „Der Alte" und „Tatort" mit. Im Jahr 2010 hatte er eine Gastrolle in der Telenovela „Rote Rosen". Arthur Brauss lebt in München.

Zur Rolle: Richard Block hält nicht viel von Frauen bei der Polizei. Auch nicht von Ellen Wegener, seiner Partnerin auf dem Peter 14/2. Als sie sich netterweise mit den Worten „Ich heiße übrigens Wegener" im Gebäude des 14. Reviers bei ihm vorstellt, antwortet er kühl mit „Block". Als sie dann noch ergänzt: „Ellen Wegener", bleibt es bei einem kühlen „Block". Ellen Wegener lässt sich allerdings nicht so leicht unterkriegen.

Richard Block gewöhnt sich peu á peu an seine Partnerin Frau Wegener (obwohl sich Streifenwagenbeatzungen eigentlich Duzen, wenn sie tagein und tagaus

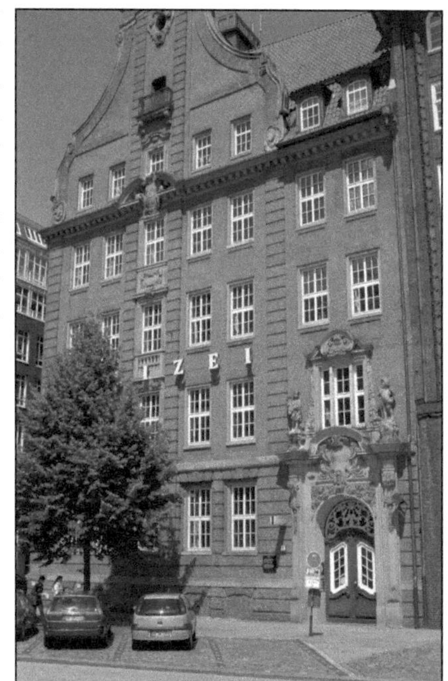

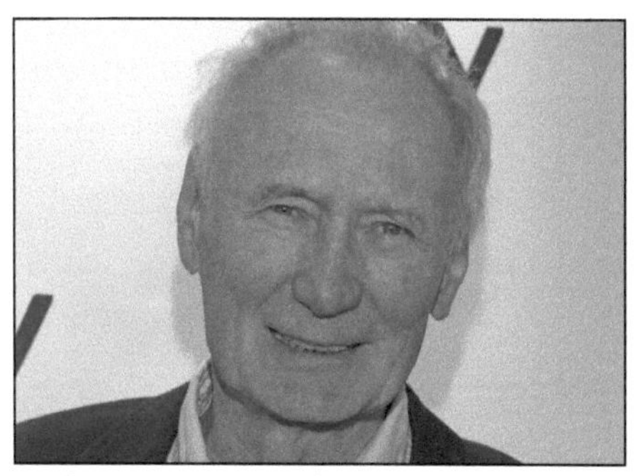

Arthur Brauss im Jahr 2014 in Hamburg. In den ersten fünf Staffeln ging er als Polizist Richard Block im Einsatzbereich des 14. Reviers (rechts) auf Streife.

nebeneinander auf dem „Bock" sitzen) – beide werden richtig gute Kollegen. Jeder kann sich auf den anderen verlassen. Richard Block bleibt ein „Eisblock", wie sie ihn öfter nennt. In der Folge 36 entscheidet er sich, den Peterwagen 14/2 gegen den Schreibtisch eines Wachhabenden in Schwerin einzutauschen. Er verlässt das „Großstadtrevier" und geht nach Mecklenburg-Vorpommern. Dirk Matthies steht in den Startlöchern...

Andrea Lüdke als Polizistin Tanja König

1963 wurde Andrea Lüdke in Sachsen-Anhalt (Nähe Magdeburg) geboren. Dem breiten Fernsehpublikum wurde sie in ihrer Rolle als Streifenpolizistin im „Großstadtrevier" als Tanja König bekannt. Ihre Karriere begann beim „Theater der Altmark" in Stendal. Von 1983 bis 1987 absolvierte sie die Hochschule für Schauspielkunst „Ernst Busch" in Berlin. Danach wurde sie vom Maxim-Gorki-Theater engagiert und arbeitete für verschiedene Film- und Fernsehproduktionen in ganz Deutschland. Unter anderem in Serien wie „Ein Fall für Zwei", „SoKo Köln" und „Polizeiruf 110" wirkte Andrea Lüdke mit. Nachdem sie 1989 die DDR verlassen hatte, zog sie nach Hamburg. Noch heute befindet sich ihr Lebensmittelpunkt in der Hansestadt, sie lebt im Stadtteil Poppenbüttel.

Zur Rolle: Tanja König hat stets eine Menge jugendlichen Enthusiasmus, eine unverwechselbare Lockerheit und eine gewisse Art von Humor. Sie kommt als Nachfolgerin von Meike Bethmann aufs 14. Revier. Zusammen mit ihrem Partner Dirk Matthies bricht sie schon mal die eine oder andere Regel und lässt fünfe auch schon mal grade sein. In der Folge 120 („Feiglinge") gerät Tanja König in eine alptraumhafte Situation. Sie verfolgt zwei Räuber, die in eine U-Bahn flüchten. Sie läuft hinterher, steigt in dieselbe Bahn und wird von den beiden (mittlerweile maskierten) Typen gedemütigt. Ein traumatisches Erlebnis, mit dem Tanja König noch Wochen zu kämpfen hat. Erst mit Hilfe von Dirk Matthies und anderen Kollegen bekommt sie ihr Selbstwertgefühl wieder und nimmt die beiden Räuber nach langer Recherchearbeit fest.

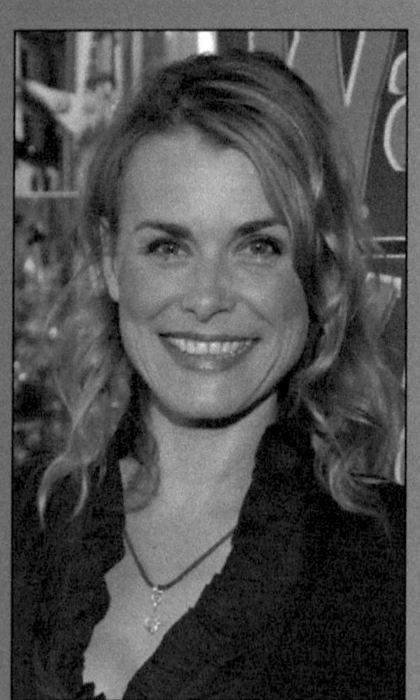
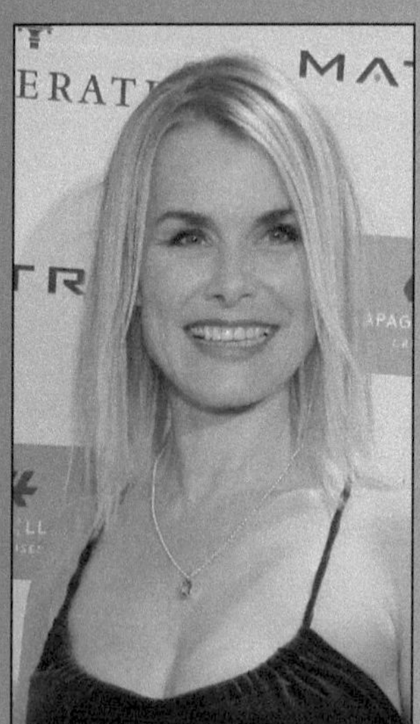
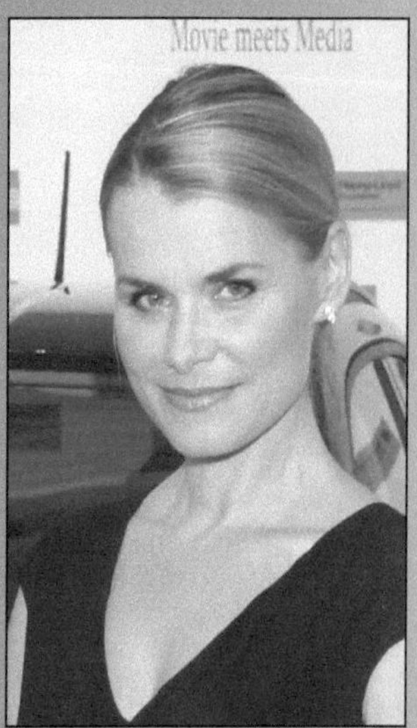

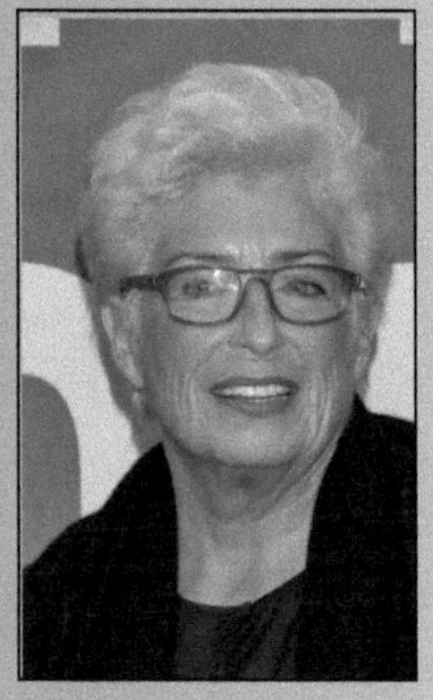

Brigitte Janner als Kneipenwirtin Elli

Brigitte Janner wurde in Meseritz geboren, verbrachte ihre Kindheit und Jugend größtenteils in den Großstädten Berlin und Hamburg. Seit 1976 arbeitet Janner als freischaffende Schauspielerin. Sie stand seitdem im Münchner Residenztheater, im Hamburger Schauspielhaus, im Kölner Schauspielhaus, im Schauspielhaus Hannover sowie in Bochum auf der Bühne. Bekannt wurde Brigitte Janner aus TV-Serien wie „Rote Rosen" und „Ferien auf Sylt". Große Bekanntheit brachte ihr die Rolle der Wirtin Elli im „Großstadtrevier". Privat wohnt die Schauspielerin in Hamburg.
Zur Rolle: Elli ist die gute Seele. Sie gibt Dirk Matthies gerne mal Tipps bezüglich seiner Frauen-Probleme und wäscht auch den anderen Polizisten vom 14. Revier nach Feierabend gerne mal den Kopf. Denn das Team kommt auch nach Feierabend gerne mal vorbei und lässt den arbeitsreichen Tag gemütlich ausklingen. Elli hat immer ein offenes Ohr. Sie ist immer da. wenn man sie braucht. Irgendwann zieht es sie aufs Land. Im „Weißen Hirsch" (irgendwo auf dem platten Land) findet sie eine neue Heimat und führt dort ihre Kneipe weiter. Das Team vom 14. Revier in Hamburg besucht sie in Schleswig-Holstein ab und zu (verschiedene Folgen mit dem Titel „Landpartie").

Matthias Walter als Philip Caspersen

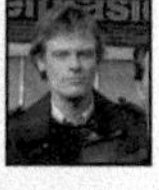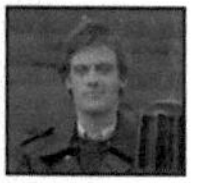

Der Jungschauspieler Matthias Walter studierte an der Hochschule für Schauspielkunst „Ernst Busch" in Berlin. Stationen seiner bisherigen Karriere waren Theaterengagements unter anderem beim Berliner Ensemble und dem Staatsschauspiel Dresden. Es folgten Auftritte bei verschiedenen Film- und Fernsehproduktionen. So wirkte er beispielsweise in „Eine außergewöhnliche Affäre", „Stubbe – von Fall zu Fall" und „Alles außer Sex" mit. Im „Großstadtrevier" (Staffeln 18 bis 19) spielte er den Beamten Philip Caspersen. Zusammen mit Lothar Krüger (Peter Heinrich Brix) schob er vorwiegend Innendienst im 14. Revier. Er wurde 1975 in Berlin geboren und lebt auch heute noch in der Bundeshauptstadt.
Zur Rolle: Philip Caspersen ist ein ruhiger, naiver Mensch. Er macht stets Dienst nach Vorschrift, nimmt Anrufe entgegen und kümmert sich am Tresen um „Kunden", die ins 14. Revier kommen. Sein bester Kollege ist Lothar Krüger. Beide sind im Innendienst tätig und verbringen auch nach der Dienstzeit so manche schöne Stunden miteinander.

Ann-Cathrin Sudhoff als Svenja Menzel

Von 1988 bis 1989 absolvierte Ann-Cathrin Sudhoff eine Schauspielausbildung an der Governors Magnet School for Arts in Norfolk in den USA. Zudem besuchte sie von 1991 bis 1995 die Hochschule für Musik und Darstellende Kunst in Graz. 1995 schloss sie ihr Studium mit einem Schauspieldiplom ab. Bekanntheit erlangte Ann-Cathrin Sudhoff durch die Rolle der Annette in der Sat.1-Fernsehserie „Die Rote Meile", in der sie etwa drei Jahre gemeinsam mit Schauspieler Leon Boden spielte. 2001 spielte

Ann-Cathrin Sudhoff den „Unschuldsengel" im gleichnamigen Krimi aus der Reihe „Stubbe - von Fall zu Fall" (mit Wolfgang Stumph in der Hauptrolle), sowie eine Episodenhauptrolle in „Die Kumpel". Ein Jahr später stand sie als Hauptdarstellerin für den Kinofilm „Lana" vor der Kamera. Im Jahr 2004 übernahm Ann-Cathrin Sudhoff an der Seite von Jan Fedder die Rolle der Streifenpolizistin Svenja Menzel im Großstadtrevier. Der TV-Zuschauer kennt sie zudem aus Serien wie „Unser Charly", „In aller Freund-

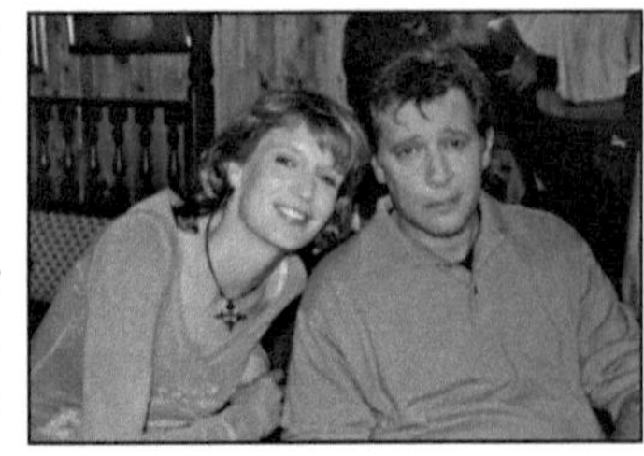

Ann-Cathrin Sudhoff und Jan Fedder.

schaft", „Hallo Robbie!", „Da kommt Kalle", „Notruf Hafenkante" oder beispielsweise „Küstenwache". Ann-Cathrin Sudhoff lebt in Hamburg.

Zur Rolle: Svenja Menzel kommt als Nachfolgerin für Anna Bergmann ins 14. Revier und sorgt für eine frische Briese. An der Seite von Dirk Matthies fährt sie mit dem Streifenwagen Peter 14/2 durchs Revier. Sie bemerkt brenzlige Situationen meist früher als Kollege Matthies, packt verschiedene Situationen energischer an als er und sie kennt sich in der Welt moderner Technik einfach viel besser aus. Sie handelt besonnen, überlegt und vor allem ruhig. Svenja Menzel überzeugt durch ihre ruhige, aber bestimmte Art. Sie handelt oftmals mittels ihres Instinkts – der Gegensatz zu Dirk Matthies, der lieber aus dem Bauch heraus handelt. Darum sind kleinere Auseinandersetzungen mit ihrem Partner Matthies vorprogrammiert.

In der Folge 208 („Fremdgänger") hat Svenja Menzel ihren letzten Arbeitstag im 14. Revier. An ihre Stelle kommt Anja Nejarri als Polizistin Katja Metz.

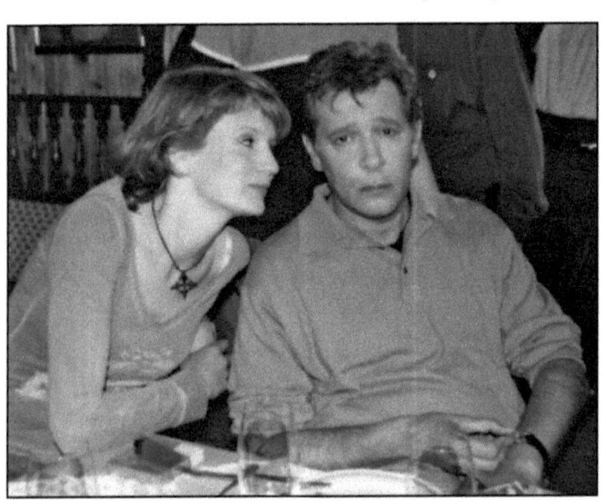

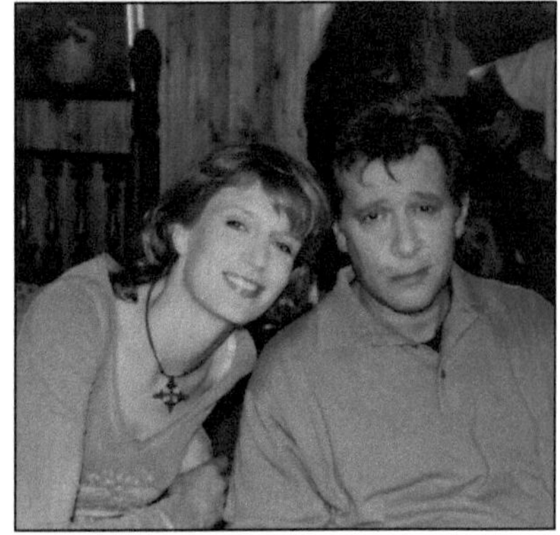

Peter Lohmeyer als Hans Joachim Harnisch

Peter Lohmeyer spielte bislang in mehr als 40 Kinofilmen und über 30 Fernsehrollen mit. Er stand in Hamburg, Berlin, Düsseldorf und Bochum an bedeutenden Schauspielhäusern auf der Bühne und heimste viele Preise und Auszeichnungen ein: Deutscher Filmpreis, Publikumspreis „Schauspieler des Jahres" für „Das Wunder von Bern", Bester Hauptdarsteller für „Der Elefant in meinem Bett", Bayerischer Fernsehpreis, Bester

106

Nebendarsteller für „Zugvögel" und viele mehr. Peter Lohmeyer absolvierte seine Ausbildung an der Westfälischen Schauspielschule in Bochum. Er verließ die Schule ohne Abschluss, um Bühnenerfahrung zu sammeln. Sein Fernsehdebüt erfolgte 1985, drei Jahre später seine erste Kinorolle. Bekannt wurde Peter Lohmeyer den Fernsehzuschauern durch die Rolle des Alex Vitalij in der Serie „Die Straßen von Berlin". In Sönke Wortmanns „Das Wunder von Bern" übernahm Peter Lohmeyer die Rolle eines Vaters, der nach langen Jahren der Kriegsgefangenschaft durch die Begeisterung für den Fußball nicht nur zu seinem Sohn wieder Kontakt aufbaut, sondern auch ins Leben zurück findet.

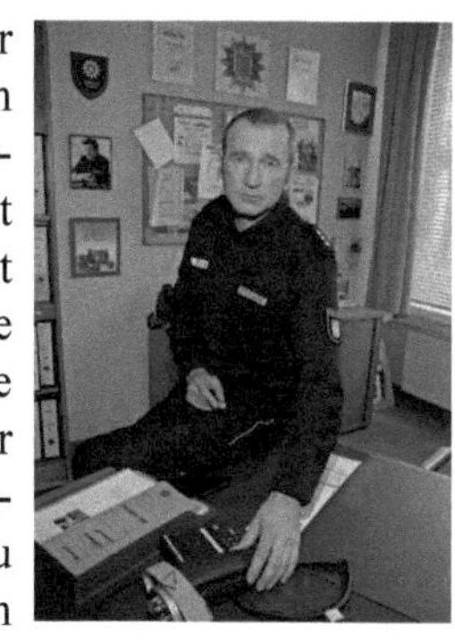

Zur Rolle: Kriminalhauptkommissar Harnisch übernimmt zeitweise die Rolle des Revierleiters. „Hanno" Harnisch ist mit einem unheimlichen Drang nach Gerechtigkeit ausgestattet. Genau diesen Drang lässt er bei der Stammbesetzung des 14. Reviers immer wieder durchkommen – mit aller Härte. Harnisch droht Lothar Krüger Prügel an und weigert sich, seine Uniform zu tragen. Statt auf dem 14. Revier Wurzeln zu schlagen, kennt Harnisch nur ein Ziel: Er will wieder raus! Auch die Stammpolizisten auf dem 14. Revier wünschen sich nichts mehr, als dass Harnisch den Stuhl räumt und Dirk Matthies wieder das Ruder übernimmt. Die Abneigung des Teams verwandelt sich jedoch in Solidarität, als sie entdeckt, dass Harnisch ein alter Freund von Dirk ist und ihm tatsächlich übel mitgespielt worden ist. Nach drei Folgen mit Kriminalhauptkommissar „Hanno" Harnisch freuen sich die Beamten, ihren alten, meist chaotischen und sehr bestimmenden Chef Dirk Matthies wieder zu haben. Aber „Hanno" Harnisch taucht auch in der Staffel 26 gleich in sechs Episoden als ruppiger LKA-Beamter auf und sorgt für erfrischende Unterhaltung im „Großstadtrevier".

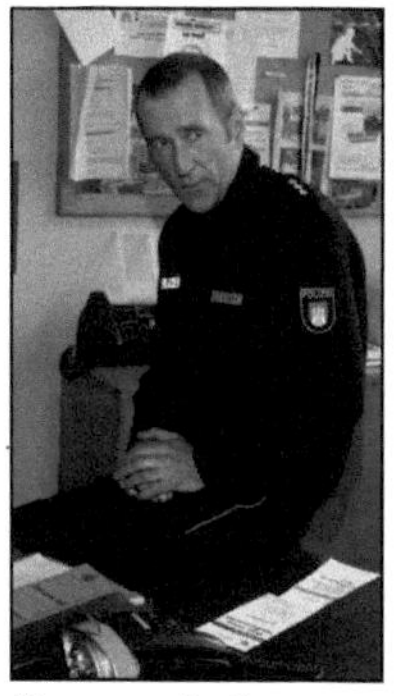

Peter Lohmeyer als „Hanno" Harnisch.

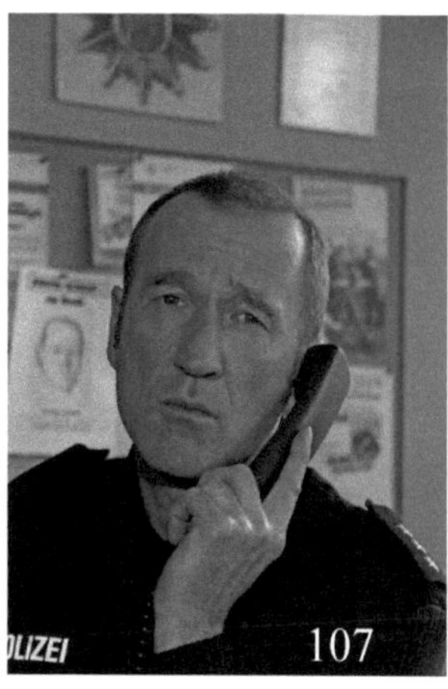

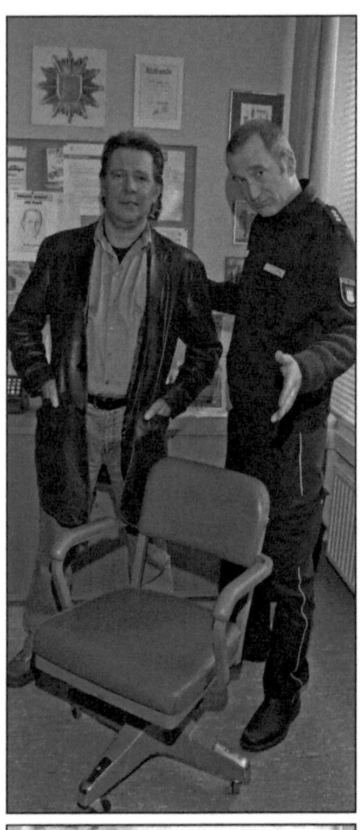

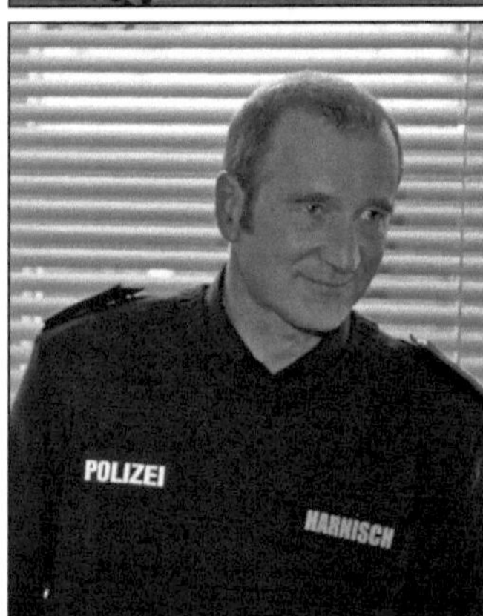

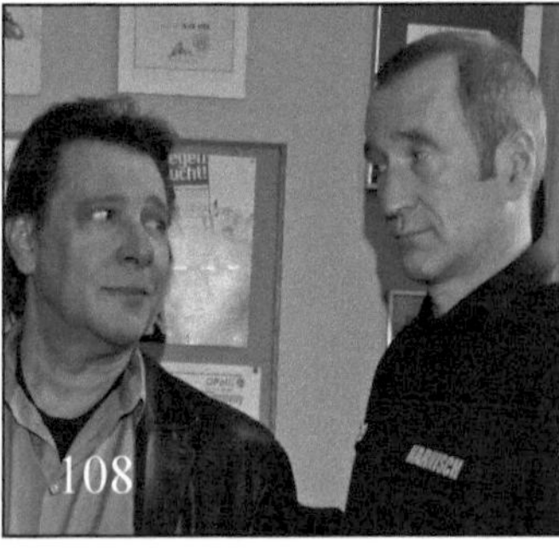

Kay Sabban als Neithardt Köhler

Kay Sabban arbeitete als Schauspieler zunächst im Theater, dann beim Film und schließlich beim Fernsehen. Er spielte in unzähligen Serien wie „Tatort" (mit Manfred Krug und Charles Brauer), „Insel der Träume" und beispielsweise „St. Pauli Landungsbrücken" mit. Zudem arbeitete Kay Sabban für den Hörfunk und als Synchronsprecher. Einem breiten Publikum wurde er vor allem durch die Rolle des Motorradpolizisten Neithardt Köhler bekannt.

Den Polizisten verkörperte Kay Sabban von 1986 bis 1992 im Großstadtrevier. Kay Sabban starb unerwartet während der Dreharbeiten der Folge 55 („Zapfenstreich") an einer Lungenkrankheit in seiner Heimatstadt Hamburg.

Seine Schauspielkollegen widmeten ihm diese Folge, in dem sie in deren Vorspann mit einem kurzen Widmungstext an ihn erinnern. Die Rolle des Motorradpolizisten wurde seit des Todes von Kay Sabban nicht wieder besetzt. Er lebte in Hamburg und wurde auf dem Friedhof Ohlsdorf im Jahr 1992 beigesetzt.

Zur Rolle: Ein netter, sympathischer Kollege im 14. Revier. Er war der einzige Motorradpolizist (Funkspruch Peter 14/15) im „Großstadtrevier". Jung, charmant und immer in der Nähe einer Frau, mit der er flirten konnte. Ihm kam auch schon mal der eine oder andere Witz über die Lippen und er versuchte laufend, bei seiner Kollegin Ellen Wegener zu punkten. Er baggerte ständig („Guten Tag, schöne Kollegin...") und galt bei seinen Kollegen als Frauenheld und Sonnyboy. Er hatte eine sehr humorvolle Art, mit der er bei seinen Kollegen nicht immer auf Gegenliebe stieß. Obwohl kein Arbeitstier, schaffte es Neithardt Köhler doch noch zum Obermeister. Seitdem fuhr er schließlich mit je drei Sternen an den Schultern geschmückt mit seinem Motorrad Streife.

Harry Schmidt als Kneipenwirt Big Harry

Harry Schmidt ist gelernter KFZ-Mechaniker und auch als solcher tätig. Mit seiner Ehefrau und sechs Kindern lebt er in der Nähe des schleswig-holsteinischen Kappeln. Harry Schmidt war Teilnehmer der zweiten Staffel von „Big Brother", bei der er den zweiten Platz erreichte. Kurz nach Verlassen des „Big Brother"-Containers in der Nähe von Köln veröffentlichte er im April 2001 ein Album namens „Harrys Welt", sowie die Single „Mir kann keiner was". Mit seiner „Schlosserband" absolvierte Harry Schmidt unzählige Auftritte in ganz Deutschland. Seit 2002 hat er die immer wiederkehrende Rolle als Kiez-Kneipenwirt Big Harry (er tritt in der Öffentlichkeit ausschließlich unter dem Künstlernamen Big Harry auf) in der Serie „Großstadtrevier". Als Big Harry spielt er den sympathischen Kneipenwirt auf dem Hamburger Kiez. Gelegentlich gibt er mit seiner Gitarre Musikalisches zum Besten und taucht mitunter mit seiner Motorrad-Gang auf.

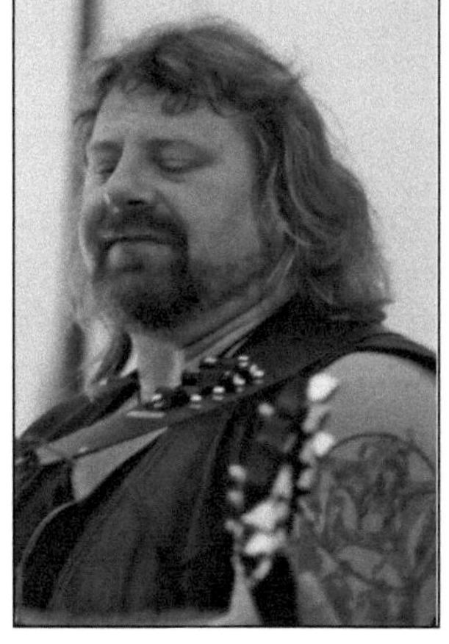

Zur Rolle: „Big Harry" ist Anlaufstelle für die Beamten des 14. Reviers (14. Kommissariats). Abends lässt das Team in der Kneipe gerne mal den Feierabend einläuten. Big Harry ist eine ehrliche Haut, auch wenn er schon mal mit Falschgeld in Berührung gekommen ist. Stets ist er hilfsbereit (verleiht seinen Lieferwagen beispielsweise), freundlich und immer gut drauf. Lediglich in einer Folge verliert er beinahe die Fassung: in der Episode „Al dente" (Folge 265) wird er von seiner Tresenkraft um sein Geld betrogen.

Bereits seit 2002 hat Harry Schmidt seine feste Rolle in der Kult-Fernsehserie „Großstadtrevier" – als Kneipenwirt.
In einem Interview einer Lokalzeitung verriet Harry Schmidt: „Am Anfang war es nur ein Gastauftritt, weil Jan Fedder mich gefragt hat. Die feste Rolle als Kneipenwirt hat sich dann während des Drehs einfach so ergeben." Er mache einfach das, was ihm Spaß macht.

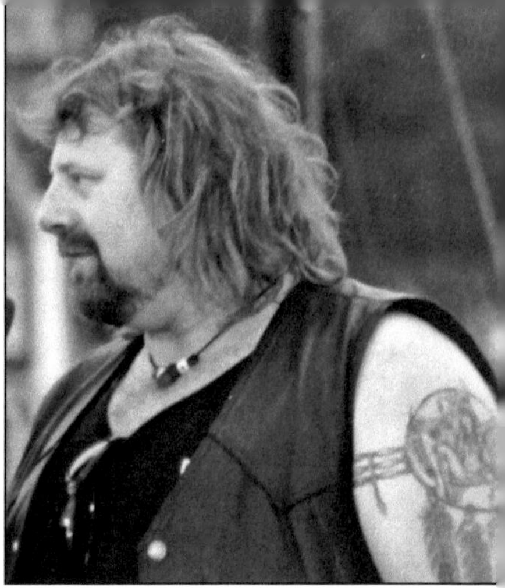

Peter Neusser als Revierleiter Rolf Bogner

Der Berliner Peter Neusser absolvierte sein Schauspielstudium in Wien. 1956 gab er sein Filmdebüt in dem Spielfilm „Kaiserjäger". Es folgten vorwiegend kleinere Rollen in verschiedenen Fernsehfilmen. Von 1986 bis 2003 spielte er die Rolle des Revierleiters Rolf Bogner in der Polizeiserie

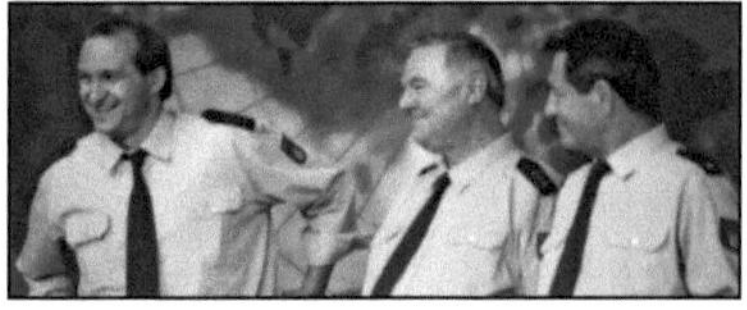

Großstadtrevier. Am 10. Januar 2010 starb der beliebte Darsteller in seiner Heimatstadt Berlin.

Zur Rolle: Rolf Bogner (auf dem Foto rechts) ist „der Chef". Er hat das Sagen im 14. Revier – das wird auch von seinen Kollegen respektiert. Zumindest nach außen hin. Denn hinter seinem Rücken werden schon mal Gesetze missachtet und dienstliche Anweisungen ignoriert. Auch wenn es immer wieder insbesondere zwischen Dirk Matthies und ihm knallt, wird das getan, was „der Chef" sagt. Dienst nach Vorschrift und stets nah dran am Bürger – so das Motto des Revierchefs. Sein bester Kumpel ist Dietmar Steiner. Auch nach Dienstschluss treffen sich beide des Öfteren und genießen das eine oder andere Bierchen. Wenn es in der Ehe von Rolf Bogner kracht, steht Dietmar tröstend zur Seite. Bei einem netten Plausch helfen sich beide gegenseitig aus der Patsche. Rolf versucht seine Mannschaft

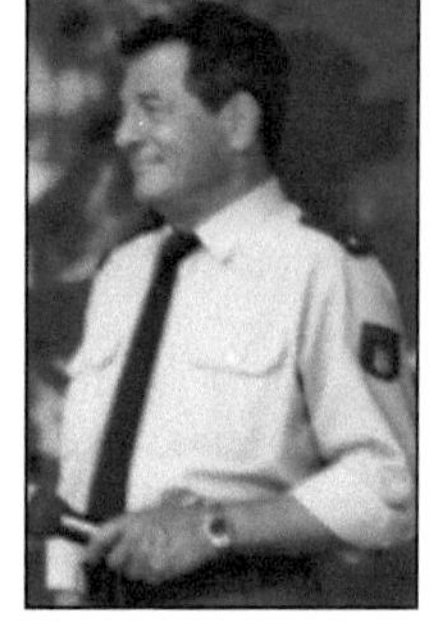

immer zusammenzuhalten, ist ein guter Teamplayer. Er kann aber auch schon mal einen rauhen Wind im 14. Revier wehen lassen.

Wanda Perdelwitz als Obermeisterin Sieveking

Wanda Perdelwitz wurde 1984 in Berlin geboren und sammelte während der Schulzeit erste Erfahrungen in Film- und Fernsehproduktionen, unter anderem in der Krimireihe „Tatort", „Soloalbum" und „Der Alte". In der internationalen Kinoproduktion „CQ"

110

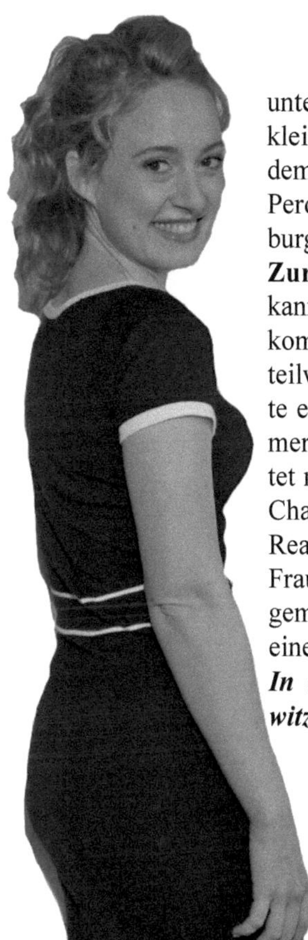

unter der Regie von Roman Coppola gab sie mit 16 Jahren in einer kleinen Rolle ihr Kinodebüt. Zwei Jahre später übernahm sie in dem Kinofilm „Muxmäuschenstill" ihre erste Hauptrolle. Wanda Perdelwitz lebt in Berlin, wohnt aber auch zu Drehzeiten in Hamburg. Sie ist Mutter eines Sohnes.

Zur Rolle: Nina Sieveking ist Polizistin aus Überzeugung. Sie kann es nicht leiden „wenn Leute Mist bauen, und damit durchkommen – also richtigen Mist". Mit ihrem Temperament und ihren teilweise unkonventionellen Methoden weiß sie ebensolche Leute erfolgreich zu stoppen. Nina hat Spaß an ihrem Beruf und das merkt man ihr an. Aber natürlich ist der Job nicht alles, Nina erwartet mehr vom Leben. Bei einem Einsatz lernt sie die reiche Erbin Charlene ‚Charly' König kennen, die ein Leben fernab von Ninas Realität im Dauerdispo führt. Und trotzdem verbindet die jungen Frauen etwas – und wenn es nur die Lust am Leben ist. So kann ein gemeinsamer Abend in einem schicken Club beginnen – und bei einem illegalen Autorennen am Hafenrand enden.

In einem Interview beschreibt Schauspielerin Wanda Perdelwitz die Rolle der Polizistin Nina Sieveking wie folgt: „Nina wird im PK 14 geschätzt für ihre direkte, zupackende, kollegiale Art und sie bringt frischen Wind in den Polizeialltag. Sie wollte schon immer eine gute Polizistin sein, weil sie es nicht leiden kann, wenn „jemand Scheiße baut und damit durchkommt". In der täglichen Arbeit auf der Straße ignoriert Nina gern die klassische Rollenverteilung. Sobald es aber um Ungerechtigkeit geht, kann sie sehr impulsiv und unberechenbar werden, Ninas Mut und die Kompromisslosigkeit mag ich sehr. Etwas albern finde ich Nina, wenn sie wieder versucht, ihre sensible Seite zu verstecken, aber heimlich auf der Couch romantische Liebesfilme schaut."

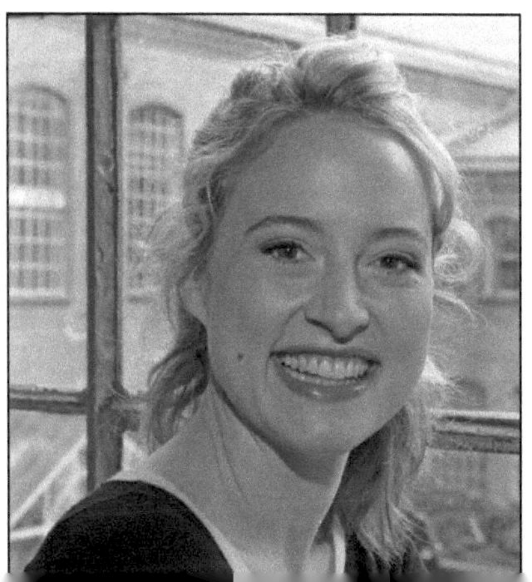

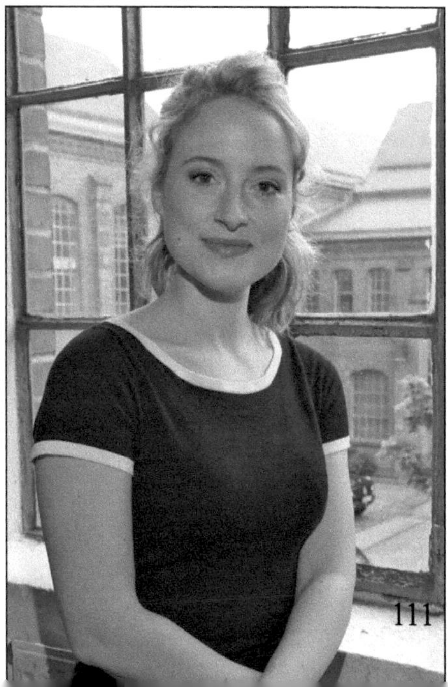

111

Tommaso Cacciapuoti als Fabian Brandt

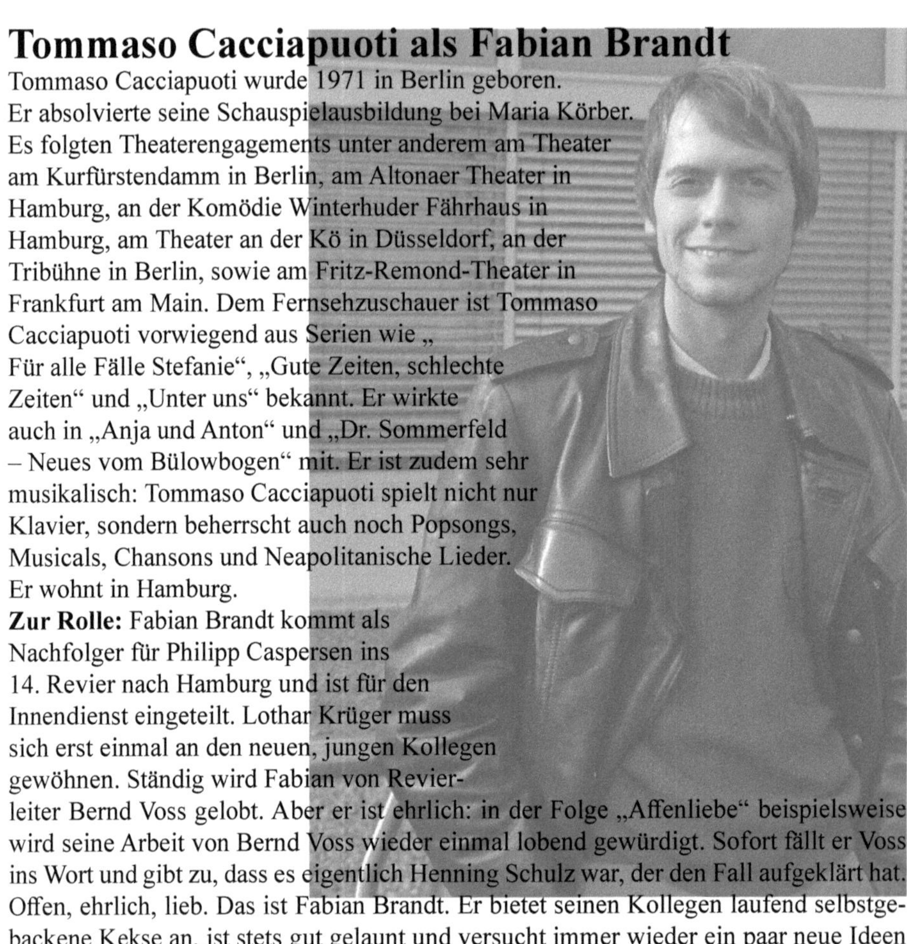

Tommaso Cacciapuoti wurde 1971 in Berlin geboren.
Er absolvierte seine Schauspielausbildung bei Maria Körber.
Es folgten Theaterengagements unter anderem am Theater
am Kurfürstendamm in Berlin, am Altonaer Theater in
Hamburg, an der Komödie Winterhuder Fährhaus in
Hamburg, am Theater an der Kö in Düsseldorf, an der
Tribühne in Berlin, sowie am Fritz-Remond-Theater in
Frankfurt am Main. Dem Fernsehzuschauer ist Tommaso
Cacciapuoti vorwiegend aus Serien wie „
Für alle Fälle Stefanie", „Gute Zeiten, schlechte
Zeiten" und „Unter uns" bekannt. Er wirkte
auch in „Anja und Anton" und „Dr. Sommerfeld
– Neues vom Bülowbogen" mit. Er ist zudem sehr
musikalisch: Tommaso Cacciapuoti spielt nicht nur
Klavier, sondern beherrscht auch noch Popsongs,
Musicals, Chansons und Neapolitanische Lieder.
Er wohnt in Hamburg.

Zur Rolle: Fabian Brandt kommt als
Nachfolger für Philipp Caspersen ins
14. Revier nach Hamburg und ist für den
Innendienst eingeteilt. Lothar Krüger muss
sich erst einmal an den neuen, jungen Kollegen
gewöhnen. Ständig wird Fabian von Revier-
leiter Bernd Voss gelobt. Aber er ist ehrlich: in der Folge „Affenliebe" beispielsweise
wird seine Arbeit von Bernd Voss wieder einmal lobend gewürdigt. Sofort fällt er Voss
ins Wort und gibt zu, dass es eigentlich Henning Schulz war, der den Fall aufgeklärt hat.
Offen, ehrlich, lieb. Das ist Fabian Brandt. Er bietet seinen Kollegen laufend selbstge-
backene Kekse an, ist stets gut gelaunt und versucht immer wieder ein paar neue Ideen
einzubringen.

Steffen Groth als Zivilfahnder Hauke Jessen

Steffen Groth wurde 1974 in Berlin geboren. Er absolvierte seine Schauspielausbildung
an der Hochschule für Schauspielkunst „Ernst Busch" in Berlin. Steffen Groth war nach
Abschluss seiner Ausbildung in einer Vielzahl von Fernsehfilmen und -serien sowie in
fast unzähligen Kinofilmen zu sehen. Außerdem hatte er viele Engagements an unter-
schiedlichen Theatern in ganz Deutschland. 1997 gab er sein Debüt mit einer Episoden-
rolle in der TV-Serie „Freunde wie wir". Seitdem arbeitete Steffen Groth in mehr als 50
Produktionen, darunter „Tatort" und „Polizeiruf 110" oder in „Doctor's Diary". Nach
vier Folgen (285-288) als Episodendarsteller gehört Steffen Groth in den Folgen 295 bis
310 sowie 317 und 318 fest zur Stammbesetzung des „Großstadtreviers". Er ermittelt
mit Harry Möller als Zivilfahnder in Hamburg. Steffen Groth lebt in Berlin.

Zur Rolle: Hauke Jessen ist ein Streifenpolizist aus Husum und stößt ins Hamburger
Polizeikommissariat 14. Er „ersetzt" in den Folgen 285 bis 288 den Zivilfahnder Hen-

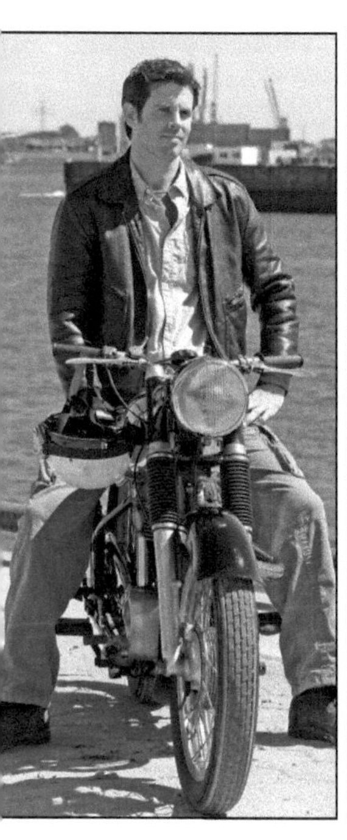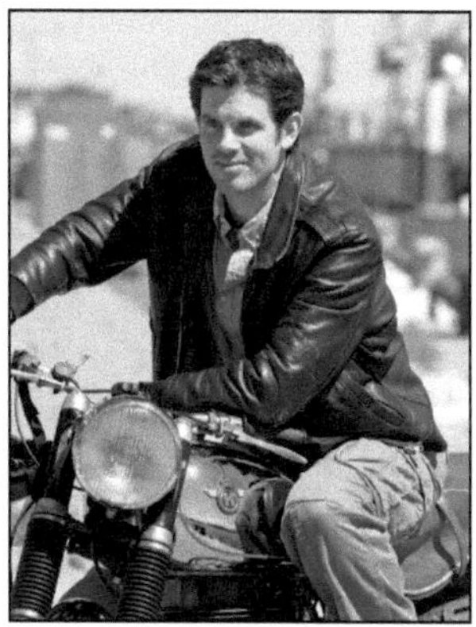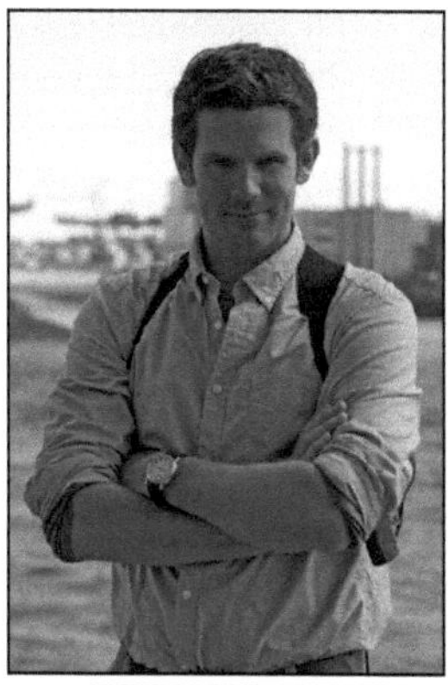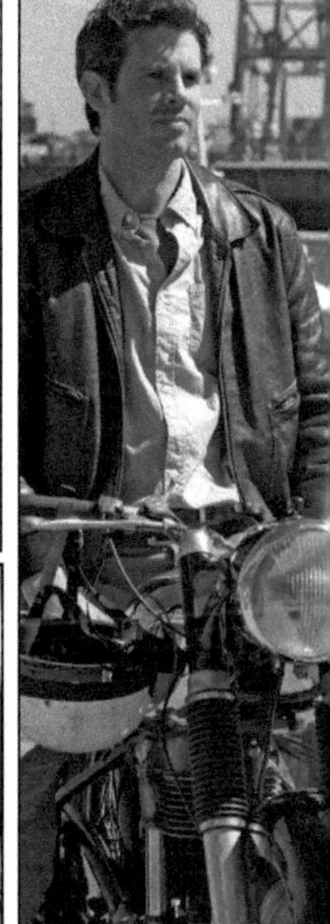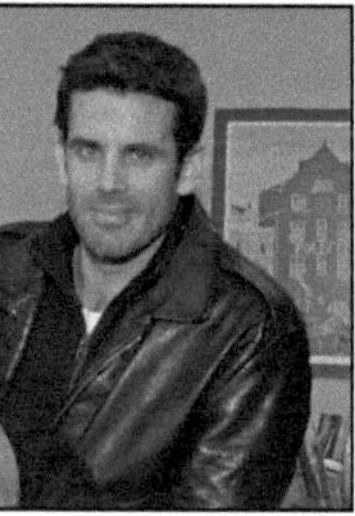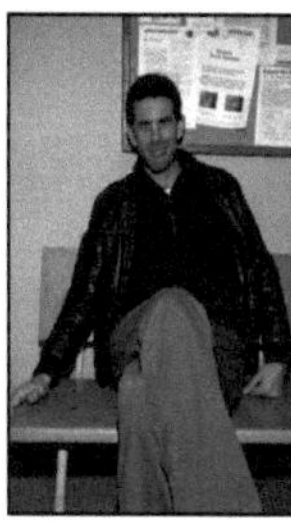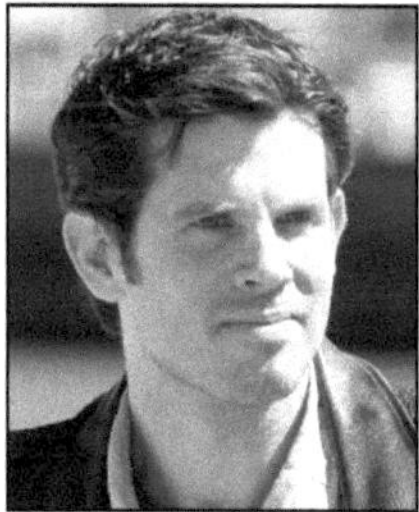

ning Schulz, der als Polizistenausbilder für sechs Monate nach Afghanistan geht. Hauke Jessen wird als ziviler Ermittler eingesetzt und bildet mit Harry Möller ein Team. Nach anfänglicher Skepsis erkennt Harry Möller, dass Hauke Jessen nicht nur Sprüche klopfen und Reime herausbringen, sondern auch tatkräftig in Erscheinung treten kann. Mit seinen unorthodoxen Ideen bringt er die Ermittlungen oft entscheidend voran. Henning Schulz kommt für eine gewisse Zeit zurück nach Hamburg und ermittelt vorerst zusammen mit seiner langjährigen Partnerin Harry Möller. Unterdessen geht Hauke Jessen in der Motorradstaffel nach Hamburg-Alsterdorf. Als sich Henning Schulz endgültig entscheidet, eine junge Afghanin in ihre Heimat zu begleiten und dort wieder Polizisten auszubilden, stößt Hauke Jessen vollends zum Team des 14. Kommissariats. Er liebt es, Motorrad zu fahren – privat und dienstlich.

In der Folge 310 („Sturköppe") hat Hauke Jessen großen Stress. Aus Protest kippt sein Vater Owe einen Anhänger voller Mist vom Husumer Bauernhof vor die Einfahrt einer Molkerei in der Hamburger Innenstadt. Owe fordert vom Chef der Molkerei, Andreas Schierach, die Aufhebung des Liefervertrages, der seinen Hof ruiniert. Dirk Matthies und Anna Bergmann nehmen Owe mit auf die Wache, wo er nach langer Zeit seinem Sohn Hauke begegnet. Die beiden Sturköppe haben nach dem Tod von Haukes Mutter kaum noch miteinander gesprochen.

Als Hauke Schierach davon überzeugen kann, auf eine Anzeige gegen seinen Vater zu verzichten, scheint der Fall erledigt. Aber dann findet Schierach einen Erpresserbrief an seinem Auto. 20.000 Euro solle er zahlen, sonst würden die Machenschaften in der Molkerei aufgedeckt. Ist etwa Owe der gesuchte Erpresser?

Um seine Unschuld zu beweisen, machen sich Hauke Jessen, Harry Möller, Dirk

Matthies und Anna Bergmann auf Erpresserjagd und entdecken darüber hinaus, dass Schierach mehr Dreck am Stecken hat, als er zugibt. Die Ereignisse führen nicht nur Vater und Sohn wieder zusammen, sondern bringen Hauke auch dazu, eine wichtige Entscheidung zu treffen. Es ist sein letzter Einsatz im „Großstadtrevier". Hauke Jessen taucht dann nur noch in der Spezialfolge „Frohe Weihnachten, Dirk Matthies" (sie ist wiederum in zwei Teile gesplittet und als Folgen 317 und 318 gelistet) als Zivilfahnder an der Seite von Harry Möller auf.

Wilfried Dziallas als Bernd Voss

Wilfried Dziallas wurde im Mai 1944 in Hamburg geboren. Er ist Schauspieler, Regisseur, Autor und mittlerweile ehemaliger Oberspielleiter. Neben zahlreichen niederdeutschen Bühnen- und Hörfunkarbeiten (darunter bei Radio Bremen und dem Hamburger Ohnsorg-Theater) ist er in Fernsehserien häufig in Nebenrollen als Polizeibeamter zu sehen. Wilfried Dziallas lebt in der Hansestadt Hamburg im Bezirk Wandsbek.

Zur Rolle: Sie mögen ihn und wissen, dass sie sich auf ihn verlassen können. Und das Team vom 14. Revier hat Respekt vor ihm: Bernd Voss, der Leiter des 14. Reviers in den Staffeln 18 bis 20. Wortkarg, manchmal sogar ein bisschen muffelig und stur trägt Bernd Voss die Verantwortung im Revier. Kein Wunder, dass er gerade mit Dirk Matthies heftig aneinander gerät, lässt der mal wieder Dienstvorschrift Dienstvorschrift sein. Aber letztendlich ist das WIE dem Revierleiter meist egal. „Wichtig ist, was am Ende rauskommt" ist der Leitsatz von Bernd Voss. Gleichzeitig wissen alle im Revier nicht nur, dass Bernd Voss das Herz auf dem rechten Fleck hat, sondern auch jederzeit für seine Mannschaft die Kastanien aus dem Feuer holen würde. Auf Landpartie macht er sich große Sorgen um Philipp und Lothar, die Probleme mit einem freilaufenden Bullen haben. Privat ist Bernd Voss ein netter, herzensguter Mensch. Beruflich mutiert er schon mal zum sturen Rindvieh. Polizist ist er geworden, um anderen Menschen zu helfen. Voss ist geschieden und gibt nicht allzu viel Privates preis. Seine Freizeit verbringt er mit Segeln und der Pflege seines Bootes. *In einem Interview sagte der Schauspieler, dass er oftmals im Hamburger Stadtteil Finkenwerder oder in Teufelsbrück an der Elbe spazieren geht und dort ungestört Texte lernen kann.*

Christoph Eichhorn als Obermeister Robert Quest

Im Alter von 15 Jahren drehte Christoph Eichhorn seinen ersten Kinofilm und war von 1972 bis 1977 am Bochumer Schauspielhaus engagiert. 1982 wurde er durch die Verkörperung des Hans Castorp in der Verfilmung „Der Zauberberg" (Hans W. Geißendörfers nach Thomas Manns Roman) deutschlandweit bekannt. In der Folgezeit spielte er in

114

einer Reihe von Spielfilmen, seit den 1990er-Jahren tritt er jedoch vor allem als Serien-Darsteller – viel in Nebenrollen – auf. In der Polizeiserie „Großstadtrevier" ist er in den Folgen 55 bis 78 zu sehen.

Zur Rolle: Polizeiobermeister Robert Quest absolviert seinen Dienst an der Wache 14 in Hamburg. Er wirkt (auch seinen Kollegen gegenüber) eher streng, sorgt aber mit seiner netten und teils witzigen Art auch für Auflockerungen. Er agiert als Streifenpolizist, macht aber auch üblichen Innendienst. Seinen ersten Auftritt hat der Polizeiobermeister in der Folge „Zapfenstreich" (Episode 55).

Peter Fieseler als Polizeikommissar Piet Wellbrook

Peter Fieseler ist einem breiten Publikum vor allem durch seine zahlreichen Fernsehrollen in „SK Kölsch", „Tatort" (Folge: „Mutterliebe"), der Comedy-Serie „Alles Atze" oder beispielsweise „GSG 9 – Ihr Einsatz ist ihr Leben", „Der Alte" und „Küstenwache" bekannt. Darüber hinaus spielte Fielseler aber auch in der Abenteuerserie „Der Kapitän" mit oder hatte eine Rolle in der Arztserie „Familie Dr. Kleist". Besonders erfolgreich war Fieseler in seiner Hauptrolle im Kurzfilm „Über Wasser gehen" unter der Regie von Ralf Beyerle. Zum Start der 29. Staffel unterstützt der Schauspieler Peter Fieseler das „Großstadtrevier" als Polizeikommissar Piet Wellbrook die Hamburger Ermittler.

Zur Rolle: Piet Wellbrook hat seinen ersten Arbeitstag in der Folge „Das Licht" und wird als erfahrener Polizist in die Serie eingeführt. Doch im Kommissariat 14 macht er sich nicht nur Freunde, denn der Neue neigt zur Provokation. Piet Wellbrook kommt als Vertretung des vom Dienst suspendierten Paul Dänning (Jens Münchow) in das Team. Dänning soll an einem Bankraub beteiligt gewesen sein und wird vor den Augen seiner Kollegen verhaftet. Wellbrook bleibt auch nach Dännings Entlassung aus der U-Haft misstrauisch. Er weiß: sein Kollege hat ein Geheimnis. Als erfahrener Polizist liebt er klare Ansagen, wird schon mal ziemlich energisch und kommt damit bei den anderen Kollegen nicht immer glänzend an.

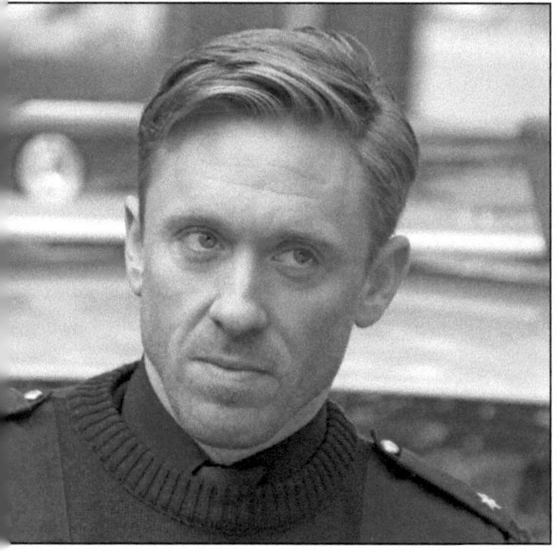

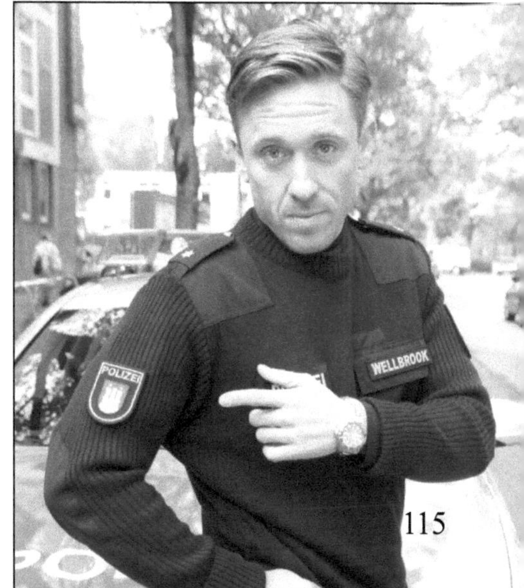

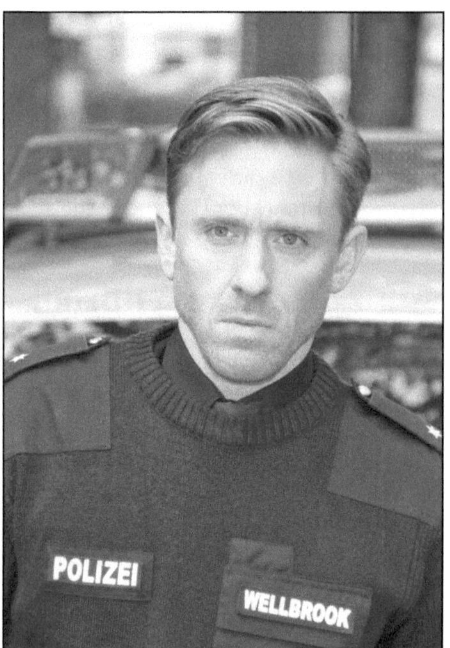

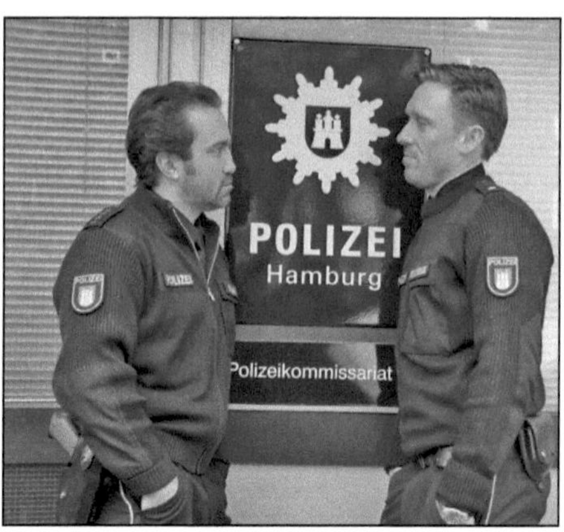
POLIZEI
Hamburg
Polizeikommissariat

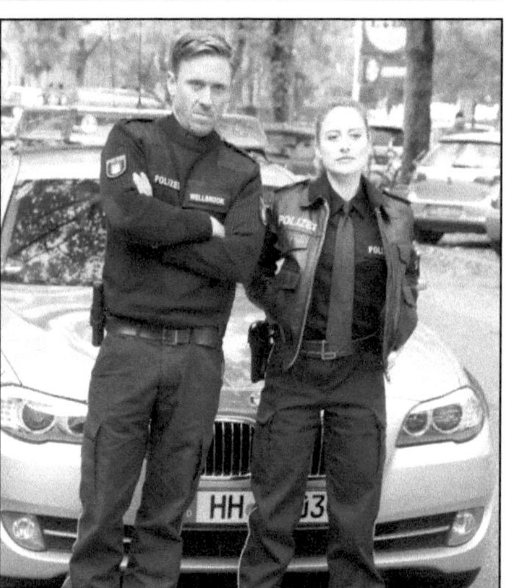

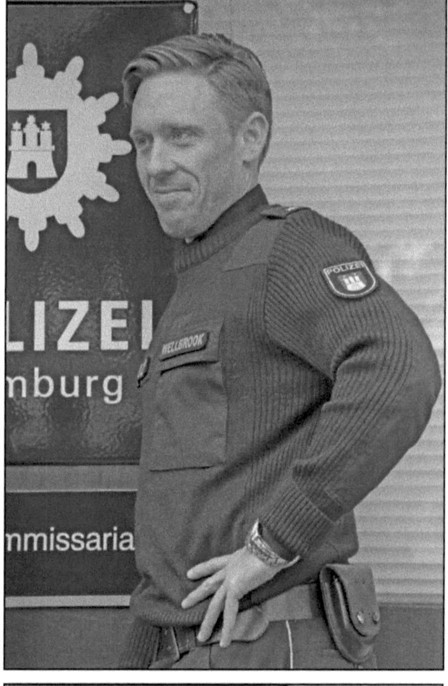
POLIZEI
mburg
mmissaria

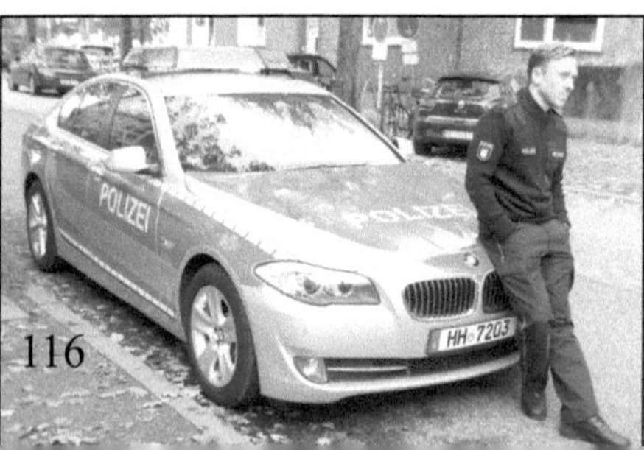

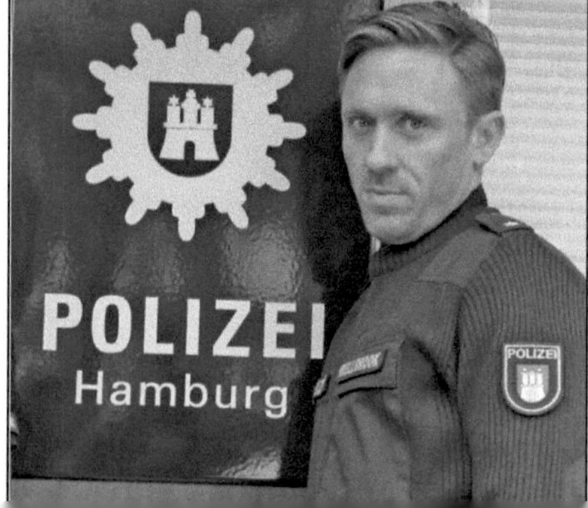
POLIZEI
Hamburg

Peter Fieseler sagt zu seiner Rolle als Polizist Piet Wellbrook: „Piet schaut distanziert und ruhig auf die Dinge. Seine Sachlichkeit schützt ihn davor, die Schicksale, die ihm begegnen, zu sehr an sich ranzulassen. Nur holt ihn manchmal seine Vergangenheit ein und mischt sich in seine Arbeit. Was andere von ihm denken, interessiert ihn sehr wenig. Es sei denn, es handelt sich um einen echten Freund, aber davon braucht Piet nicht viele. Den Kollegen Kaffee mitzubringen käme ihm nicht in den Sinn. Harmonie und Polizeidienst gehen für ihn nicht zusammen. Da hätte er Gärtner werden müssen – und das wollte er nicht. Ich mag meinen Piet. Aber, ob er mich mögen würde, bezweifle ich. Ich rede gerne, liebe Harmonie und bringe den Kollegen Kaffee mit“.
In einem Zeitungsinterview verriet Fieseler, dass er als Kind mit seiner Großmutter schon immer das „Großstadtrevier“ geguckt habe. Für ihn sei die Besetzung in der Serie eine große Ehre.

Jens Münchow als Streifenpolizist Paul Dänning

Jens Münchow ist der Sohn von Heinz und Auguste Münchow und wurde 1971 in Löningen geboren. Er absolvierte von 1992 bis 95 eine Tanz- und Schauspielerausbildung an der Nordisk Teaterskole in Aarhus (Dänemark). Es folgten zahlreiche Theaterengagements. Als Dorfrocker Rakete in dem Kinofilm „Am Tag als Bobby Ewing starb“ (Regie: Lars Jessen) gelang ihm 2005 der Durchbruch als TV-Schauspieler. Seit 2012 ist er im „Großstadtrevier“ als Polizeihauptmeister Paul Dänning zu sehen.

Zur Rolle: Paul Dänning ist noch dabei, den Phantomschmerz zu überwinden, den der Verlust von Dirk Matthies als Streifenpolizist an seiner Seite mit sich gebracht hat. Die private Nähe, die die unkonventionelle Hafen-WG mit sich bringt, hilft ihm dabei sicherlich. Dänning macht zunächst Streifendienst mit Nina Sieveking – gemeinsam fahren sie mit dem Peter 14/2 durch Hamburg. Nach kleineren Startschwierigkeiten haben sich Paul Dänning und Nina Sieveking zu einem starken Duo auf dem 14/2 gemausert. Gemeinsam sind sie ein wahres Powerteam, das füreinander einsteht. Paul ist ein erfahrener Polizist, aber betriebsblind ist er definitiv nicht. Immer wieder stellt sich ihm die Frage nach Recht und Gerechtigkeit. In einem Fall deponiert Paul aus einem Gefühl der Machtlosigkeit heraus Drogen in der Wohnung eines Dealers, um den Kriminellen endlich dingfest zu machen. Die Gewissenskrise lässt nicht lange auf sich warten.

Als seine Chefin Frau Küppers zwei neue Kollegen vorstellt, weht frischer Wind: seitdem fahren Nina Sieveking und Kollege Daniel Schirmer mit dem Streifenwagen Peter 14/3. Paul Dänning arbeitet immer öfter mit Piet Wellbrook zusammen. Am Ende der 31. Staffel hängt Paul Dänning seine Uniform in Hamburg an den Nagel und zieht zu seiner Tochter nach Schleswig-Holstein.

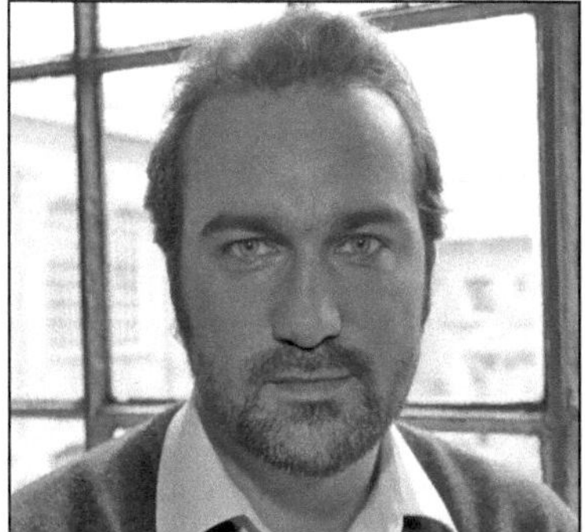
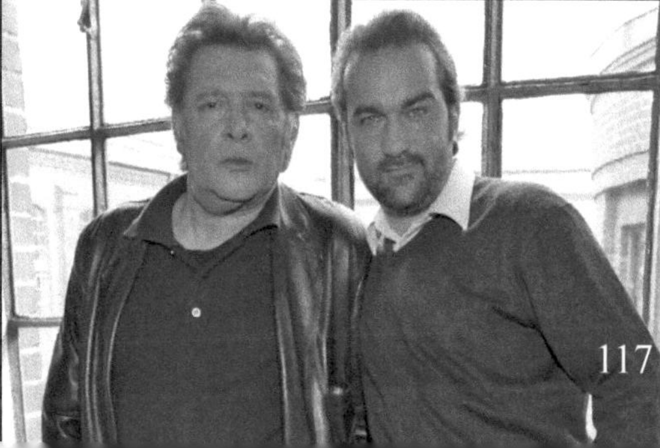

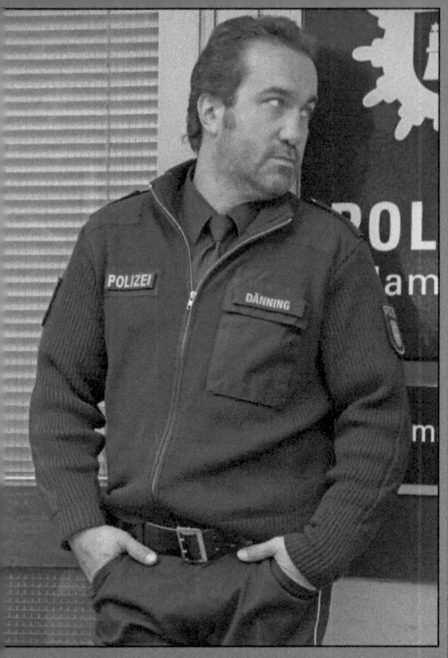

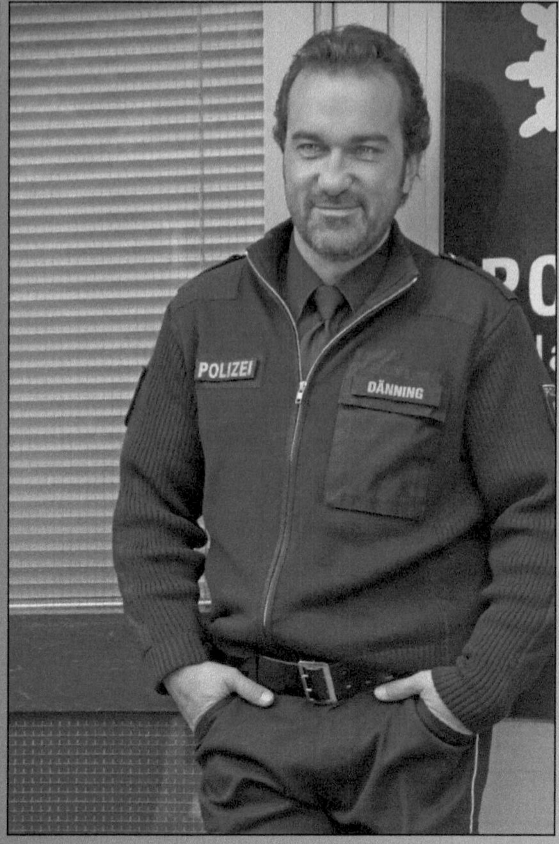

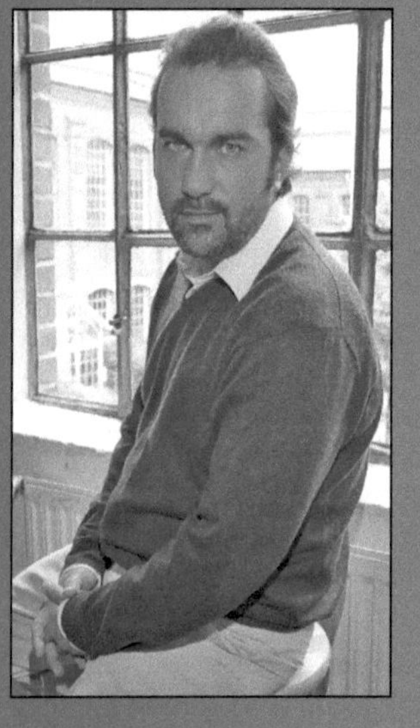

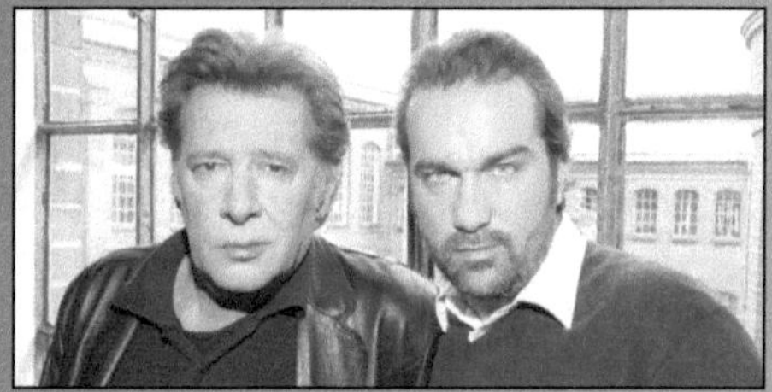

Dirk Matthies und Paul Dänning fahren in den Staffeln 26 und 27 gemeinsam auf Streife mit dem Peterwagen 14/2.

Sven Fricke als Kommissar Daniel Schirmer

Sven Fricke wurde 1979 geboren und wohnt in Hamburg. Bereits während seines Studiums (auf Lehramt) spielte er an renommierten Theaterbühnen wie dem Thalia Theater, den Hamburger Kammerspielen, auf Kampnagel und dem Malersaal des Deutschen Schauspielhauses. Seit Mitte der 2000er Jahre arbeitet er auch vor der Kamera. Nach Gastrollen in verschiedenen Serien und Reihen („Vier sind einer zuviel", „Das Duo" oder auch „Tatort"), gehört er seit 2012 (ab Folge 327, 26. Staffel) als Polizeikommissar Daniel Schirmer zum Team des „Großstadtreviers".

Zur Rolle: „Schreibtischhengst" ist für Daniel Schirmer kein Schimpfwort. Denn auch

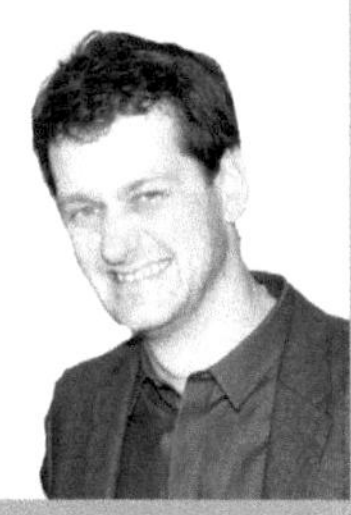

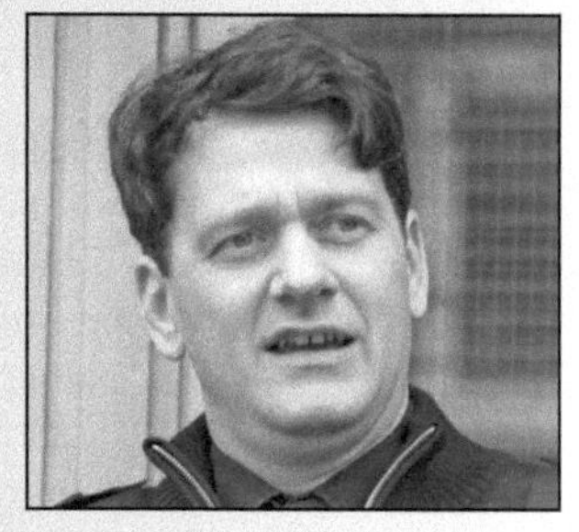

wenn er die gemeinsame Zeit auf Streife mit Partnerin Nina Sieveking manches Mal vermisst – so ist er im Innendienst zwischen Aktenstapeln und Computern in seinem eigentlichen Revier angekommen. Daniel Schirmer weiß, wo er im Internet die entscheidenden Informationen findet und entdeckt immer wieder in kleinen Details die großen Zusammenhänge. Und in Fällen, in denen es kniffelig wird, läuft er erst richtig zur Hochform auf. Eigentlich läuft für Daniel Schirmer alles nach Plan: Er hat einen erfüllenden Job, eine Frau und ein gemeinsames Reihenhaus mit kleinem Garten…

Doch was als leises Misstrauen beginnt, wird bald zur Gewissheit: Seine Frau betrügt ihn. Er zieht ins Hotel. Er lässt sich von Dauersingle Mads coachen, versucht sich neu zu erfinden. Aber schließlich muss er einsehen, dass er sich im Kern nicht ändern kann.

Zu seiner Rolle als Daniel Schirmer sagt Schauspieler Sven Fricke: „Daniel Schirmer ist in seiner Arbeit äußerst gewissenhaft. Es könnte auch als kleinkariert bezeichnet werden. Aber so findet er manchmal das eine kleine Puzzlestück. Er ist ein Teamspieler, er kann sein Ego hintanstellen, wenn es der Sache dienlich ist. Dadurch lässt er sich nicht so leicht aus der Reserve locken. Allerdings grenzt das mitunter an Selbstverleugnung, beispielsweise im schwelenden Konflikt mit seiner Frau. Da wünscht man ihm schon auch mal einen Tacken mehr Entschlossenheit und Durchsetzungsvermögen." Ein ausführliches Interview mit Sven Fricke gibt es ab Seite 254.

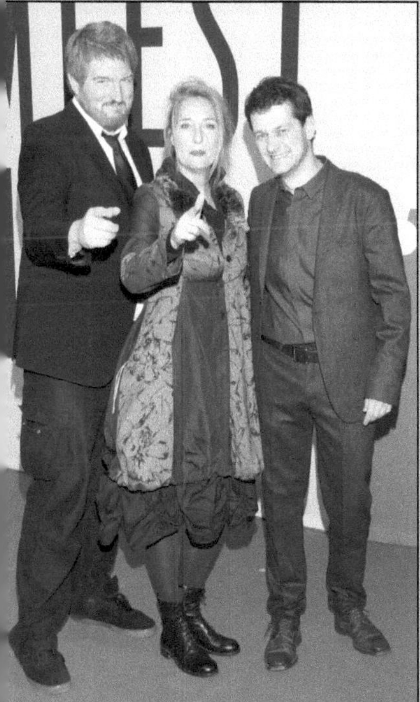

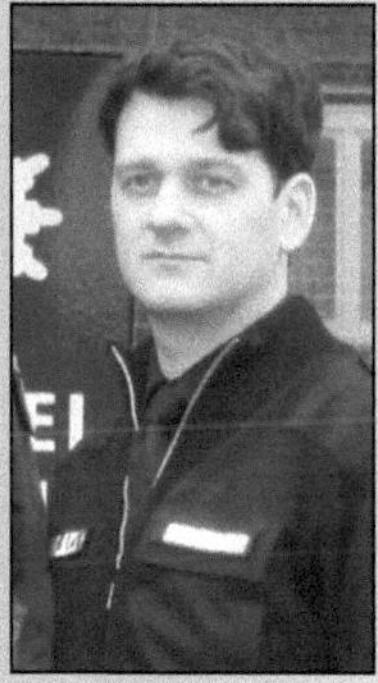

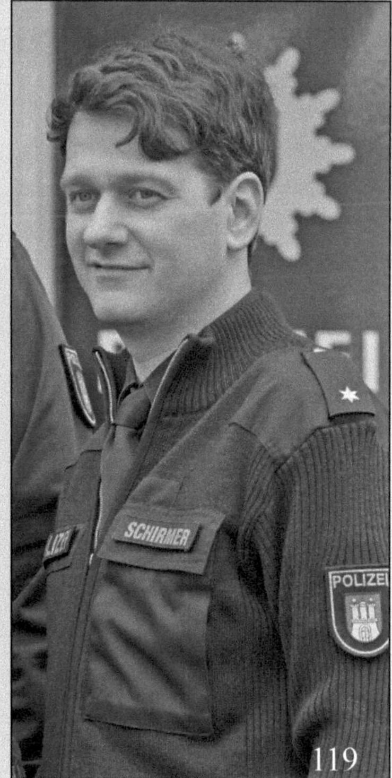

Hannes Krabbe (Marc Zwinz), Frau Küppers (Saskia Fischer) und Daniel Schirmer (Sven Fricke).

Patrick Abozen als Lukas Petersen

Patrick Abozen wurde in Hamburg geboren und absolvierte seine Ausbildung zum Schauspieler an der Schule für Schauspiel Hamburg. Seitdem steht er regelmäßig auf Theaterbühnen – unter anderem am Ernst-Deutsch-Theater, dem Deutschen Schauspielhaus und dem Thalia Theater in Hamburg. 2014 war Patrick Abosen als Driss in der Bühnenfassung von „Ziemlich beste Freunde" in den Hamburger Kammerspielen an der Seite von Hardy Krüger junior zu sehen. Abozen wurde für diese Darstellung im selben Jahr mit dem Rolf-Mares-Preis als herausragender Darsteller ausgezeichnet. Seit 2018 (32. Staffel) spielt er im „Großstadtrevier" den Polizeioberkommissar Lukas Petersen. Fernsehzuschauern ist er aber auch aus der TV-Reihe „Tatort", der Serie „Notruf Hafenkante" oder beispielsweise der TV-Serie „Küstenwache" bekannt.

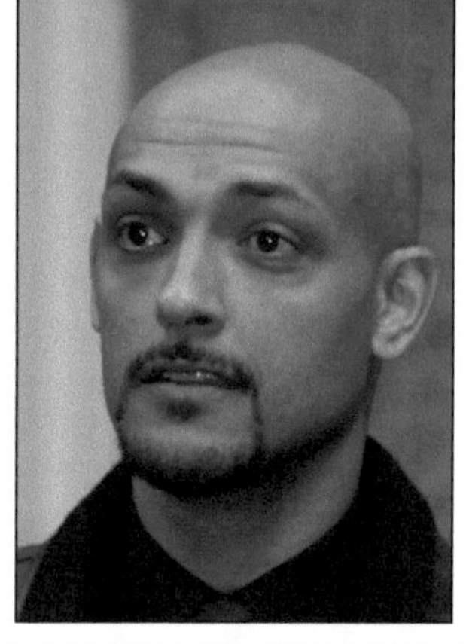

Zur Rolle: Auf der offiziellen Homepage der ARD wird Lukas Petersen als Polizist beschrieben, der diplomatisch und einnehmend Konflikte löst, ohne gleich die Handschellen zu zücken. Er hat gelernt, Hass und Feindlichkeit mit entwaffnender Freundlichkeit zu begegnen, nicht zuletzt, weil er an das Gute im Menschen glaubt. Kollegin Nina Sieveking wirft ihm deswegen manchmal Naivität vor, womit sie sicher nicht ganz unrecht hat. Dennoch hat der Charme des Hamburger Jung etwas Entwaffnendes – das lässt auch Nina nicht ganz kalt.

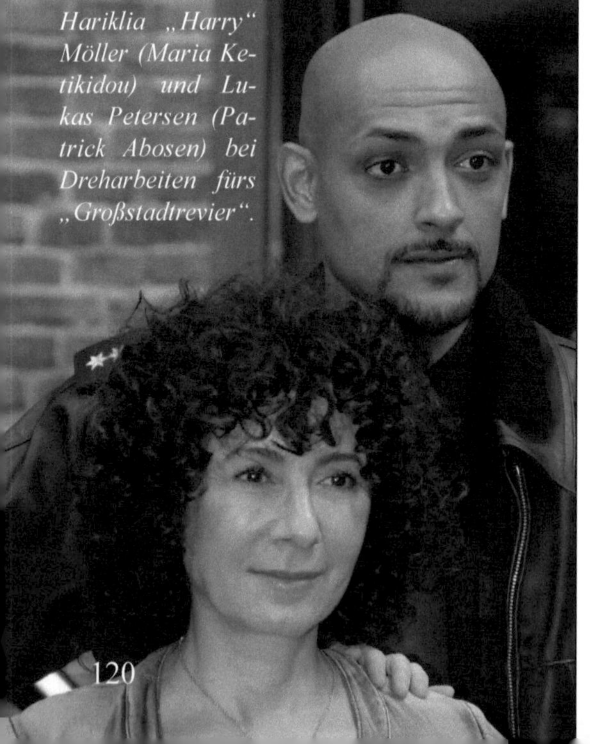

Hariklia „Harry" Möller (Maria Ketikidou) und Lukas Petersen (Patrick Abosen) bei Dreharbeiten fürs „Großstadtrevier".

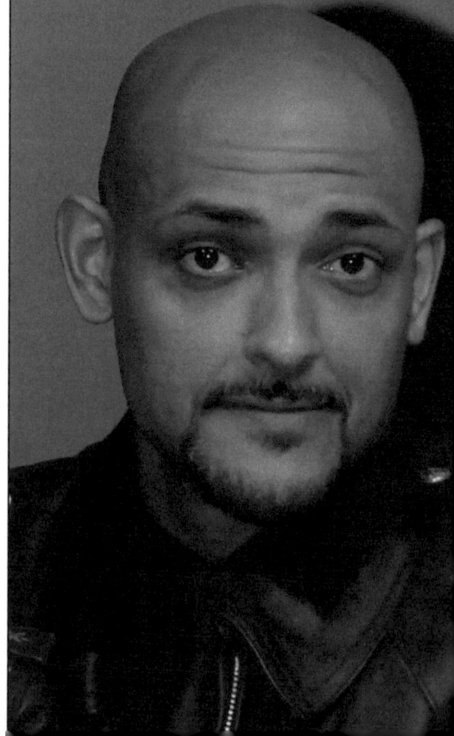

Freddy Quinn als Hauptmeister Joachim Lüders

Freddy Quinn wurde am 27. September 1931 geboren und ist ein österreichischer Schlagersänger und Schauspieler. Er hat etwa 60 Millionen Schallplatten verkauft („Junge, komm bald wieder", „Heinweh") und lebt seit vielen Jahrzehnten in der Schweiz und Hamburg-Poppenbüttel. 1981 erhielt Freddy Quinn die Auszeichnung als Ehren-Schleusenwärter in Hamburg. Seit dem Tod seiner Ehefrau Lilli Blessmann 2008 (die er jahrelang als seine Managerin vorgestellt hatte) hat er sich zunehmend aus dem Rampenlicht zurückgezogen und tritt nicht mehr öffentlich auf. 2019 gab er ein Zeitungsinterview – eines von wenigen.

Zur Rolle: Joachim Lüders ist in der Folge „Robin Hood" (Folge 11) als Nachfolger von Revierleiter Rolf Bogner zu sehen. Normalerweise ist er Ausbilder an der Landespolizeischule im Hamburger Stadtteil Alsterdorf. Weil Rolf Bogner aber ortsabwesend ist, vertritt er ihn für ein paar Wochen, wie er vor den Kollegen des 14. Revier verkündet. Er bittet sämtliche Kollegen vergeblich darum,

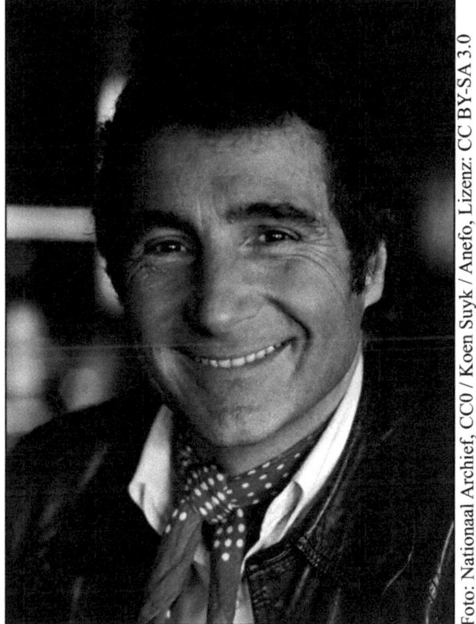

das 14. Revier gezeigt zu bekommen. Schließlich bestimmt er Kollegin Ellen Wegener dazu, dass sie ihm bei der Einarbeitung behilflich ist. Lüders ist ein sympathischer Vorgesetzter – mit Nettigkeit aber auch der erforderlichen Strenge.

Farina Flebbe als Jessy Jahnke

1984 wurde Farina Flebbe in Hamburg geboren. Sie trat zwischen 2005 bis 2010 mehrfach als Kinder- und Jugenddarstellerin in Filmen wie „Die wilden Kerle 2" (2005), „Frischer Wind" (2009) und „Rock It!" (2010) in Erscheinung. Dann folgte eine fünfjährige Pause. Sie hatte Gastauftritte

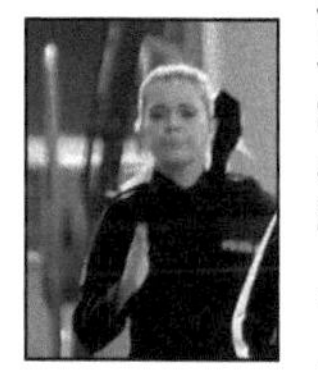

in Fernsehserien wie „In aller Freundschaft" (2015), „Heilstätten" (2018), „Rate Your Date" (2018) und „Schattenmoor" (2019). Seit dem Produktionsjahr 2019 gehört sie zum Team der Fernsehserie „Großstadtrevier" in der Rolle der Jessy Jahnke (in Vetretung von Nina Sieveking alias Wanda Perdelwitz). Zu sehen ist sie allerdings erst in der 33. Staffel, die 2020 ausgestrahlt wird.

Zur Rolle: Als kleine Schwester von drei älteren Brüdern im Hamburger Stadtteil Steilshoop aufgewachsen, musste Jessy Jahnke früh lernen, sich zu behaupten und sich auch körperlich durchzusetzen. Ihre kurze Zündschnur ist ihr im Dienst nicht immer hilfreich, dabei will sie doch beruflich durchstarten und allen zeigen, was sie draufhat. Jessys Temperament stellt die Kollegen vor echte Herausforderungen und ihre Geduld auf die Probe. Aber trotz anfänglicher Schwierigkeiten wächst die junge Polizistin allen doch recht schnell ans Herz. Sogar Frau Küppers.

Quelle: *Diese Rollenbeschreibung stammt von einer Pressemitteilung der ARD.* 121

Das „Großstadtrevier"-ABC

Action – auch in einer relativ „heilen" Polizeiserie wie dem „Großstadtrevier" gibt es dramatische und actionreiche Situationen. Spektakuläre Bank- und Raubüberfälle, Handtaschenräuber, Geiselnahmen und sogar neun Todesfälle kommen in den bisher 438 ausgestrahlten Folgen des „Großstadtreviers" vor.

Beginn – am 16. Dezember 1986 wurde die erste Folge mit dem Titel „Mensch, der Bulle ist `ne Frau" ausgestrahlt.

Crew – sie besteht aus vielen Mitgliedern: Schauspieler, Maskenbildner, Kameramann, Beleuchter, Fahrer für die Darsteller, Aufnahmeleiter, Tontechniker und Requisiteur.Nicht zu vergessen der oder die Regisseurin, sowie Produktionsleiter und viele Menschen, die Straßen absperren oder für sonstige Angelegenheiten abgestellt werden. In der Regel besteht die Crew aus etwa 20 Mitarbeitern, die direkt am Set zu finden sind. Hinzu kommen noch weitere Personen im administrativen Bereich. Einige Mitglieder des Filmstabs sind schon seit vielen Jahren, zum Teil sogar von Anfang an dabei. Es ist schon ein bisschen wie in einer Familie.

Drehbücher – wurden unter anderem von Jan Schröter, Felix Huby, Rainer Butt, Markus Stromiedel, Hans Dietmar Schreeb, Norbert Eberlein, Hans-Georg Thiemt, Chris Brohm. Friedhelm Werremeier, Renate Kampmann, Dirk Kämper, Lars Montag, Robert Hummel und Peter Dommaschk geschrieben.

122

Es kommt schon mal vor, dass sie noch während der Dreharbeiten umgeschrieben werden müssen, wenn zum Beispiel ein Schauspieler stirbt oder Schauspieler längerfristig erkranken.

Erfolg – Das „Großstadtrevier" ist eine der erfolgreichsten Polizeiserien im deutschen Fernsehen. Die norddeutsche Lebensart und der trockene, verschmitzte Humor zählen ebenso wie die einzigartige Großstadt Hamburg mit ihren lieblichherben Charme zu den gewünschten Zutaten der Serie. Professionelle Schauspieler und gute Bücher ergänzen den Erfolg.

Fans – sobald irgendwo eine Kamera aufgestellt wird, die Beleuchter ihr Licht ausrichten und so genannte „Blocker" den Gehweg absperren, dauert es nicht lange, bis die ersten Fans kommen, um die Dreharbeiten live mitzuerleben und vor Ort beim „Großstadtrevier" dabei zu sein. Für Fans ist es ein Ereignis.

Filmklappe – vor jeder Einstellung wird sie von einem Assistenten „geschlagen". Auf der Filmklappe befinden sich Angaben wie Ort, Datum, Szene und die Anzahl an Wiederholungen einer Szene. Zudem ist der Name des Regisseurs und des Kameramanns zu lesen.

Faction – Als Faction werden Werke bezeichnet, die sich als Fiktionen ausweisen, dabei aber auf tatsächlichen Fakten beruhen, also reale Personen und Ereignisse behandeln. Im „Großstadtrevier" wird beispielsweise der Kaufhaus-Erpresser „Dagobert" thematisiert.

Gastrollen – auch wenn es zum Teil kurze Auftritte waren: viele prominente Schauspieler besuchten das 14. Revier. Horst Frank, Heidi Kabel, Freddy Quinn, Hape Kerkeling, Heinz Rudolf Kunze. Mehr dazu ab Seite 178.

Hamburg – Deutschlands zweitgrößte Stadt ist Handlungsort. Mit Ausnahme dreier Folgen, die auf dem platten Land in Schleswig-Holstein spielen und gedreht wurden, geht es im „Großstadtrevier" um Fälle, die sich in der 1,8 Millionen Metrople Hamburg zutragen.

Idee – Vater und Erfinder der Serie „Großstadtrevier" ist Jürgen Roland. Er führte zudem Regie und agierte auch als Darsteller vor der Kamera. Oft war er als Off-Sprecher in verschiedenen Folgen zu hören. Jürgen Roland starb am 21. September 2007 im Alter von 81 Jahren nach langer Krankheit.

Jubiläum – Im Jahre 2011 gab es gleich zwei Gründe zum Feiern: das „Großstadtrevier" feierte sein 25. Jubiläum und Dirk Matthies ist seit 20 Jahren auf der Wache. Herzlichen Glückwunsch! Im Jahr 2016 gibt es aber auch Grund zum Feiern: die Kultserie feiert ihr 30. Bestehen. Auch hierzu herzlichen Glückwunsch.

Komparse – immer wenn in Hamburg und Umgebung neue Folgen aufgenommen werden, sucht das Produktionsteam neue Komparsen. Es sind kleine, stille Rollen im Hintergrund, wie beispiels-

weise den Schauspielern beim Spaziergang entgegenzulaufen, oder im Kommissariat auf einer Wartebank zu sitzen.

Licht – bei Filmaufnahmen spielt das Licht eine erhebliche Rolle. Auch wenn die Sonne scheint, werden zusätzliche Scheinwerfer aufgebaut. Was für den Laien meist zu Unverständnis führ – Scheinwerfer sind elementar! Wo viel Licht durch Sonneneinstrahlung vorhanden ist, fällt auch naturgemäß Schatten. Um genau diesen Schatten im Gesicht des Darstellers wegzubekommen, wird mit so genanntem Gegenlicht gearbeitet.

Maskenbildner – sind bei Filmaufnahmen unabdingbar. Damit die Schauspieler im Fernsehen so rüber kommen, wie sie in Wirklichkeit sind, müssen sie geschminkt werden. Ansonsten würden sie auf dem Bildschirm glänzen und eine „falsche Hautfarbe" haben.

Musik – die Titelmelodie stammt von der Gruppe „Truck Stop".

Nachwuchsschauspieler – viele junge Schauspieler und Schauspielerinnen sind in der Serie zu sehen.

Nebendarsteller – Nebendarsteller agieren an der Seite der Hauptdarsteller und haben im Großstadtrevier zumeist eine Episodenhauptrolle. Sie stehen quasi in einer bestimmten Folge im Vordergrund.

Originale – die Folgen werden nicht

in Studios aufgenommen, sondern im Großraum Hamburg in Parks, auf Marktplätzen, am Hafen oder auf Straßen produziert. Auch die Geschäfte und Wohnungen sind „echt" – alle Räumlichkeiten sind Originale und werden fernsehgerecht ausgeleuchtet. Das Team dreht ausschließlich an Originalschauplätzen.

Produktion – Die Serie „Großstadtrevier" wurde bis zur Staffel 28 von Studio Hamburg FilmProduktion GmbH produziert. Seit Staffel 29 agiert die Produktionsfirma unter dem Namen der Tochterfirma Letterbox Filmproduktion GmbH.

Paare – viele Filmpaare sind beim „Großstadtrevier" zu sehen: Unter anderem Harry Möller und Henning Schulz, Dirk Matthies und Ellen Wegener, Philip Caspersen und seine Freundin Hanna. Gefunkt hat es auch zwischen Nicki Beck und Hauke Jessen – zusammen gekommen sind sie allerdings nicht.

Querdenker – sind vorwiegend Dietmar Steiner und Lothar Krüger. Beide sind oft anderer Meinung als der Revierleiter.

Quote – die Quote ist für eine Fernsehsendung oder –serie ganz elementar. Ausgesuchte Zuschauer geben Auskunft über ihr Fernsehverhalten. Wie lange haben sie welche Sendung oder Serie geschaut – daraus ermittelt sich im Wesentlichen die Quote.

Regie – Florian Baxmeyer, Miko Zeu-

schner, Kai Borsche, Jürgen Roland, Jan Růžička, Bruno Jantoss, Lars Jessen, Guido Pieters, Marcus Weiler, Hans-Erich Viet, Felix Herzogenrath (und andere).

Set – Das Filmset, kurz Set genannt, bezeichnet ein Filmmotiv, an dem gerade Dreharbeiten durchgeführt werden.

Schutzmann – Bezeichnung für einen Polizisten. In Hamburg auch Udel genannt. Im Volksmund war der Begriff Udel eine gängige Bezeichnung für die Nachtwache, aus der 1876 die Hamburger Polizei hervorging.

Streifenwagen – Dienstfahrzeug, mit dem die Beamten Streife fahren. In der Serie „Großstadtrevier" wird vorwiegend mit dem Streifenwagen Peter 14/2 gefahren. In Hamburg werden Streifenwagen Peterwagen genannt, deshalb auch der Funkrufname „Peter". 14 steht fürs 14. Revier/Kommissariat und 2 steht für Peterwagen 2.

Trauer – gab es, als Motorradpolizist Neithard Köhler (gespielt von Kay Sabban) plötzlich verstarb. Lesen Sie dazu auch den Nachruf auf Seite 95.

Unfall – wenn es auf Hamburgs Straßen zu Unfällen kommt, rückt auch schon mal die Polizei an. So auch die Beamten des 14. Reviers.

Sie sperren gegebenfalls die Straße ab, nehmen Zeugenaussagen zu Protokoll und kümmern sich um die Beweisaufnahme.

Ulk – lustige Sprüche und Ulk gehören einfach zur Serie „Großstadtrevier" wie die Elbe und Alster zu Hamburg. „Wie schreibt man eigentlich Daktyloskopie?", fragt ein junger Polizist in die Runde. Dietmar Steiner sitzt neben ihm und sagt: „Schreib' Fingerabdrücke. Ist einfacher..." (Folge „Der Besuch"). Dies ist nur ein Beispiel.

Verkauft – wurde die Serie Großstadtrevier mittlerweile unter anderem in die Länder Österreich, Schweiz, Italien. Im Ausland erreicht die Polizeiserie ebenfalls wie in Deutschland eine hohe Einschaltquote. Eine neue Folge (Montags, 18.50 Uhr in der ARD) sehen im Durchschnitt etwa 3,7 Millionen Zuschauer, dies entspricht einem Marktanteil von 13,9 Prozent. Bei den 14- bis 49-Jährigen werden im Schnitt 8,4 Prozent Marktanteil eingefahren. (Quelle: Das Erste)

Warmherzig – sind die Polizisten aus dem Kommissariat 14 in Hamburg. Sie sind ein eingespieltes und eingeschworenes Team, in dem sich jeder auf den anderen verlassen kann. Die Crew um Dirk Matthies in den neueren Staffeln und die Crew um Rolf Bogner und Bernd Voss in den älteren Staffeln zeichnet sich aus durch ganz unterschiedliche Charaktere mit sympathischen kleinen Macken und großem Herz.

Werbung – auch die öffentlich rechtlichen Sendeanstalten müssen im Konkurrenzkampf mit den Privaten überleben. Glücklicherweise gibt es in der ARD nur eine Werbeunterbrechung während der einzelnen Folgen. Die Wiederholungen in den Dritten Programmen (HR-Fernsehen, NDR-Fernsehen, SWR-Fernsehen, WDR-Fernsehen und andere) werden ohne Werbeunterbrechungen ausgestrahlt.

Zukunft – es geht weiter. Auch in den kommenden Jahren soll das „Großstadtrevier" weiter gedreht werden. Mit Jan Fedder, Marc Zwinz, Maria Ketikidou, Peter Fieseler, Sven Fricke, Wanda Perdelwitz, Jens Münchow, Saskia Fischer und weiteren Darstellern geht es in die Zukunft. Der Zuschauer darf sich auf unterhaltsame Folgen freuen.

Zeit – die Drehzeit ist in der Regel von Februar bis Juli eines Jahres. Dann ist eine Sommerpause, bevor es ab September eines jeden Jahres weiter geht. Fürs Filmteam steht dann allerdings nicht unbedingt Urlaub auf dem Programm – vielmehr werden in der Sommerpause Fernsehfilme oder andere Serien produziert. Meist sind es dieselben Crew-Mitglieder.

Zeitung: Auch die Polizisten aus dem „Großstadtrevier" lesen Zeitung. Damit allerdings keine Schleichwerbung auftaucht, werden extra für einzelne Folgen Deckblätter von fiktiven Zeitungen gedruckt. In der Serie heißt die Tageszeitung beispielsweise „Abendpost" (in Anlehnung einer großen Tageszeitung in Hamburg). In der 300. Jubiläumsfolge heißt die Zeitung „Kiez Tribune". Es werden grundsätzlich ausgedachte (fiktive) Namen

Die Fahrzeugflotte aus dem „Großstadtrevier"

Die Einsatzwagen der Serie sind meist Modelle der 5er Serie der Marke BMW. Im Laufe der Zeit wurden in den vergangenen 33 Jahren die Baureihen E12, E34, E39, E60 und F10 verwendet. In den frühen Folgen kam auch des Öfteren ein Ford zum Einsatz. Auf dem Parkplatz vor der Wache 14 / Kommissariat 14 stehen auch Fahrzeuge der Marke VW.

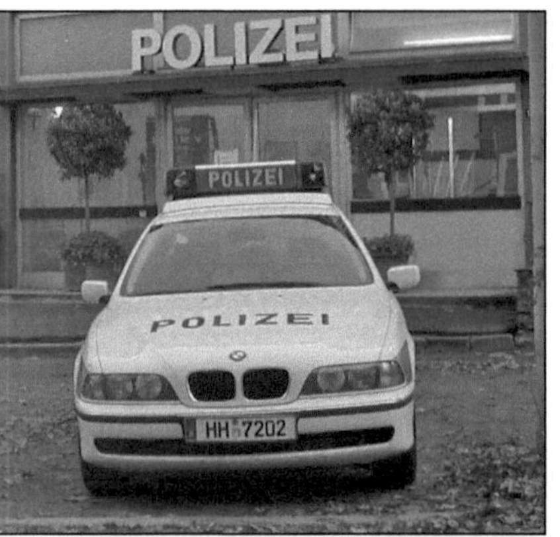

Peter 14/2

Das Foto links zeigt den Streifenwagen Peter 14/2 mit dem Kennzeichen HH 7202. Es hat eine grüne Lackierung. Das Foto entstand im Jahr 2003 bei Dreharbeiten in der Mendelsohnstraße in Hamburg-Bahrenfeld.

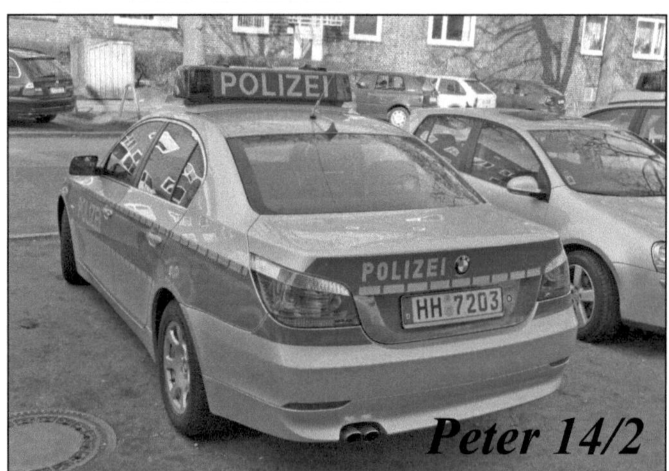

Peter 14/2

Das Foto links zeigt den Streifenwagen Peter 14/2 mit dem Kennzeichen HH 7203 im Jahr 2008. Es ist eine neuere Version der Marke BMW und vor allem hat dieses Fahrzeug eine blaue Lackierung. Auf dem Foto rechts zu erkennen: der Zivilwagen von Hariklia „Harry" Möller und Henning Schulz.

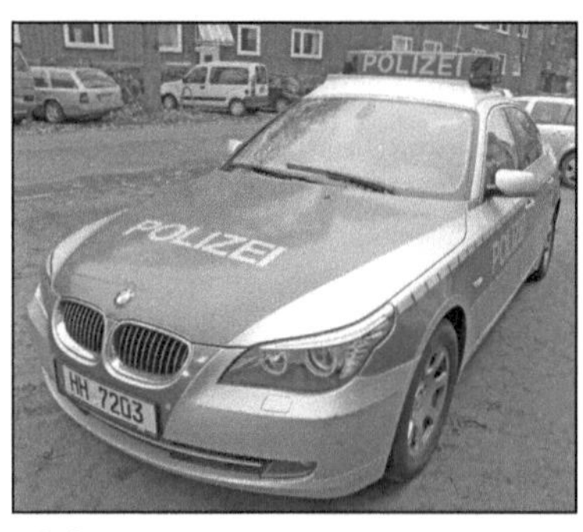

Der Streifenwagen Peter 14/2 mit dem Kennzeichen HH 7203 im Jahr 2015. Es ist eine neuere Version der Marke BMW.

Peter 14/2

Das Foto links zeigt den Streifenwagen Peter 14/2 mit dem Kennzeichen HH 7203. Auf dem Foto rechts zu erkennen: der Streifenwagen mit Funkrufnamen Peter 14/3 mit dem Kennzeichen HH 7299.

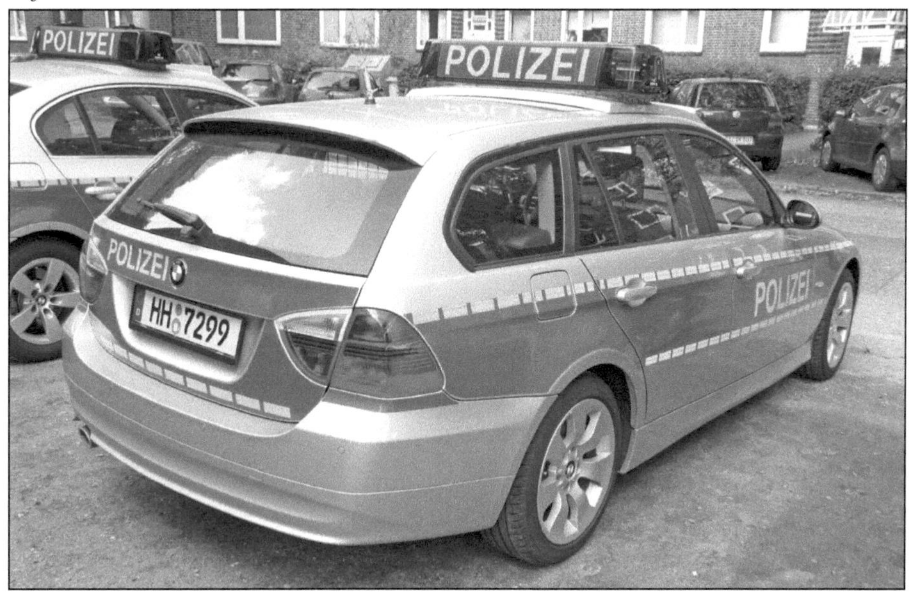

Der Streifenwagen mit Funkrufnamen Peter 14/3. Mit diesem Polizeidienstfahrzeug fahren unter anderem Nina Sieveking und Daniel Schirmer.

Der Funkstreifenwagen Peter 14/4 steht meistens links oder rechts neben dem Haupteingang des Kommissariats 14 und ist in den meisten Folgen nur als Beiwerk zu sehen.

Peter 14/4

Funkstreifenwagen vor dem PK 14/4

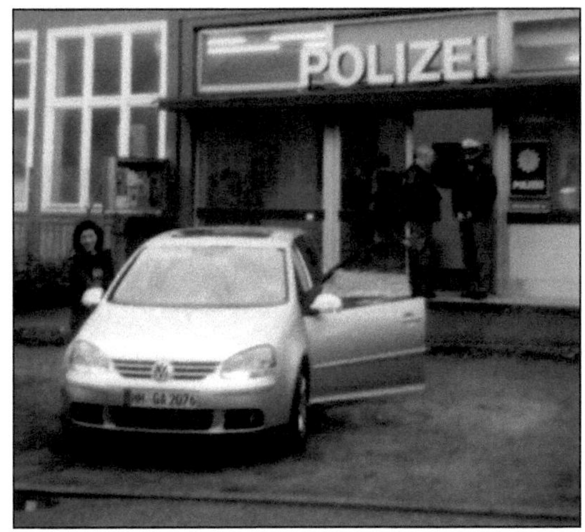

Zivilwagen mit Rufnamen Peter 14/21

Der Zivilwagen von Hariklia „Harry" Möller und Mads Thomsen mit dem Funkrufnamen „Peter 14/21". Der Name Peter kommt von „Peterwagen". So wird in Hamburg ein Streifenwagen der Polizei genannt. 14 steht für das Revier, in diesem Falle das 14. Revier. 21 ist die Nummer des Fahrzeugs. Alle Fahrzeuge einer Wache / eines Kommissariats sind von 1 an durchnummeriert. Wenn Mads Thomsen oder „Harry" Möller also den Wachhabenden des PK 14 anfunken, heißt es korrekt: „Peter 14 für Peter 14/21 kommen" (bei einem Handfunkgerät Peter/21 Anton).

In älteren Folgen, in denen „Harry" Möller zusammen mit Henning Schulz auf Zivilstreife fährt, ist ein Wagen des Typs VW Golf zu sehen. Er fungiert als Peterwagen 14/21 und hat das amtliche Kennzeichen HH GA 2076.

Peter 14/21

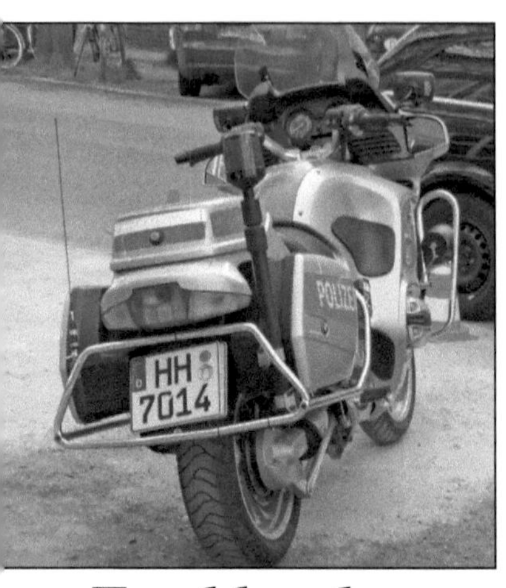

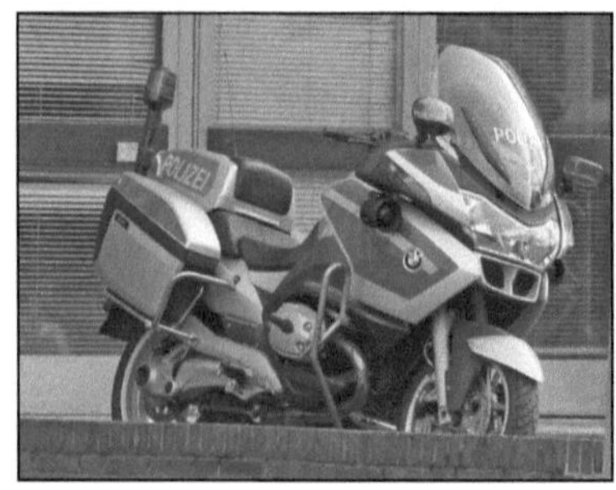

Funkkrad

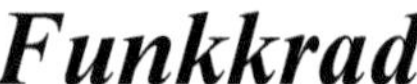

In den Folgen 1 bis 54 gibt es den Motorradpolizisten Neithardt Köhler, gespielt von Kay Sabban. Wenn der sympathische Beamte nicht gerade Innendienst im Revier 14 absolviert, fährt er in einigen Folgen mit seinem Motorrad (damals mit grüner Lackierung) auf Streife. Seit dem Tod von Kay Sabban (letzte Folge: „Pferdediebe") wurde die Rolle des Streifenpolizisten auf einem Motorrad nicht mehr besetzt. Ein Polizeimotorrad kommt nur noch als Beiwerk in einzelnen Folgen vor. Beispielsweise in der Folge „Ein neuer Anfang" (Episode 285) werkelt ein Polizist vor dem Eingang des Polizeikommissariats 14 an einem Dienstmotorrad herum. Hauke Jessen, der sich als Ersatz für Zivilfahnder Henning Schulz (der für ein halbes Jahr nach Afghanistan geflogen ist, um dort Polizisten auszubilden) im Kommissariat 14 bewirbt, bietet seine kompetente Hilfe an. Das Motorrad ist auch zu sehen, wenn eine Außenansicht des Kommissariats eingeblendet wird. Das amtliche Kennzeichen lautet HH 7014.

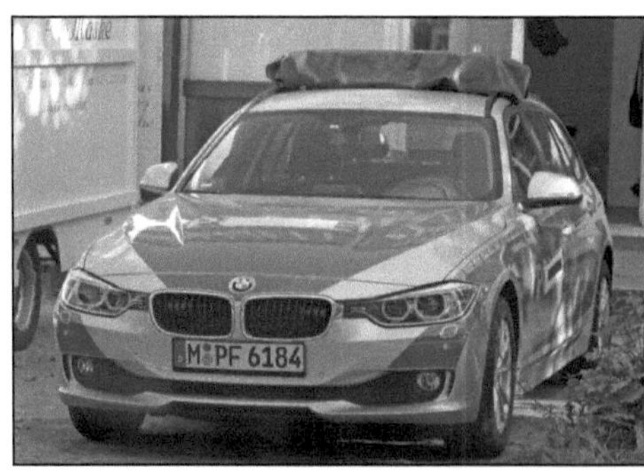

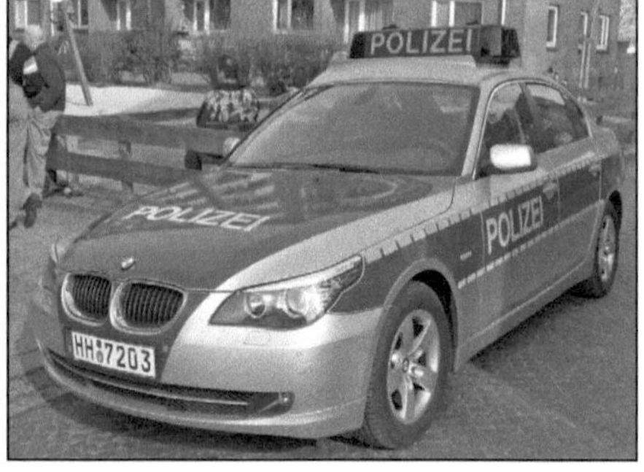

Links: So sieht das Filmfahrzeug aus, wenn es auf öffentlichen Straßen in Hamburg unterwegs ist. Die Aufschrift „Polizei" an den Seitentüren und auf der Motorhaube sind abgeklebt, das Blaulicht wird verhüllt und die Behördenkennzeichen abgeschraubt. Auf dem Foto rechts ist der Streifenwagen so, wie er auch in der Serie zu sehen ist: mit dem Filmkennzeichen HH 7203 und der Aufschrift „Polizei".

Privatwagen *von Polizist Dirk Matthies (Jan Fedder). Der schwarze Mercedes ist bis zur Folge 362 („Die kleine Polizistin") gelegentlich zu sehen. Ab der Folge 363 („Pauls Versuchung") fährt Matthies einen dunkelgrünen Geländewagen mit dem Kennzeichen HH JJ 400. In der Folge 363 sitzen Paul Dänning und Dirk Matthies am Hafen. An der Kaimauer stehen sowohl der Mercedes als auch der neue Geländewagen. „Das ist mein Neuer. Es ist sogar ein Bullenfänger dran", sagt Matthies.*

Kurioses über Deutschlands Polizei-Kultserie

Der aufmerksame Zuschauer der Serie „Großstadtrevier" darf auch ruhig mal lachen. In der Folge „Eine böse Überraschung" (Episode 18) rettet Richard Block einen jungen Mann, der mit seinem Boot auf der Elbe gekentert ist. Es handelt sich um einen entflohenen Häftling aus der Jugendhaftanstalt Hamburg. Vor lauter Aufregung lässt Kollegin Ellen Wegener den Streifenwagen 14/2 unverschlossen an der Alten Elbbrücke stehen – samt Schlüssel. Block und Wegener erleben dann die böse Überraschung: Ihr Streifenwagen Peter 14/2 ist verschwunden. Revierleiter Bogner tobt auf der Wache. Ellen Wegener und Richard Block betreten das Büro des Revierleiters. „Ihr wagt es noch, mir unter die Augen zu kommen?", sagt Bogner, nachdem er seinen Telefonhörer aufgelegt hat. Es startet eine Ringfahndung (Großfahndung, Streifenwagen positionieren sich an bestimmten Straßenecken). In den darauf folgenden Tagen werden mit Hilfe des gestohlenen Dienstfahrzeugs von falschen Polizisten mehrere Bank- und Raubüberfälle begangen. Die Spur zu dem geklauten Peterwagen samt den falschen Polizisten verliert sich schnell. Selbst Richard Block fragt sich, wie es den Tätern immer wieder gelingt, durch die Ringfahnung zu gelangen.

Kurios: bei Außenaufnahmen der Wache 14 ist im Hintergrund eine Filiale der Commerzbank zu sehen (gelbe Buchstaben). Als in dieser Folge ein Geschäftsmann einige Geldbomben in einen Nachttresor (Außentresor) mit einem Schlüssel öffnet, wird er von einem falschen Polizisten überfallen. Im Hintergrund zu sehen: die Filiale der Commerzbank. Auch der Peterwagen 14/2 steht unmittelbar vor der Bankfiliale.

Da wird eine hamburgweite Ringfahndung der Polizei durchgeführt, damit der geklaute Streifenwagen gefunden wird und er befindet sich in dieser Szene nur wenige Meter vom 14. Revier entfernt. Kurios.

Auch kurios: In der Folge „Menschlich allzu menschlich" (Episode 35) bekommt Dietmar Steiner einen Anruf von der Besitzerin der Hamburger Puppenstube. Dort habe eine Frau eine Puppe gestohlen. Sofort deligiert er diesen Einsatz an zwei seiner Kollegen. Einer der Kollegen fragt „Kommt der Einsatz von Michel?" Steiner antwortet: „Ja, macht ihr das mal. (...) Bagatelldelikte sind genau eure Kragenweite" Michel ist ein Polizeibeamter, der die Notrufe entgegen nimmt. In diesem Fall hat doch aber Dietmar Steiner den Anruf direkt am 14. Revier angenommen. Also stimmt es nicht, dass der Einsatz von Michel kam...

 Weitere Kuriositäten und Filmfehler ab Seite 139.

TV-Serie mit dem Grünen Drehpass ausgezeichnet

Die Umwelt- und Klimaschutzinitiative der Filmförderung Hamburg Schleswig-Holstein hat am 18. Dezember 2013 die ARD-Vorabendserie „Großstadtrevier" mit dem Grünen Drehpass ausgezeichnet. Damit ist die beliebte Polizeiserie, die von der Studio Hamburg Filmproduktion (heute von der Letterbox Filmproduktion) realisiert wird, die zweite deutsche Serie, die klimaneutral realisiert wird. Über das von Hamburg als europäischer Umwelthauptstadt 2011 zertifizierte Gütesiegel für Film- und TV-Produktionen gibt die Film Commission Hamburg Schleswig-Holstein Handlungsempfehlungen, wie am Set der Energieverbrauch reduziert und Müll vermieden werden kann. Das „Großstadtrevier" hat im Jahr 2013 insgesamt 16 Folgen „grün" gedreht.

„Wir freuen uns sehr über diese Auszeichnung, denn Nachhaltigkeit und Klimaschutz sind inzwischen wichtige Bestandteile unserer Firmenphilosophie. Das ‚Großstadtrevier' ist unsere erste Produktion, die ein deutliches Signal setzt und eine Vorbildfunktion einnimmt", sagt Michael Lehmann, Vorsitzender der Geschäftsführung der Studio Hamburg Produktion Gruppe und ergänzt: „Die Verleihung des ‚Grünen Drehpass' ist eine verdiente Anerkennung für das gesamte Team und die Darsteller rund um unseren Herstellungsleiter Joerg Pawlik, der sich mit großem Engagement für die Klimainitiative der Filmförderung einsetzt."

Um die CO2-Bilanz möglichst gering zu halten, werde der Energieverbrauch in den Motiven sowie im Produktionsbüro reduziert, Flugreisen werden eingespart, Fahrgemeinschaften gebildet, so oft es geht der Fuhrpark verringert sowie energieeffiziente Lichttechnik und wieder aufladbare Stromquellen am Set eingesetzt. Im Bereich Catering werden Papp- statt Plastikbecher sowie generell Mehrweggeschirr genutzt, Dispos elektronisch verschickt sowie strikte Mülltrennung angeordnet – um nur die wichtigsten Maßnahmen des klimaneutralen Produzierens zu nennen.

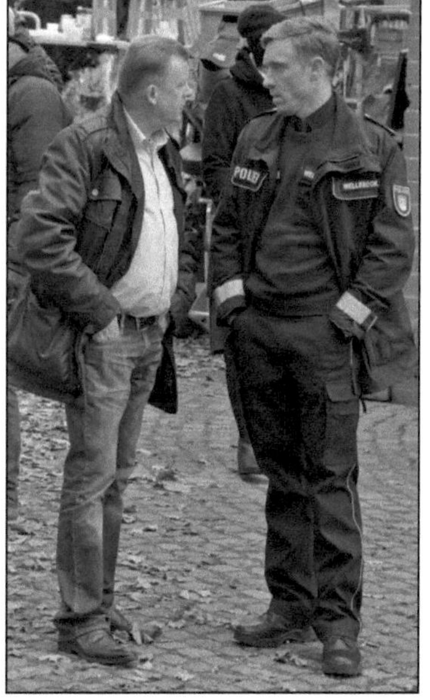

Joerg Pawlik (l.) und Peter Fieseler im Gespräch.

„Übergänge" in den einzelnen Folgen

Vielen Drehbuchautoren und Regisseuren fällt es schwer, einen passenden „Übergang" bei einem Wechsel von einer Szene zur anderen zu finden. In mehreren Folgen des „Großstadtreviers" hingegen haben sich die Autoren auffällig viel Mühe gegeben.

In der Folge 36 („Fährmann, hol' röver") beispielsweise sind die beiden Kollegen Ellen Wegener und Neithardt Köhler in der Fußgängerzone in Cuxhaven (Niedersachsen) unterwegs, Neithardt Köhler schaut in einen Schaukasten wegen eines Konzerts der Gruppe „Godewind".

„Na, ob aus Ihrem Rendeszvous etwas wird. Ich weiß nicht", sagt Ellen Wegener zu Köhler, der mit den Worten „**Malen Sie den Teufel nicht an die Wand**" reagiert. Szenenwechsel für den Zuschauer und „Übergang" in ein Revier in Cuxhaven. „**Wir wollen den Teufel nicht an die Wand malen**", sagt ein Beamter, der gerade eine Dienstbesprechung führt. Auch die beiden Kollegen aus Hamburg sind dabei und werden von den Cuxhavener Kollegen begrüßt.

In dieser Folge (siehe dazu auch Seite 25) wird dem Zuschauer übrigens ganz eindeutig erklärt, warum Hamburger Polizeibeamte auch für die Insel Neuwerk vor den Toren Cuxhavens (Niedersachsen) zuständig sein können. Rolf Bogner, Revierleiter des 14. Reviers, erläutert in einem Gespräch mit Ellen Wegener, dass die Insel Neuwerk Hamburger Staatsgebiet ist und vom Hamburger Wasserschutz betreut wird. Aber wenn es dort wegen einer Demonstration beispielsweise zu Engpässen bei der Wasserschutzpolizei kommt, dann unterstützen auch die Hamburger Schutzpolizisten.

Dies ist aber nur ein Beispiel für viele. In mehreren Folgen der Kultserie sind solche „Übergänge" mit bestimmten Sätzen oder Themen zu sehen.

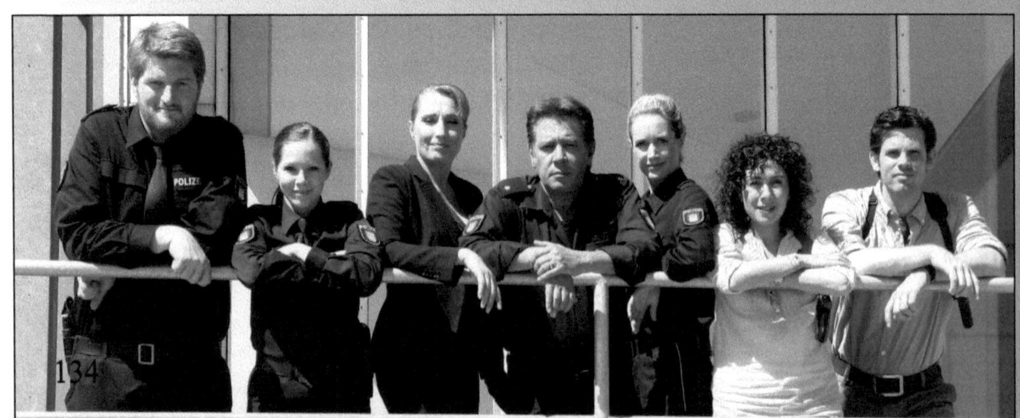

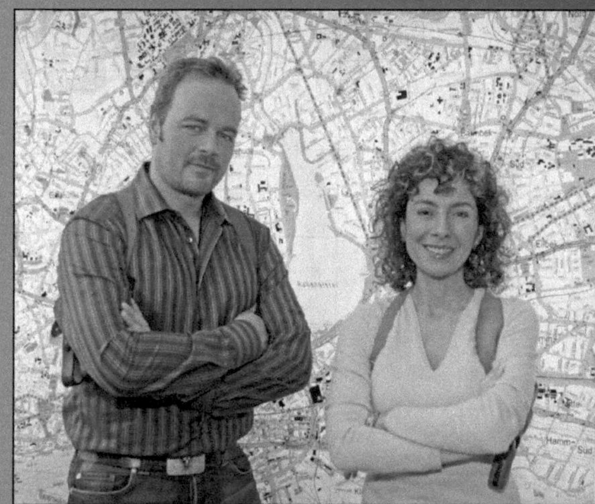

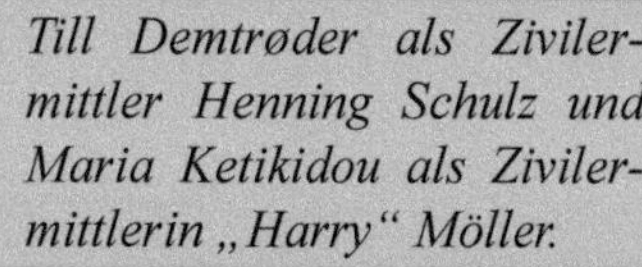

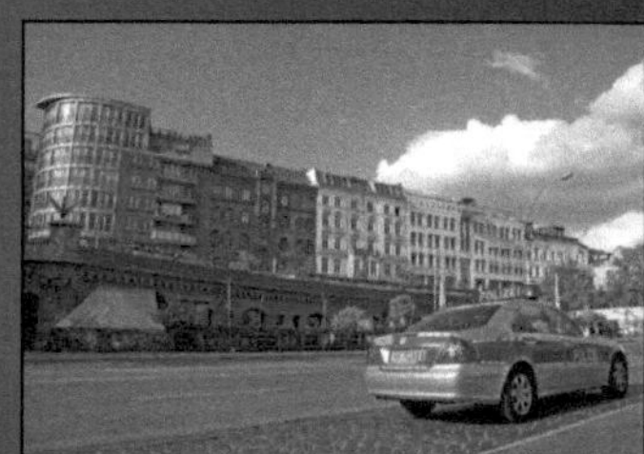

Die berühmte Hafenstraße in Hamburg. Auch sie dient in vielen Folgen als Kulisse. Im Vordergrund steht ein „echter" Streifenwagen der Polizei Hamburg mit Funkrufnamen „Peter 21/3".

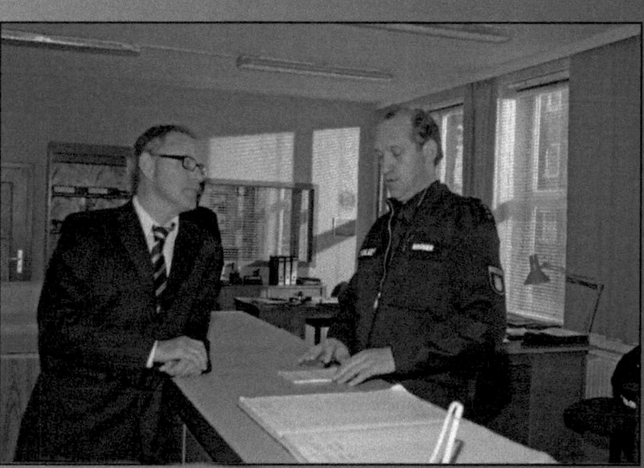

Das geht gar nicht! Herr Mohr (gespielt von TV-Moderator Reinhold Beckmann) hat seinen Führerschein wegen Überschreitung des Tempolimits verloren. Jetzt fährt er mit seinem Auto am 14. Revier vor, parkt auf einem Parkplatz für Polizeifahrzeuge und will dann auch noch seinen Führerschein abholen – aber dalli, dalli. Revierchef Dirk Matthies und Kollege Lothar Krüger sind sich einig: Dem werden wir mal zeigen, dass jeder – ob er es eilig hat oder nicht – sich an die Gesetze zu halten hat. Zu sehen ist diese Geschichte in der Folge „Das Geheimnis des Hafenpastors".

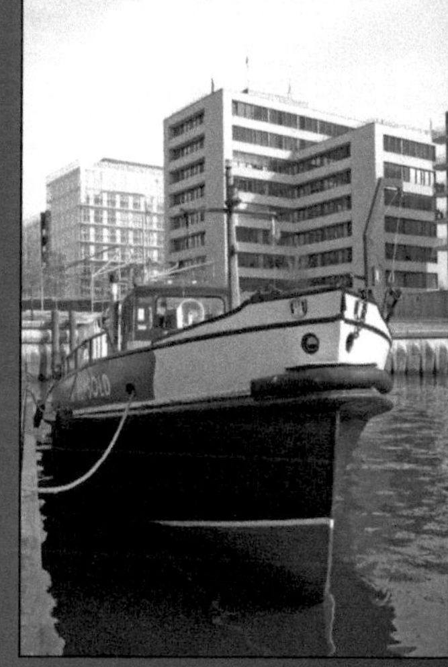

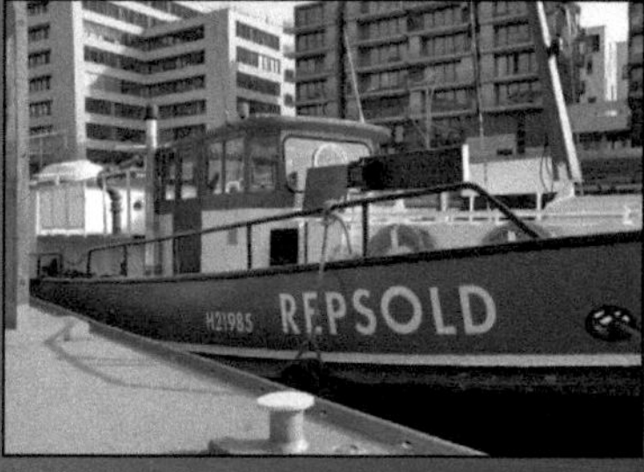

Das Zuhause von Dirk Matthies: das historische Schiff „Repsold" am Hamburger Hafen.

Kurz und knapp

Regisseure vom „Großstadtrevier" sind oder waren unter anderem: Jürgen Roland, Udo Witte, Ines Anna Krämer, Guido Pieters, Christian Stier, Wilfried Dotzel, Felix Herzogenrath, Christian Görlitz, Lars Jessen, Kai Borsche, Heiner Carow, Helmut Förnbacher, Dietrich Haugk, Karin Hercher, Jan Ruzicka, Till Franzen, Philipp Osthus, Marcus Weiler.

Zu den **Drehbuchautoren** zählen: Michael Vershinin, Jan Schroeter, Felix Huby, Rainer Butt, Markus Stromiedel, Hans Dietmar Schreeb, Norbert Eberlein, Hans-Georg Thiemt, Friedhelm Werremeier , Chris Brohm, Renate Kampmann, Dirk Kämper, Lars Montag und viele andere.

Die Serie ist im Internet unter http://www.daserste.de/revier/ zu finden. Dort erhalten Sie weitere Informationen übers „Großstadtrevier" mit zahlreichen Interviews (Videos), Berichten aus der Kategorie „Hinter den Kulissen" und teilweise Gewinnspielen.

Der Genuss von Alkohol gehört in unserer Gesellschaft offenbar einfach dazu – so auch im Fernsehen. Vorbildlich im „Großstadtrevier": Lothar Krüger alias Peter Heinrich Brix. Er ist Abstinenzler und trinkt keinen Tropfen Alkohol. Sitz er mit seinen Kollegen bei Big Harry (oder in älteren Folgen bei Elli) in der Kneipe, greift Krüger gerne mal zu einer Apfelschorle. Endlich ein Charakter in einer Fernsehserie mit Vorbildfunktion! Lothar Krüger ist damit auch keinesfalls Außenseiter. Dass er keinen Alkohol (mehr) trinkt, stört in der geselligen Runde inmitten der Kollegen niemanden.

Die **Räume des 14. Kommisariats** befanden sich bis 2018 in Hamburg-Bahrenfeld in der Mendelssohnstraße/Ecke Paul-Dessau-Straße und beherbergte im wirklichen Leben die Büros der Produktionsfirma der Serie. Die nachgebaute Polizeiwache diente aber auch als Drehort für diverse Folgen der Krimireihe „Tatort" oder „Adelheid und ihre Mörder".

Im Jahr 2020 sollen wieder 16 **neue Folgen** gedreht werden. Wie gewohnt spielt neben der Spannung auch der norddeutsch-trockene Humor im „Großstadtrevier" eine wichtige Rolle. Gedreht wird bis Ende 2020 in Hamburg und Umgebung. Ein Ende der Serie ist also nicht in Sicht...

Das „Großstadtrevier" (kurz & knapp) in einem Vierzeiler:
Seit 1986 ist das „Großstadtrevier" im TV zu seh'n,
der Inhalt ist lustig, spannend und leicht zu versteh'n.
Wenig Sex, wenig Blut, dafür viele zwischenmenschliche Komponenten.
So lassen die Drehbuchautoren die einzelnen Folgen beenden.

Im NDR Fernsehen gab es im Jahr 2010 eine **Sondersendung zum Thema „Großstadtrevier".**
In der Wissensshow „Wer hat's gesehen", moderiert von Florian Weber, wurden Fragen zur Serie gestellt. Womit vergleicht Polizist Dirk Matthies die Liebe? Wen spielte Hape Kerkeling im „Großstadtrevier"? Fragen, die eingefleischte Fans und kompetente Experten der NDR Kultserie wie die Darsteller Jan Fedder und Maria Ketikidou beantworten sollten. Beide „Großstadtrevier"-Stars traten dabei als Kandidaten gegeneinander an, jeweils unterstützt von einem Fan dieser Serie. In dieser Variante des TV-Kultquiz drehte sich komplett alles ums Großstadtrevier. Die beliebten „Wer-hat's-gesehen-Puzzle" mussten ebenso erraten werden wie eine Zuschauerpantomime rund um einen Begriff aus dem „Großstadtrevier". In der Sendung gab es hinter jeder Frage einen lustigen, bewegenden oder überraschenden TV-Ausschnitt, oftmals mit dem „Weißt-du-noch-damals"-Effekt.

Die Drehbuchautoren orientieren sich zum Teil auf **private Eigenschaften der Darsteller.** Peter Heinrich Brix war beispielsweise vor seiner Schauspiel-Karriere Landwirt. Schwups gibt es drei Folgen mit dem Titel „Landpartie", die auf dem platten Lande spielen und in der Heimat von Peter Heinrich Brix gedreht wurden (Kreis Schleswig-Holstein). Sophie Moser hat sich einen Namen als talentierte Violistin gemacht und ist bereits in weltbekannten Konzertsälen zwischen New York, Moskau und Berlin aufgetreten. Auch hier wurde ihr Talent ins Drehbuch geschrieben; auch in der Rolle als Nicole Beck spielt sie Violine. Jan Fedder sammelte privat Oldtimer. Auf seinem Bauernhof – unweit des Nordostseekanals in der Nähe von Itzehoe – standen so manche Schätzchen. Auch in der Serie „Großstadtrevier" fährt der von Jan Fedder verkörperte Polizist Dirk Matthies einen schwarzen Oldtimer.

In den einzelnen Folgen geht es meist um **authentische Fälle.** So werden unter anderem die Geschichten von Kaufhauserpresser „Dagobert", die Geschichte eines berühmten Autogrammjägers (der sich ständig auf Veranstaltungen schleicht, um sich mit Promis ablichten zu lassen und Autogramme zu bekommen) und das Thema „Crashkid Dennis" erzählt und aufgegriffen. Zudem werden aktuelle Themen wie Schutzgelderpressung, der so genannte „Enkeltrick", Rassismus, Randale bei Fußballspielen oder beispielsweise kuriose Betrügereien aufgegriffen.

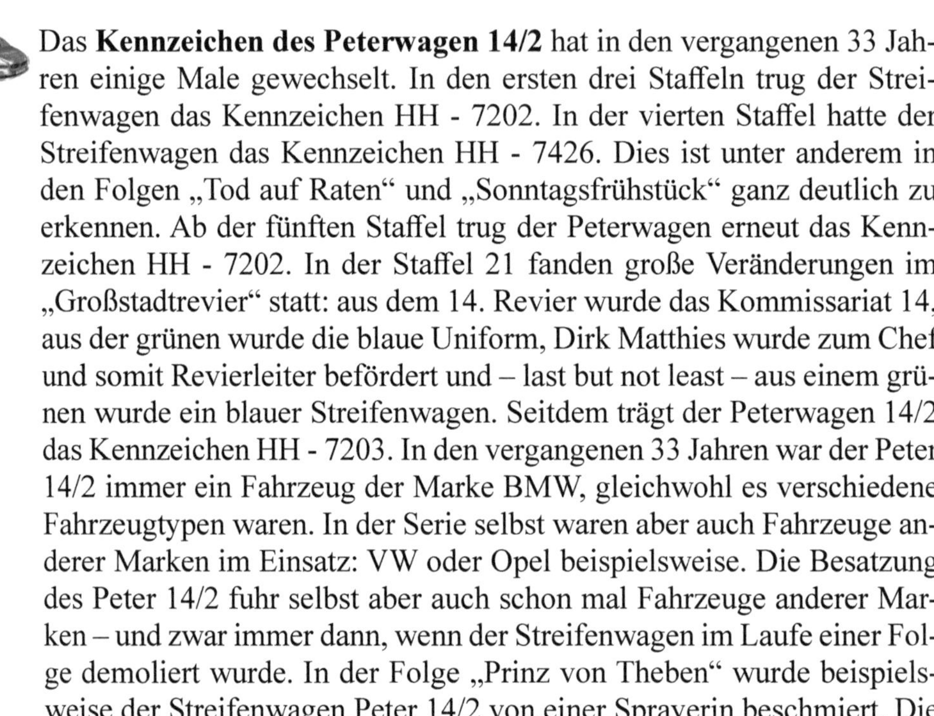

Das **Kennzeichen des Peterwagen 14/2** hat in den vergangenen 33 Jahren einige Male gewechselt. In den ersten drei Staffeln trug der Streifenwagen das Kennzeichen HH - 7202. In der vierten Staffel hatte der Streifenwagen das Kennzeichen HH - 7426. Dies ist unter anderem in den Folgen „Tod auf Raten" und „Sonntagsfrühstück" ganz deutlich zu erkennen. Ab der fünften Staffel trug der Peterwagen erneut das Kennzeichen HH - 7202. In der Staffel 21 fanden große Veränderungen im „Großstadtrevier" statt: aus dem 14. Revier wurde das Kommissariat 14, aus der grünen wurde die blaue Uniform, Dirk Matthies wurde zum Chef und somit Revierleiter befördert und – last but not least – aus einem grünen wurde ein blauer Streifenwagen. Seitdem trägt der Peterwagen 14/2 das Kennzeichen HH - 7203. In den vergangenen 33 Jahren war der Peter 14/2 immer ein Fahrzeug der Marke BMW, gleichwohl es verschiedene Fahrzeugtypen waren. In der Serie selbst waren aber auch Fahrzeuge anderer Marken im Einsatz: VW oder Opel beispielsweise. Die Besatzung des Peter 14/2 fuhr selbst aber auch schon mal Fahrzeuge anderer Marken – und zwar immer dann, wenn der Streifenwagen im Laufe einer Folge demoliert wurde. In der Folge „Prinz von Theben" wurde beispielsweise der Streifenwagen Peter 14/2 von einer Sprayerin beschmiert. Die Beamten stiegen dann in einen Wagen einer anderen Marke um.

In der **300. Folge** „Großstadtrevier", die am Montag, dem 10. Januar 2011, um 18:50 Uhr erstmalig ausgetrahlt wurde, ertönte ausnahmsweise nicht das Martinshorn auf dem Hamburger Kiez, sondern Pferde wieherten und Ganoven schossen umher. Sheriff Clint (Jan Fedder) nahm es in Kiez City, einer kleinen Stadt im Wilden Westen, mit knallharten Revolverhelden auf. Frank Miller (Claude Oliver Rudolph), ein gefürchteter Bandit, wurde vorzeitig aus der Haft entlassen und wollte sich an Clint rächen. In der Jubiläumsfolge „5 nach 12" spielten alle Großstadtpolizisten eine andere Rolle. Lesen Sie dazu das Sonderkapitel ab Seite 228ff.

138

Filmfehler im „Großstadtrevier"

Wer Fehler sucht, findet meistens auch welche. So auch beim „Großstadtrevier". Meist sind es Kleinigkeiten, oftmals aber ganz elementare Fehler, die der Fernsehzuschauer zu sehen bekommt. Die Auflistung der Filmfehler dient nicht dem Zweck, das „Großstadtrevier" in ein schlechtes Licht zu setzen oder den Requisiteuren und Regie-Assistenten eins auszuwischen. Fehler können schlicht und einfach jedem mal passieren! Außerdem erkennt der Zuschauer den größten Teil der Fehler erst beim genaueren Betrachten – womöglich erst in einer Wiederholung.

Witziger Weise sind oftmals „echte" Polizisten am Set, die als Komparsen oder Kleindarsteller in der Serie zu sehen sind. Warum dann also elementare Fehler passieren, ist schon merkwürdig.

Um diese Antwort schon einmal vorweg zu nehmen: Es hat in den meisten Fällen mit diversen Kameraeinstellungen zu tun.

Aber wenn ein Festgenommener allein auf der hinteren Sitzbank des Peterwagens Platz nimmt und beide Beamten vorne sitzen, hat es mit der Realität nichts zu tun. Denn: im Rahmen der Eigensicherung sitzt immer ein Beamter auf der hinteren Sitzbank (meist sogar hinter dem Fahrer, während der Festgenommene hinter dem Beifahrersitz sitzen muss) und beobachtet den Festgenommenen während der Fahrt. Oft wird bei Funksprüchen vergessen, die Sprechtaste zu drücken. Diese befindet sich in älteren Dienstwagen in der Mitte des Hörers. Ist diese nicht gedrückt, kann die Zentrale (in diesem Fall Michel) nichts hören.

Notrufe über die bekannte Rufnummer 110 landen in der Serie meistens direkt auf einem Telefonapparat im 14. Revier. In der Realität hingegen gehen alle Notrufe ersteinmal in der Einsatzleitstelle der Hamburger Polizei bei Assistenten der so genannten „Michel-Sprecher" im Polizeipräsidium in Alsterdorf ein, die dann wiederum das entsprechende Revier ermitteln, das dann wiederum die entsprechenden Streifenwagen los schickt. Das alle Einsätze über ein bestimmtes Diensttelefon im 14. Revier koordiniert werden, ist im Wirklichen undenkbar.

Apropos undenkbar: in der Realität undenkbar, aber im Fernsehen möglich, sind hellseherische Fähigkeiten der Polizisten. Ob Henning und Harry mit ihrem Zivilfahrzeug oder Dirk Matthies mit seinem Privatwagen. Wenn die Beamten ein anderes Fahrzeug verfolgen, kann es schon mal vorkommen, dass die Beamten aus einer ganz anderen Richtung kommen. Wie machen sie das bloß?

Auch die Konditionen sind bei den Beamten des 14. Reviers manches Mal wirklich sehr übermenschlich. Sie verfolgen beispielsweise zu Fuß Radfahrer oder flüchtende Diebe, Räuber und andere Verbrecher – und komischerweise, trotz eines großen Vorsprungs, erwischen sie sie doch noch.

In einigen Folgen „Großstadtrevier" ist Martinshorn zu hören, obwohl das Blauchlicht aus ist. Technisch ist das Martinshorn nur zu hören, wenn auch das Blaulicht eingeschaltet ist.

Soweit die „elementaren Fehler", die regelmäßig vorkommen und zum Teil sehr unrealistisch sind.

In den bislang 438 ausgestrahlten Folgen kommen aber auch einzelne Filmfehler vor. Aus Urheberrechtsgründen darf in diesem Buch leider kein Beweisfoto (Szenenfoto der entsprechenden Folge) gezeigt werden. Aber wer sich die entsprechenden Folgen noch einmal genauer anschaut und dann auf diese Fehler achtet, wird sicher sagen: „Stimmt! Da hat sich der Fehlerteufel eingeschlichen..."

In der Folge „Diamantenfieber" beispielsweise sitzt Henning Schulz im Zivilfahrzeug und wartet, bis Kollegin Harry Möller aus der Fischfabrik kommt. Zu sehen ist eine Totale (Kameraeinstellung). Unmittelbar hinter dem Wagen ist ein Bürgersteig und gleich dahinter eine Hecke zu sehen. In einer wenig später gezeigten Nahaufnahme (gleiche Richtung) fahren allerdings einige Fahrzeuge entlang.

In mehreren Folgen (unter anderem „Gefährlicher Verdacht", „mitgegangen, mitgefangen") ist der Streifenwagen Peter 14/2 von vorn zu sehen. Auffällig: die Innenspiegel fehlen. Scheint selbst die Polizei der Hansestadt Hamburg vor Diebstahl nicht verschont zu sein? Erklärung: der „Streifenwagen 14/2" (in echt ein Mietwagen) steht auf einer Art Abschleppwagen. Zwischen dem Fahrerhaus des Abschleppers und dem Dienstwagen steht die Kamera. Damit noch etwas Atmosphäre vom Straßenverkehr zu sehen ist, nimmt das Team die Spiegel ab, damit mehr Freiraum zwischen den Schauspielern ist und der Zuschauer mehr von der Straße im Hintergrund zu sehen bekommt.

In der Folge „Body Check" ist es erstaunlich, dass Zivilfahnderin Harry den ehemaligen Einbrecher Kurt Schlösser besucht und mit einem Streifenwagen zu seinem Haus fährt: Der Einbrecher wohnt nämlich direkt gegenüber der Wache. Das Gebäude ist allerdings nicht als Wache mit dem Schriftzug „Polizei" am Eingang zu erkennen – das muss an dieser Stelle erwähnt werden. Dennoch: Als Kurt Schlösser aus dem Fenster schaut, ist im Hintergrund das rote Backsteingebäude mit den typischen Fenstern zu erkennen – sogar der Parkplatz, auf dem die Streifenwagen stehen. Da stellt sich natürlich die Frage, warum musste Harry extra mit einem Streifenwagen auf die gegenüberliegende Straßenseite gebracht werden. Harry war in der Szene davor bereits auf der Wache – sie hätte einfach nur die Straße überqueren müssen.

Auch in der 300. Folge, der Jubiläumsfolge mit dem Titel „5 nach 12" hat sich ein Filmfehler eingeschlichen. Gleich nach dem Vorspann sieht der Zuschauer eine Karte mit Begriffen wie Altona Country, Davidstreet, River Elbe und Millerngate. In der 40. Sendeminute ist eine Totale auf die Kicz City zu sehen, danach ist ein Straßenschild eingeblendet. Auf diesem steht der Name Millergatefield. Fehlt da nicht der Buchstabe „n"? Wenn es auf der Karte Millerngate heißt, dann müsste folglich auf dem Straßenschild Millerngatefield stehen.

Was einen aufmerksamen Zuschauer auch immer mal wieder in einzelnen Episoden aufallen kann: die zahlreichen Alleingänge einzelner Polizisten und dass Insassen in den Einsatzwagen oftmals nicht angeschnallt sind. Hat die Polizeiserie nicht eine Art „Vorbildfunktion"?

In der Episode „Tote leben länger" gibt es auch einen Fehler zu verzeichnen. Allerdings dürften den nur wirklich eingefleischte Zuschauer und Fans vom „Großstadtrevier" bemerken: Anna Bergman fragt ihren Kollegen Lothar Krüger, welche Zelle denn frei ist, um jemanden dort einzusperren. Polizist Krüger antwortet: „Zelle 2".

Bekanntlich gibt es im 14. Revier beziehungsweise 14. Kommissariat nur eine Zelle. In der Folge „Racheengel" fährt eine körperlich behinderte Frau mit ihrem Pkw auf einen Parkplatz. Mühsam steigt sie vom Fahrersitz in ihren Rollstuhl.

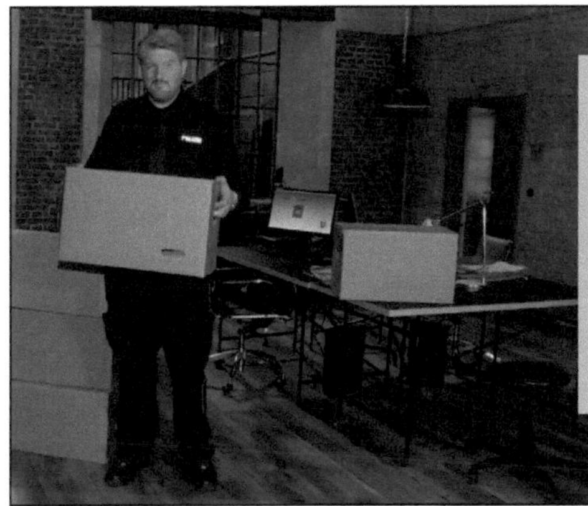

Hannes Krabbe mit einem Umzugskarton in den Händen. Der Polizist zieht mit seinen Kollegen ins neue Kommissariat 14 und wird seine persönlichen Gegenstände auf dem neuen Arbeitsplatz drapieren.

Sie packt eine Waffe unter ihre Beine und möchte ins Krankenhaus, um dort den Mann zu töten, der die Schuld für ihre Tragödie im Rollstuhl trägt. In dieser Szene sind zwei Fehler: zum einen schließt sie ihren Wagen nicht ab und zum anderen fährt sie mit ihrem Rollstuhl in die falsche Richtung.

Der Zuschauer sieht sie nach links aus dem Bild fahren. Das Krankenhaus aber liegt – aus Sicht des Zuschauers – rechts. Sie hätte also nicht gen Motorhaube fahren sollen, sondern gen Kofferraum.

Dass das Revier 14 eigentlich ein Studio ist und für verschiedene Serien benutzt wird (unter anderem auch für den „Tatort"), ist kein Geheimnis. Die Ausstattung ist Requisite. In der Folge „Der Straßenmusikant" ist das eindeutig zu erkennen. Frau Kornmüller ist mit einer weißen Handtasche auf dem Revier 14 und telefoniert mit ihrem Mann.

Sie steht hinter dem Tresen. Auf der anderen Seite stehen Revierleiter Dirk Matthies und Ben Kessler. In der Szene, in der Frau Kornmüller gerade ihr Handy in die Handtasche steckt, fällt am unteren Bildrand auf, dass ein Stück vom Tresen fehlt. Es ist an der sonst durchgängigen blauen Umrandung zu sehen. Der Grund ist einfach: Auch wenn es ein Großraumbüro ist, in dem mehrere Polizisten Innendienst absolvieren, ist der Raum im Wirklichen sehr klein. Es stehen an verschiedenen Ecken Stative mit Scheinwerfern und vorallem eine fahrbare Kamera (mit einem so genannten Dolly). Um der Kamera mehr Freiraum geben zu können, werden schon mal die einen oder anderen Requisiten aus dem Weg geräumt. So auch ein Teil des Tresens.

In der Folge „Fahrerflucht" ist ein recht auffälliger Fehler zu sehen: Ellen Wegener und Richard Block sitzen in ihrem Streifenwagen und fahren zur Unfallstelle, an der ein kleines Kind angefahren wurde. In der Einstellung, in der der Peterwagen von vorn zu sehen ist, sieht der aufmerksame Zuschauer, dass das Kfz-Kennzeichen des Peter 14/2 verrutscht ist und das dahinter befindliche Originalkennzeichen hervorguckt.

Wieso hat der Streifenwagen in der Serie zwei vordere Kennzeichen? Ganz einfach: Sämtliche Fahrzeuge, die in der Serie durchs Bild fahren, sind nicht mit ihren amtlichen („richtigen") Kennzeichen versehen, sondern bekommen Filmkennzeichen mit fiktiven Buchstaben- und Zahlenkombinationen zugewiesen, die dann mittels eines Magneten oder Knetgummi an den Original-Kennzeichen befestigt werden.

Ein weiterer Filmfehler ist in der Folge „Der Neue" zu sehen. Wer diese Folge, in der Dirk Matthies (Jan Fedder) einsteigt, aufmerksam betrachtet und beim Aufhängen der Girlande ein wachsames Auge auf Zivilfahnder Henning Schulz hat, stellt schnell fest, dass hier etwas nicht so ganz stimmt. Henning malt zusammen mit einigen seiner Kollegen ein Glückwunsch-Schild über die Tür. Eine bunte Girlande wird von Henning und einem zweiten Polizisten oberhalb des Schildes, das weit über den Türrahmen ragt, festgehalten. Von dem dahinter befindlichen Raum kann niemand das Schild samt der Girlande sehen. In einer der nächsten Einstellungen allerdings ist die Kameraeinstellung so, als sei man in diesem dahinterliegenden Raum. Nun hängt auf einmal die Girlande unterhalb des Türrahmens. Zudem ist das Teilstück der Girlande grün – in der Einstellung davor waren nur die Farben blau, gelb und rot zu sehen. In der gleichen Folge spiegelt sich übrigens die so genannte Ton-Angel (Mikrofon, das an einer langen Halterung angebracht ist) in einem weißen Pkw. Das ein Mitarbeiter des Tons zu sehen ist, kommt beim Großstadtrevier einige Male vor. Wer genau hinschaut, sieht die Ton-Angel in dieser Folge sogar ein weiteres Mal: auch wieder in einem Pkw spiegelnd. In einigen Folgen sind Fehler bezogen auf die Tageszeit zu erkennen. Es kommt vor, dass ein Einsatz im Dunkeln beginnt und im Hellen endet – und dass, obwohl nur wenige Minuten vergangen sind...

In der „Großstadtrevier"-Folge „Radrennen" ist ein Wohnwagen von Studio Hamburg im Hintergrund zu sehen. Ob es nun ein Fehler im klassischen Sinne ist? – Zumindest aber ist es nicht gern gesehen, wenn eigene Produktionsfahrzeuge zu sehen sind. Bei dem Wohnwagen von Studio Hamburg handelt es sich um einen Aufenthaltswagen für Darsteller oder Mitarbeiter.

In der Folge „Nur wegen dir" ist ebenfalls ein Fehler erkennbar: Die beiden Streifenpolizisten Katja Metz und Ben Kessler verfolgen in ihrem Einsatzwagen Peter 14/2 eine männliche Person. Vor ihnen fährt ein blaues Kraftfahrzeug. Nach einem Schnitt in eine andere Perspektive haben beide plötzlich einen grünen Wagen vor sich.

In einer weiteren Folge des „Großstadtreviers" (Folge „Helden") wird ein Junge auf einer Fußgängerbrücke von Jugendlichen überfallen und schließlich zu Boden getreten. Dabei verliert der Junge seine Brille, die zu Bruch geht. Als ihn die Streifenwagenbesatzung Peter 14/2 nach Hause fährt, trägt er allerdings wieder seine Brille. In dem Zusammenhang noch ein kleiner Fehler: da es sich bei dem Jungen um ein Kind oder zumindest jungen Jugendlichen handelt, würden ihn echte Beamte der Polizei bis an die Haustür begleiten und dann den Eltern übergeben.

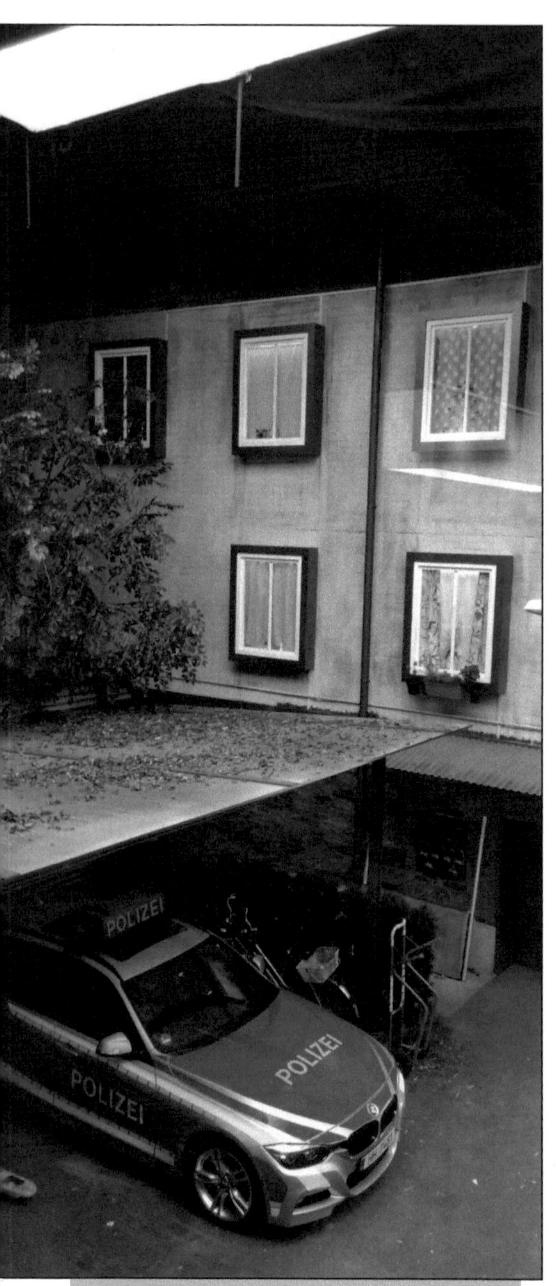

Gardinen hinter den Fenstern. Klingelschilder, Fahrräder – die Produktion achtet stets auf Authenzität. Auch im neuen Studio.

In der Folge steigt er aus dem Streifenwagen und ist auf sich allein gestellt.

In einer anderen Szene laufen Zivilfahnder Harry und Henning an Hamburgs Außenalster entlang. Im Hintergrund läuft eine Joggering in einem blauen Trainingsanzug von rechts nach links. Sie läuft also in Richtung des Wassers. In einer anderen Kameraeinstellung ist sie plötzlich verschwunden, obwohl sie noch zu sehen sein müsste. Wo ist die Joggerin?

In der Folge „Rampensau" wird die Mutter einer Tanzschülerin vorläufig festgenommen. Polizist Dirk Matthies hält die Mutter an einem Arm fest. „Sie brauchen mich nicht festzuhalten, ich laufe nicht davon", sagt sie zu dem Beamten, der sie daraufhin los lässt. Und dann passiert ein schwerer Fehler: Matthies lässt sie am Arm los, geht vor und kehrt ihr den Rücken zu und geht zum Streifenwagen. Sie läuft zwar artig hinter dem Polizisten hinterher – aber in der Realität kehren die Polizisten niemals einer festgenommenen Personen den Rücken zu. In der Folge „Jens 7 Jahre" fahren Dirk Matthies und Ellen Wegener mit dem Peterwagen Streife. Es fehlt mehrfach der Innenspiegel, wenn eine Nahaufnahme beider Polizisten zu sehen ist.

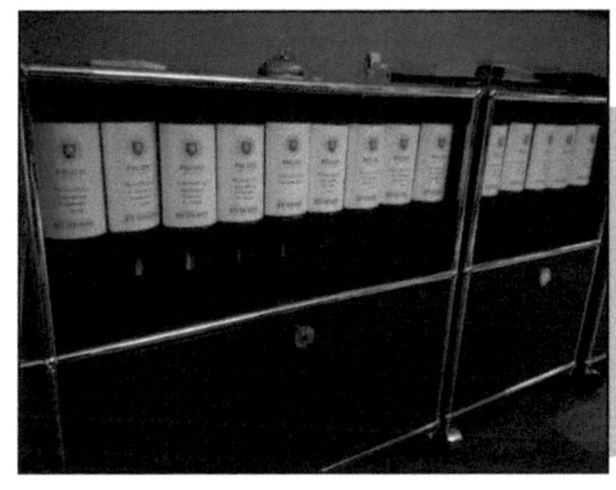

Aktenordner im Büro von Frau Küppers im neuen Kommissariat 14. Obwohl sie nur im Hintergrund zu sehen sind, achtet das Produktionsteam darauf, dass sie korrekt beschriftet sind.

Zudem fährt Neithardt Köhler auf seinem Motorrad ohne Helm in eine Tiefgarage, in der geschossen wird.

In der Folge „Aller Anfang ist schwer" (Episode 125) sagt Anna Bergman, dass sie Fußball nicht mag. In der Folge „Der Schwarze Sheriff" (Episode 144) sagt sie, dass sie früher im Fußballverein in Lüneburg gespielt hat. Nunja, natürlich kann man seine Meinung zum Thema Fußball innerhalb von 19 Folgen ändern. Aber komisch wirkt es gegenüber dem aufmerksamen Zuschauer dennoch.

Ein weiterer Fehler ist in der Folge „Des Sängers Hund" zu sehen. Allerdings erkennt man den Fehler nur, wenn man ganz genau hinschaut. Denn in dieser Folge heißt der Hausmeister Walter Wenzlawski. Auf dem Türschild zu seinem Büro steht allerdings R. Wenzlawski.

In der Folge „Spiel mit der Angst" ist ebenfalls ein Filmfehler zu sehen. Lothar Krüger sagt per Funkspruch zur Streifenwagenbesetzung mit Katja Metz und Dirk Matthies: „14/2 für Peter 14 kommen". Daraufhin antwortet Dirk Matthies mit „Peter 14/2 Anton hört". Es ist zwar nur eine Kleinigkeit, aber dennoch falsch. Richtig müsste es heißen: „Peter 14/2" hört. Das Wort „Anton" dahinter („A wie Anton") wird bei der Hamburger Polizei immer dann verwendet, wenn es sich um ein Handfunkgerät handelt. In diesem Falle spricht Dirk Matthies aber in ein Dienstfunkgerät, welches im Streifenwagen Peter 14/2 eingebaut und somit fest installiert ist. Hinterher ist schließlich der korrekte Funkspruch zu hören: „14 für 14/2. Wir übernehmen." Diesmal ohne den Zusatz „Anton".

Auch in der Folge „Showdown im Revier", eine der spannendsten der bislang ausgestrahlten 438 Folgen, gibt es einen Filmfehler. Da steht ein Mitglied der Maffia mit einem Maschinengewehr am Fenster einer gegenüberliegenden Wohnung des Kommissariats 14. Schussbereit sitzt er am Fenster und wartet, bis ein Gefangener aus dem Polizeikommissariat 14 kommt und in einen so genannten Gast-KW (Gefangenentransporter der Polizei, Gast-KW deshalb, weil es sich um „Gäste" der Polizei handelt) gebracht wird. Auch wenn so ein Maschinengewehr problemlos durch eine Fensterscheibe schießen kann, stellt sich hier die Frage, warum das Fenster nicht (zumindest einen Spalt weit) geöffnet ist. Niemand setzt sich der Gefahr aus, durch splitterndes Glas verletzt zu werden. Aber davon mal abgesehen, wird plötzlich die Wohnung von einer Einheit des Mobilen Einsatzkommandos (MEK) gestürmt. Es wird eine so genannte Blend- oder Schockgranate in dem Zimmer gezündet, um den Straftäter auszuschalten. Der Zuschauer sieht einen hellen Blitz und hört zeitgleich einen Knall. Relativ unrealistisch ist allerdings, dass quasi sofort wieder klare Sichtverhältnisse in dem Raum herrschen und die Person auf dem Boden liegend festgenommen wird.

In der 323. Folge („Große Wünsche, kleine Träume") ist ebenfalls ein Fehler zu verzeichnen. Der Fall: In die Wohnung der Schümanns ist eingebrochen worden. Es wurde Schmuck im Wert von 20.000 Euro ist geklaut – alles Erbstücke seiner Frau, wie Sven Schümann gegenüber der Polizei angibt. Da die Wohnung nicht gerade auf reiche Beute schließen lässt, muss der Täter ganz gezielt nach dem Schmuck gesucht haben. Als sich ein Juwelier im 14. Kommissariat meldet und bekannt gibt, dass gerade eine Kundin versucht, den Schmuck zu verkaufen, scheint der Fall gelöst. Die Streifenpolizisten Dirk Matthies und Anna Bergmann nehmen noch im Juweliergeschäft die hochschwangere Marina Hill vorläufig fest. Marina Hill, eine alte Bekannte von Dirk, beteuert, den Schmuck von einem Freier geschenkt bekommen zu haben. Sie behauptet zudem, den Namen des Freiers nicht zu kennen. Eine wenig glaubwürdige Geschichte, aber als Täterin kommt die hochschwangere Marina nicht in Betracht. Der Fehler: auch wenn ein mutmaßlicher Straftäter den Polizisten persönlich bekannt ist, so wird er – zumindest in der Hansestadt Hamburg – zunächst zum nächstgelegenen Kommissariat gebracht. Dort werden die Daten aufgenommen und eine eventuelle Aussage protokoliert. Dann geht es in der Regel für einen vorläufig Festgenommenen mit einem Gefangenentransporter ins Polizeipräsidium. Dort wird der mutmaßliche Straftäter erkennungsmäßig erfasst. Das heißt, es werden aktuelle Fotos aufgenommen, Fingerabdrücke genommen und Merkmale am Körper beäugt.

Dass ein mutmaßlicher Straftäter mit Diebes-

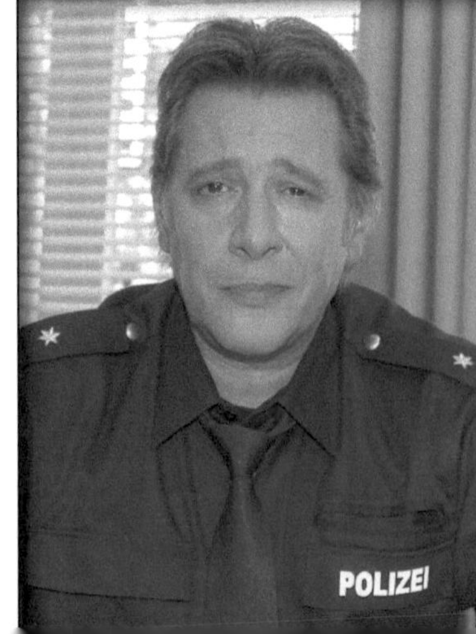

Jan Fedder ist seit Folge 37 (1991) als Polizist Dirk Matthies zu sehen.

gut (in diesem Fall Schmuck im Werte von etwa 20.000 Euro) vorgefunden und dann noch vor Ort entlassen wird, wie es in dieser Folge der Fall ist, kommt in der Wirklichkeit (zumindest nicht oft!) nicht vor. Immerhin nimmt Dirk Matthies den Schmuck an sich...

Apropos Dirk Matthies: bei seinem Einstieg in der Episode „Der Neue" schreit Ellen Wegener den Namen eines Pkw-Halters quer über die Straße. „Der Wagen ist zugelassen auf Theo Wohlers". Zwar gab es in den 1980 und 90er Jahren keine so strengen Datenschutzbestimmungen wie heute, aber verboten war das schon damals. Ein Polizist durfte auch früher keine personenbezogene Daten einem Kollegen mitteilen, wenn Dritte mithören können. Auch wieder ein Filmfehler.

Soweit an dieser Stelle ein kleiner Abriss von Filmfehlern, die in den vergangenen 33 Jahren in den bisher 447 ausgestrahlten Folgen des „Großstadtreviers" vorgekommen sind. Wie eingangs erläutert, findet ein jeder Fehler, wenn er danach sucht. Manche Filmfehler sind ganz offensichtlich, manche erst nach mehrmaligem Anschauen einzelner Folgen ersichtlich. Wiederum einige Filmfehler wurden quasi absichtlich gemacht, damit es im Fernsehen besser aussieht. Wie auch immer: die Zuschauer sind meist erfreut, wenn sie einen Fehler entdecken. „Ach, die Leute vom Film wieder" – fällt oftmals als Kommentar...

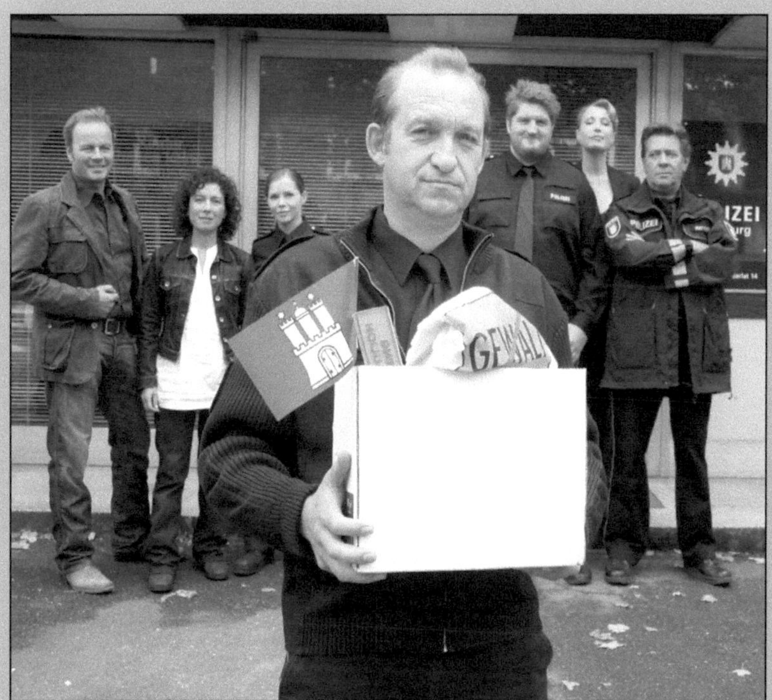

Till Demtrøder, Maria Ketikidou, Sophie Moser, Peter Heinrich Brix, Marc Zwinz, Saskia Fischer und Jan Fedder (von links) vor dem alten Kommissariat 14 in der Mendelssohnstraße in Bahrenfeld.

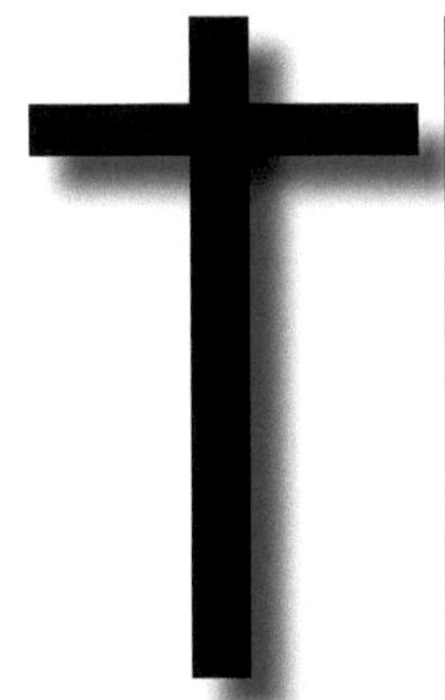

Am 6. August 1992 starb unerwartet während der Dreharbeiten der Folge 55 („Zapfenstreich") Schauspieler **Kay Sabban**. Er spielte den Motorradpolizisten Neithardt Köhler (von 1986-1992). Seine Schauspielkollegen widmeten ihm obige Folge, in deren Vorspann mit einem Widmungstext an ihn erinnert wird. Die Rolle des Motorradpolizisten wurde seit des Todes von Kay Sabban nicht wieder besetzt. Es steht zwar in aktuelleren Folgen ein Polizeimotorrad vor dem Kommissariat, allerdings mehr oder weniger zur Zierde. Die Grabstätte von Kay Sabban befindet sich auf dem Friedhof Ohlsdorf in Hamburg unweit von Jan Fedder (Seite 225).

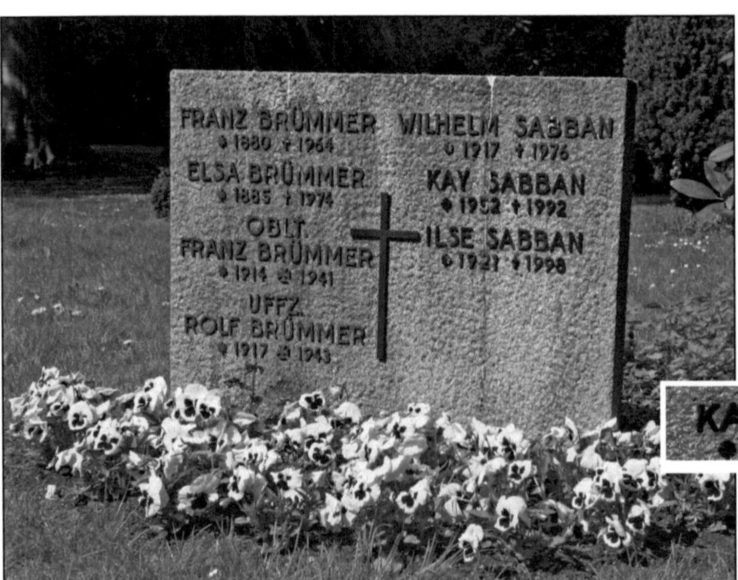

Das Grab von Kay Sabban.

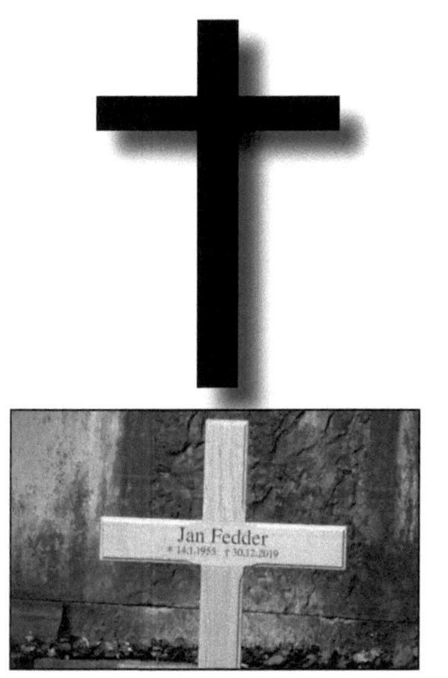

Eigentlich waren viele Menschen am 30. Dezember 2019 in Feierlaune – schließlich stand die Jahreswende 2019/2020 unmittelbar bevor. Doch leider tickerte am Abend eine traurige Nachricht ins Internet und in die Nachrichtensendungen in Radio und Fernsehen: Schauspieler und Urgestein der Polizeiserie „Großstadtrevier", **Jan Fedder**, ist gestorben. Der beliebteste Schauspieler des Nordens (ermittelt im Jahr 2008 durch den NDR) starb im Alter von 64 Jahren in seiner Hamburger Wohnung im Stadtteil St. Pauli. Neben seiner Wohnung nahe der Stresemannstraße wohnte er mit Ehefrau Marion (seit 2000 verheiratet) noch auf einem Bauernhof in der Nähe von Itzehoe in Schleswig-Holstein. Am 14. Januar 2020 wäre der Schauspieler 65 Jahre alt geworden. Wie die Hamburger Polizei gegenüber der Deutschen Presseagentur (DPA) bestätigte: „Um 18.47 Uhr ist der Hamburger Ehrenkommissar Jan Fedder tot in seiner Wohnung gefunden worden". Einzelheiten zum Tode des Ehrenkommissars der Hamburger und Schleswig-Holsteiner Polizei sind nicht bekannt. Jan Fedder spielte mit Peter Heinrich Brix in der Serie „Neues aus Büttenwarder" die Hauptrolle. Seine erste größere Rolle hatte Fedder 1981 in dem Film „Das Boot". 1987 wirkte er in der Serie „Der Landarzt" mit. Fedder spielte auch in Verfilmungen nach Stoffen von Siegfried Lenz – unter anderem „Der Mann im Strom". Im Kino war er 2009 in Fatih Akins Komödie Soul Kitchen zu sehen.Der 64-jährige Hamburger war seit einigen Jahren schwer krank. 2012 wurde bei ihm eine Vorstufe eines Mundhöhlenkarzinoms festgestellt. Zusätzlich litt Fedder in den darauffolgenden Jahren unter mehreren Knochenbrüchen und Entzündungen im Körper. Zuletzt konnte er kaum gehen, musste im Rollstuhl zum Set gefahren werden. Bei Dreharbeiten konnte er kaum über längere Zeit stehen. Dennoch gab der Charakter-Schauspieler nicht auf und spielte in den vergangenen Jahren immer wieder in Serien und Filmen mit. Am 14. Januar 2020, dem eigentlichen 65. Geburtstag Fedders, gab es eine Trauerfeier im Hamburger Michel. Zwei Tage später wurde er im engsten Freundes- und Familienkreis auf dem Friedhof Ohlsdorf beigesetzt (Foto oben).

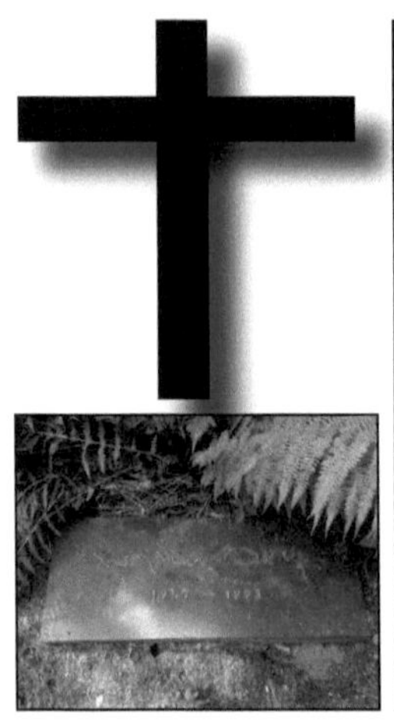

Wilfried Dotzel führte in elf Folgen Regie bei den Dreharbeiten fürs „Großstadtrevier". Außerdem schrieb er für zwei Episoden das Drehbuch. Nach einem Studium der Theaterwissenschaften, Politologie und Geschichte ging er 1974 als Autor und Regisseur zum Fernsehen. Einen Namen machte sich Dotzel auch als Regisseur bei „Zwei Münchner in Hamburg", „Der Hausgeist" und beispielsweise „Kümo Henriette". Im November 1993 verstarb Wilfried Dotzel nach schwerer Krankheit im Alter von nur 46 Jahren in Hamburg. Er wurde auf dem Friedhof Ohlsdorf in Hamburg beigesetzt.

Am 10. Januar 2010 starb **Peter Neusser** im Alter von 77 Jahren in Berlin. Im „Großstadtrevier" spielte er in den Staffeln 1 bis 17 den Revierleiter Rolf Bogner. Peter Neusser wurde am 30. Juni 1932 in Wien geboren und war neben der Schauspielerei auch als Synchronsprecher tätig. Sein Filmdebüt hatte Peter Neusser 1956 in dem Spielfilm „Kaiserjäger". Von 1986 bis 2003 (192 Folgen) stand er als Rolf Bogner fürs „Großstadtrevier" vor der Kamera und war damit der erste Revierleiter. Den Zuschauern ist er als vorschriftenkonform, korrekt und ernst bekannt. Wenn es aber hart auf hart kommt, so stellt er sich stets vor sein Team.

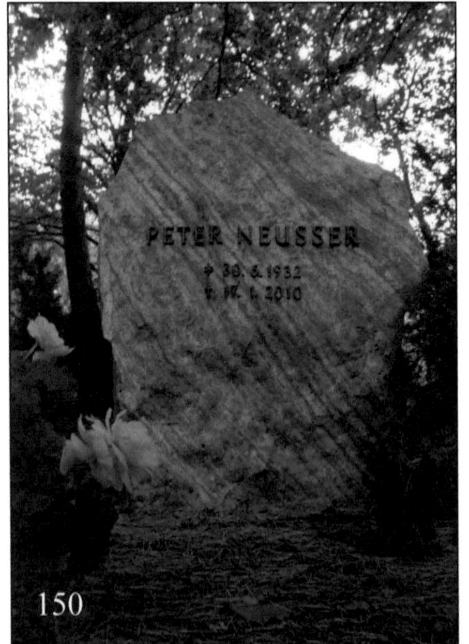

Zu sehen war Peter Neusser unter anderem in Serien wie „Derrick", „Ein Fall für Zwei", „Der Alte", „Detektivbüro Roth", „Wenn der Vater mit dem Sohne", „Wolffs Revier" oder beispielsweise „Berliner Weiße mit Schuß".
Privat hatte Peter Neusser seinen Hauptwohnsitz zuletzt in der Spanischen Allee im Stadtteil Nikolassee in Berlin. Er starb nach schwerer Krankheit am 17. Januar 2010. Beigesetzt wurde er auf dem Waldfriedhof Zehlendorf in Berlin. Dort erinnert ein Grabstein an ihn.

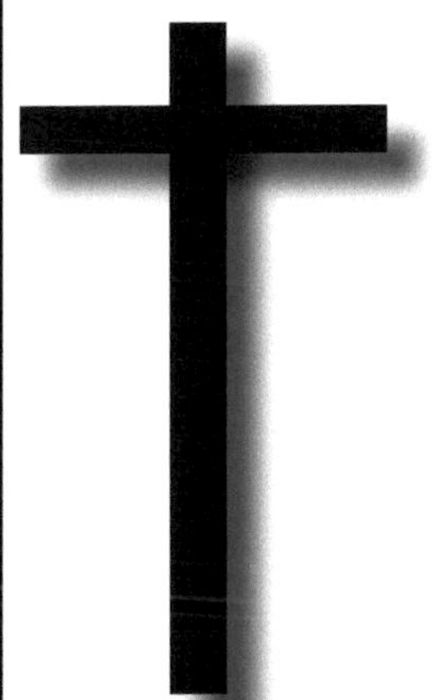

Mareike Carrière starb am 17. März 2014, dem Tag, an dem ihr Vater seinen 93. Geburtstag feierte, im Alter von 59 Jahren in einem Krankenhaus in Kassel (offizielle Stellungnahme ihrer Managerin: im Kreise ihrer Familie in Hamburg) an den Folgen ihrer Krebserkrankung.

Mareike Carrière wurde 1986 die erste Streifenpolizistin im deutschen Fernsehen (nachdem es zuvor bereits weibliche Kommissare gegeben hatte, wie beispielsweise in der Krimireihe „Tatort") an der Seite von Arthur Brauss in der Serie „Großstadtrevier". Sie hatte zuvor bei der Polizei hospitiert und Karate und Schießen gelernt. In den Folgen 1 bis 62 spielte Mareike Carrière Polizeiobermeisterin Ellen Wegener. In der Folge „Ellens Abschied 2" stirbt Ellen Wegener einen dramatischen Serientod. Dass Schauspielerin Mareike Carrière wenige Jahre später in der Realität stirbt, ist noch immer unfassbar...

Jürgen Roland, Erfinder der Serie, verstarb im Jahr 2007. Jürgen Roland schrieb unter anderem mit „Stahlnetz" und „Dem Täter auf der Spur" deutsche Fernsehgeschichte und schlug im Jahr 1986 mit dem „Großstadtrevier" ein neues TV-Kapitel auf. Der gebürtige Hamburger führte in der Serie 47 mal Regie, schrieb Drehbücher und Stand

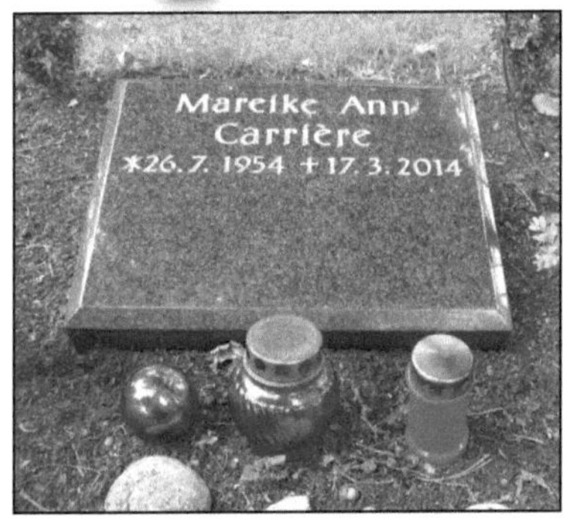

auch als Statist und Kleindarsteller für die Serie selbst vor der Kamera. Jürgen Roland verstarb am 21. September 2007 im Alter von 81 Jahren nach langer Krankheit. Die Grabstätte befindet sich auf dem Friedhof Ohlsdorf in Hamburg.

Seit 1986 erfolgreich: das „Großstadtrevier" Von 1995-2009 dabei: Peter Heinrich Brix

Er kam erst spät zur Schauspielerei, spielte sich dann aber als norddeutscher Volksschauspieler in Rollen wie der des Polizisten Lothar Krüger aus dem „Großstadtrevier" schnell in die Herzen der Zuschauer: Peter Heinrich Brix. Am 13. Mai 1955 wurde Brix in Flensburg geboren und wuchs auf dem elterlichen Bauernhof in Angeln (Kreis Schleswig-Flensburg) auf und absolvierte nach der Schulzeit zunächst eine Ausbildung zum staatlich geprüften Landwirt. Nach einem ersten Theaterauftritt im Rahmen eines Feuerwehrfestes fand er Gefallen an der Schauspielerei, spielte an der Niederdeutschen Bühne (NDB) in Flensburg Mundart-Theater. Parallel arbeitete er aber als Landwirt weiter. Ende der 1980er-Jahre machte er die Schauspielerei endgültig zu seinem Beruf und zog von Flensburg nach Hamburg, nahm in der Hansestadt privaten Schauspielunterricht. Im Interview gibt Schauspieler Peter Heinrich Brix, der 14 Jahre als Lothar Krüger im „Großstadtrevier" war, einige private Details bekannt...

Eine rhetorische Frage gleich zu Beginn: Bereust Du den Schritt von damals, dass Du Deinen Bauernhof hingeschmissen hast?

Nein, ganz im Gegenteil. Ich bin ein zufriedener Mensch, der sich in seinem Beruf und privat richtig wohl fühlt. Ich habe damals genau richtig gehandelt.

Was hat sich denn für Dich seitdem verändert?

Alles. Das gesamte Umfeld, der Freundeskreis, der Arbeitsalltag – es hat sich alles verändert. Ich reise beruflich durch ganz Deutschland, bin sehr viel unterwegs – da bleibt für alte Kumpel von damals nicht viel Zeit. Es sind zwei ganz unterschiedliche Leben für mich.

Vermisst Du das erste Leben nicht ein wenig? Kommt bei dir nicht auch ein wenig Heimweh auf?

Ich wohne seit 1989 in Hamburg und habe mich so richtig eingelebt. Hamburg und Angeln, das Gebiet im Norden Schleswig-Holsteins in dem ich aufgewachsen bin, ist von der Entfernung her nicht so weit auseinander – beides Norddeutschland. Zudem fahre ich öfter am Wochenende nach Angeln.

Du als gebürtiger Flensburger: machst Du gerne Urlaub im nördlichsten Bundesland?

So oft denke ich gar nicht an Urlaub. Ich freue mich schon, wenn ich in meinem Garten sitze. Aber wenn ich oben in Angeln bin, kommt es mir schon wie Urlaub vor. Von daher...(lacht)

Ein Drehtag dauert mitunter zehn oder mehr Stunden. So etwas schlaucht doch mit Sicherheit. Wie kompensierst Du das?

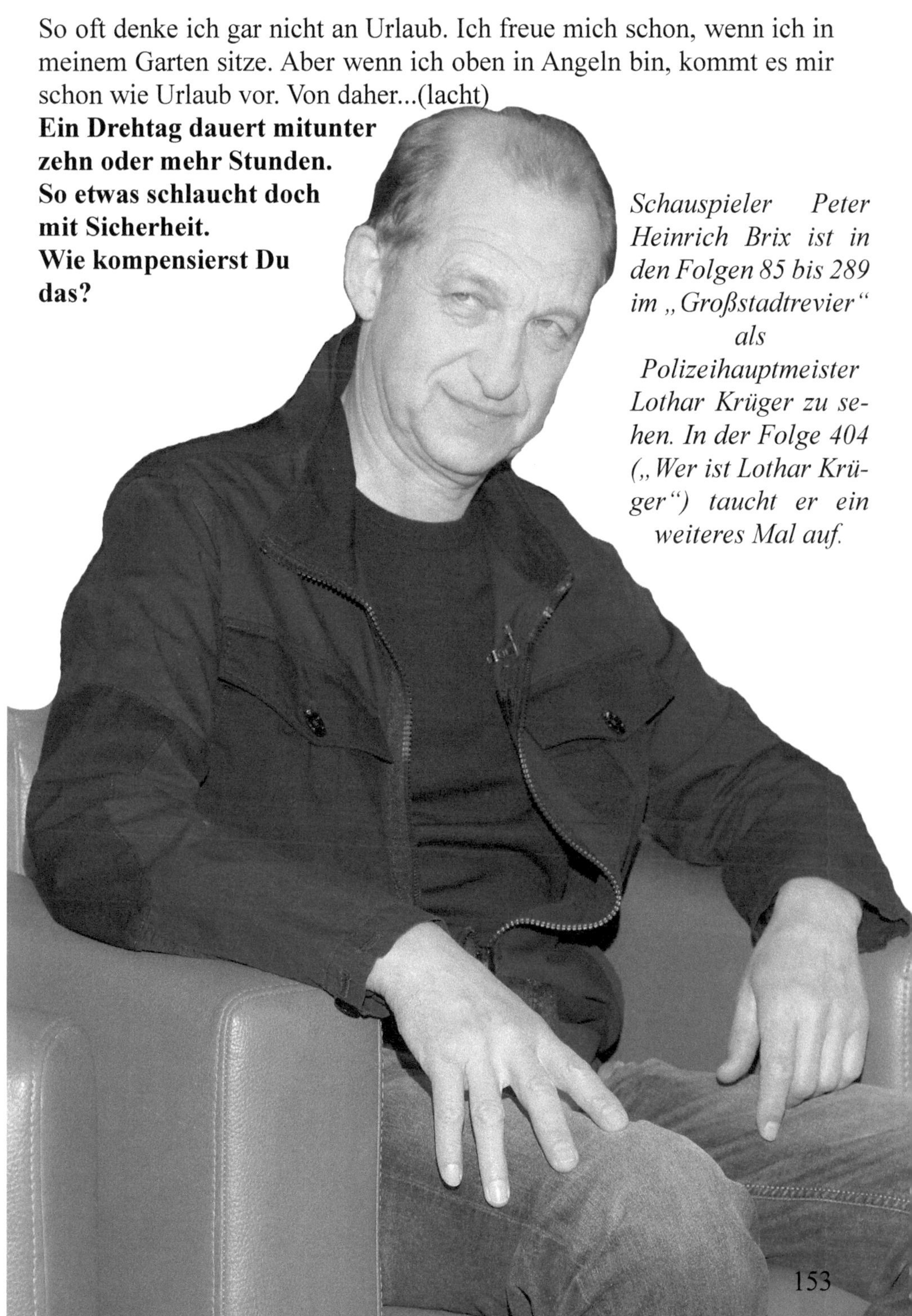

Schauspieler Peter Heinrich Brix ist in den Folgen 85 bis 289 im „Großstadtrevier" als Polizeihauptmeister Lothar Krüger zu se-hen. In der Folge 404 („Wer ist Lothar Krü-ger") taucht er ein weiteres Mal auf.

Ich bin gern allein. Nach der Arbeit fahre ich viel Fahrrad und gehe spazieren. Dabei kann ich so richtig abschalten. Wenn ich in Angeln bin, gibt es für mich nichts Schöneres, als am Knick entlang zu laufen. Und ich hacke gern Holz für meinen Kaminofen – auch dabei kann ich bestens abschalten.

Ob Kommissar Geiger in "Pfarrer Braun" oder Lothar Krüger im Dauerbrenner "Großstadtrevier" – Immer wieder sehen wir Dich als Polizisten im Fernsehen. Bleibt das auch in Zukunft so?

Nach so vielen Jahren „Großstadtrevier" habe ich den Polizisten Lothar Krüger natürlich auf der Stirn. Ob es auch in Zukunft weitere Rollen als Polizeibeamten gibt, müssen wir mal sehen. Aber mir machen die bisherigen Rollen als Polizisten viel Spaß.

Wie ist das Verhältnis zur "echten" Polizei?

Ich bin in Hamburg bekannt, das kann ich sagen. Werde ich von der Polizei kontrolliert (was selten vorkommt), brauche ich keinen Ausweis vorzuzeigen. Ich habe ein gutes Verhältnis zur Hamburger Polizei. Die Beamten grüßen mich immer sehr nett.

Halten Dich die Leute auf der Straße für einen echten Polizisten?

Das kommt schon mal vor. Neulich fragte mich eine Frau etwas und auf einmal fiel es ihr ein, dass ich kein echter Polizist bin. Sie hat sofort ihre Hand peinlich berührt vors Gesicht gehalten und sich entschuldigt.

Kommst Du eigentlich selbst auch zum Fernsehgucken? Wenn ja, gibt es eine Lieblingsserie / Lieblingsfilm?

Das Problem bei mir: Ich schau kaum eine Serie oder einen Film zuende an. Meist sehe ich analytisch einen Ausschnitt, um zu sehen welcher Schauspielkollege dabei ist. Gern schau ich mir Dokumentationen und politische Sendungen an.

Ich danke Dir fürs Gespräch.

Peter Heinrich Brix ist in den Folgen 85 bis 289 im „Großstadtrevier" als Polizeihauptmeister Lothar Krüger zu sehen.

Maria Ketikidou: „Ich bereue es fast, dass ich kein Uniformträger bin"

Maria Ketikidou spielt in der Serie die Zivilfahnderin Hariklia „Harry" Möller – und das schon seit der 64. Folge („Kein Tag wie jeder andere"). Die Schauspielerin, die jahrelang am Mittelweg im Hamburger Stadtteil Rotherbaum lebte, gibt sich in einem Kurzinterview ganz persönlich...

Wie gefallen Dir die blauen Uniformen der Hamburger Polizei?

Ich finde sie super, modisch und einfach chic. Die Beamten tragen die Uniform sehr selbstbewusst. Sie macht jung und schlank.

Seit Februar 2007 tragen auch die Beamten des 14. Reviers blaue Uniformen – Du gehörst nicht dazu…

Leider. Zum ersten Mal bereue ich es fast, dass ich kein Uniformträger bin. Ich spiele eine Zivilpolizistin und kann schon fast sagen, dass ich es sehr schade finde. Das Blau würde mir bestimmt auch gut stehen. (lacht)

Wie wirst Du auf der Straße angesprochen?

Mit Harry. „Da kommt die Harry" – höre ich fast täglich, wenn ich irgendwo auf der Straße erkannt werde. Aber das ist angenehm. Ich finde es schön, wenn man mich erkennt. Ich sehe es als Kompliment an, wenn jemand mich mit meiner Serienrolle anspricht.

Welche persönlichen Erfahrungen hast Du mit „echten" Polizisten gemacht?

Ich bin schon mal als Jugendliche ohne Licht mit dem Fahrrad unterwegs gewesen oder fuhr auch schon mal ein frisiertes Mofa. Da wurde dann der Zeigefinger gehoben und mir war das peinlich. Aber jetzt sind die Polizisten alle sehr freundlich zu mir.

Wie findest Du den neuen Vorspann der Serie „Großstadtrevier"?

Einfach klasse. Er ist wirklich originell gemacht worden. Ich glaube, er kommt bei den Zuschauern sehr gut an. Er ist frischer, schneller und einfach toll anzuhören. Der Text und Melodie sind ja gleich geblieben – die Titelmelodie wurde nur etwas modernisiert. Ich find es echt toll!

Wie oft siehst Du das Großstadtrevier selbst?

Ganz selten, weil ich meist arbeite. Aber in den Dritten Programmen werden ja die älteren Folgen abends wiederholt. Die schau ich mir gelegentlich an.

Was glaubst Du, warum ist das „Großstadtrevier" so erfolgreich?

Sie ist authentisch. Viele unserer Komparsen sind echte Polizisten und geben uns Tipps. So etwas kommt an bei den Zuschauern. Auch die Geschichten sind niveauvoll, witzig und nett gemacht. Wir haben außerdem, denke ich, wirklich gute Drehbuchautoren.

Beschreibe doch bitte einmal einen „normalen" Drehtag im Revier.

Wir beginnen meist früh morgens. Die Techniker, Beleuchter und alle anderen Crew-Mitglieder bauen auf. Schon beim Eintreffen weiterer Schauspielkollegen beginnt es, am Set spaßig und lustig zu werden. Wir haben alle zusammen wirklich viel Spaß an den Drehtagen. Natürlich ist es harte Arbeit, seine Texte zu lernen und dann vor der Kamera vorzutragen – mit so einem lockeren und tollem Team ist das aber einfach klasse.

Nun dreht ihr ja nicht nur in der Wache in Hamburg-Bahrenfeld, sondern in ganz Hamburg verstreut. Gibt es einen Lieblingsplatz?

Ich finde den gesamten Hamburger Hafen einfach super. Oft sind wir an den Landungsbrücken oder in der Speicherstadt zugange. Da gefällt es mir am schönsten.

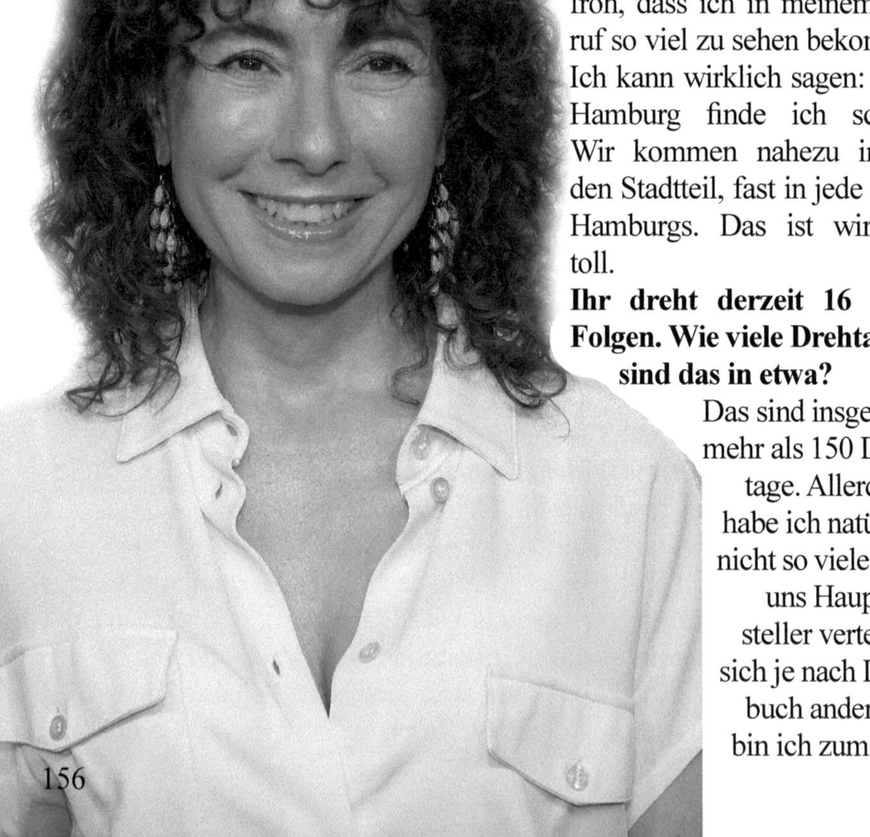

Aber Hamburg hat so viele tolle Plätze und ich bin wirklich froh, dass ich in meinem Beruf so viel zu sehen bekomme. Ich kann wirklich sagen: ganz Hamburg finde ich schön! Wir kommen nahezu in jeden Stadtteil, fast in jede Ecke Hamburgs. Das ist wirklich toll.

Ihr dreht derzeit 16 neue Folgen. Wie viele Drehtage sind das in etwa?

Das sind insgesamt mehr als 150 Drehtage. Allerdings habe ich natürlich nicht so viele – für uns Hauptdarsteller verteilt es sich je nach Drehbuch anders. So bin ich zum Bei-

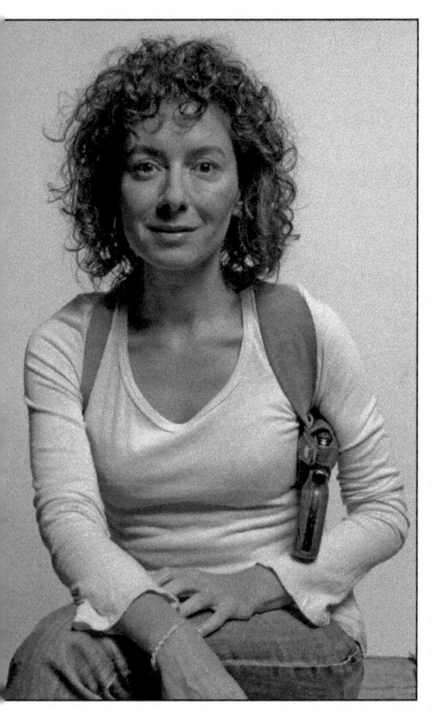

spiel nicht bei allen Innenaufnahmen im Revier dabei. Fürs Team sieht es anders aus: die haben 150 Drehtage tagein und tagaus. Appropos Team: Film bedeutet Team- und Zusammenarbeit. Das liebe ich besonders an meinem Job.

Gab es mal Momente, wo Du aus der Serie aussteigen wolltest?

Diese Frage kann ich definitiv mit Nein beantworten. Die Schauspielerei kann einen zwar regelrecht auffressen – aber dass ich meine Rolle komplett hinschmeißen wollte, kam nicht vor. Ich bin schon so lange dabei und im Laufe der Zeit habe ich ja quasi immer mit denselben Leuten gearbeitet und kennengelernt. Also von daher kam es noch nicht vor, dass ich aus der Serie aussteigen wollte und mich die Drehbuchautoren rausschreiben mussten. Natürlich gibt es aber immer mal wieder Tage, wo man generell keine Lust auf seinen Job hat. Das ist aber menschlich und völlig normal.

Einige Deiner Kollegen haben vor ihrem Einstieg beim „Großstadtrevier" ein Schupperpraktikum bei der Polizei gemacht. Du auch?

Ja, zu Beginn durfte ich tatsächlich mehrmals auf Streifenfahrt gehen – das war für mich sehr lehrreich. Und in Alsterdorf war ich im Polizeipräsidium und konnte mir alles anschauen, da konnte ich eine Menge für meine Arbeit lernen. Was mir auch sehr gefallen hat war der Schießunterricht. Da habe ich gelernt, wie ich eine Waffe richtig zu halten habe.

Wie machst Du das mit dem Texte-Lernen?

Das gehört zu dem Beruf des Schauspielers dazu, das ist ganz normale Schauspiel-Arbeit. Ich schaue mir an freien Tagen immer wieder die neuen Texte an, aber ich habe keine bestimmte Technik.

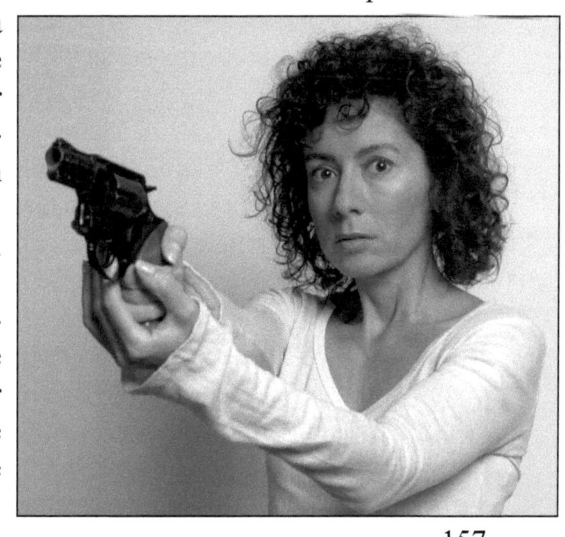

Sophie Moser als Polizeischülerin Nicole Beck: „Jede Menge Wirbel im 14. Revier"

In den Folgen 245 bis 326 (Staffel 21 bis 25) taucht Darstellerin Sophie Moser als Polizeischülerin Nicole Beck im „Großstadtrevier" auf und macht im Rahmen ihrer Ausbildung zunächst ein Praktikum auf der Hamburger Wache 14. Die zu den Dreharbeiten in den Jahren 2006 bis 2011 Anfang 20-jährige Schauspielerin Sophie Moser machte nicht nur als Darstellerin einen Namen, sondern begeisterte auch als Violinistin zahlreiche Menschen. In der Folge „Der Straßenmusikant" (Episode 259) wird ihr musikalsiches Talent sogar thematisiert. Bei einem Pressetermin in Hamburg hatte der Autor die Möglichkeit, ein kurzes Gespräch mit Sophie Moser zu führen.

Sophie, Du spielst in der Serie „Großstadtrevier" eine junge Polizeischülerin. Beschreib doch einmal die Rolle der Nicole Beck.

Nicole? Das sagt so gut wie niemand von den Kollegen! Alle nennen sie Nicki (lacht). Nicki macht im Rahmen ihrer Ausbildung das so genannte Praktikumsjahr auf dem 14. Revier und mischt dieses erst mal auf. Sie hat noch keine Erfahrungen im praktischen Polizeialltag – wird aber von den Kollegen und insbesondere von Lothar Krüger in den Alltag integriert. Ihre neuen Situationen meistert Nicki souverän, schießt aber durch ihre selbstsichere Art manches Mal übers Ziel hinaus. Mit ihrer Art sorgt sie immer wieder für jede Menge Wirbel im 14. Revier.

Steckt auch etwas von Polizistin „Nicki" in der Person Sophie Moser?

Klar. Nicki ist – genauso wie ich – sehr kommunikativ und vor allem weltoffen. Außerdem interessiert sie sich für andere Menschen und fremden Kulturen. Nicki ist außerdem eine sehr spontane und menschliche Person. Also Polizistin Nicki hat eine ganze Menge von mir, das kann ich schon sagen.

In einer Sache gibt es allerdings einen großen Unterschied: Ich bin eher ein überlegter Mensch. Nicki macht sich nicht immer tausend Gedanken um alles und jeden, sondern handelt meist aus dem Bauch heraus. Es gibt Momente, in denen ich mir wünsche, ich hätte diese Art von ihr. Vielleicht wird es ja noch was (lacht).

Du bist fürs „Großstadtrevier" extra aus Nordrhein-Westfalen nach Hamburg gezogen. Wie gefällt Dir die Hansestadt?

Mir gefällt Hamburg unglaublich gut. Ich lebe sehr gern hier. Im Schanzenviertel habe ich eine gemütliche Wohnung gefunden. Aber die Wohnungssuche war wirklich schwierig. Als ich auf mein Musikinstrument hingewiesen habe, wollte mich zuerst keiner der Vermieter im Haus haben. Aber dann hatte ich Glück: in meiner jetzigen Wohnung kann ich ungestört auf der Violine spielen und üben. Bisher kamen keine Beschwerden (lacht).

So ein Drehtag schlaucht ja doch ziemlich und ist anstrengend. Wie gleichst Du das nach Feierabend aus?

Es gibt Drehtage, die tatsächlich anstrengend und vor allem lang sein können. In meiner Freizeit gehe ich einmal in der Woche zum Tanzunterricht. Das ist ein sehr guter Ausgleich – früher habe ich fünf Jahre lang Leistungsschwimmen gemacht.

Wie hast Du Dich auf die Rolle der Polizistin Nicki Beck vorbereitet?

Von der Polizei Hamburg bekommen wir Angebote mitzufahren und den „echten" Streifenpolizisten über die Schulter zu schauen. Und wir können auch an einem Schießunterricht beziehungsweise an einem Training, wie man mit der Waffe richtig umgeht, teilnehmen.

Wolltest Du vor deiner Karriere als Schauspielerin Polizistin werden?

Ich habe mich eigentlich immer für Gesetze und Jura interessiert. Und mir macht es auch riesig Spaß, hier in der Serie eine Uniform zu tragen. Aber ob ich als Polizistin arbeiten würde oder wollte, glaube ich eher nicht...

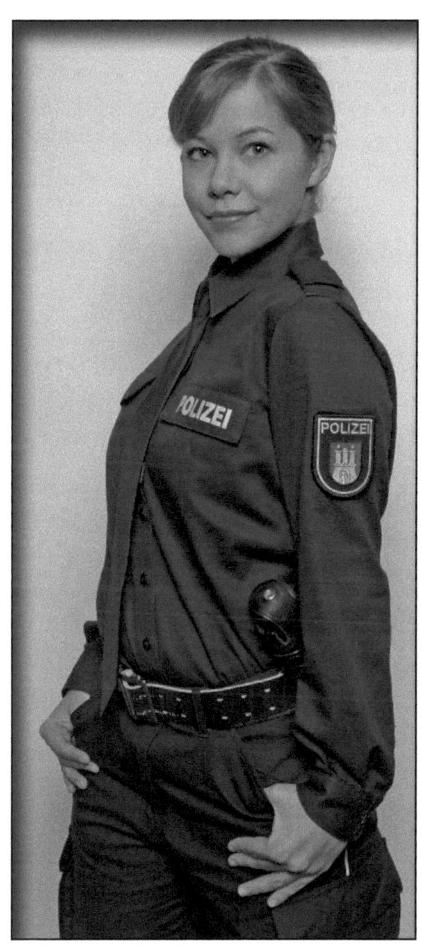

Sophie Moser ist im „Großstadt-revier" als Polizeimeisterin Nicole „Nicki" Beck in den Folgen 245 bis 326 zu sehen.

Till Demtrøder als Henning Schulz: „Mich reizt die Authenzität der Serie"

Er gehört zweifelsohne zu den meist beschäftigten Schauspielern Deutschlands: Till Demtrøder. Über 20 Jahre lang spielte er im „Großstadtrevier" den Polizisten Henning Schulz (anfangs Schutz-, danach Zivilpolizist). Dieses Interview entstand, als Till Demtrøder noch Zivilfahnder im 14. Kommissariat war.

Till, das „Großstadtrevier" läuft bereits seit 1986 im Fernsehen. Wie oft schaust Du es dir selbst an?

Ehrlich gesagt: ganz selten. Ich bin viel unterwegs, arbeite viel und komme wirklich sehr selten zum Fernsehschauen. Abends in der Wiederholung kommt es mal vor, dass ich eine Folge anschaue. Das ist aber wirklich selten.

Du bist als Zivilfahnder „Hennig Schulz" zusammen mit Kollegin „Harry Möller" in der Polizeiserie zu sehen. Was reizt dich an dieser Serie?

Die Authenzität reizt mich. Wir erzählen heitere, spannende und vor allem realtitätsnahe Geschichten in und aus Hamburg. Mit der Serie kann ich mich zu nahezu 100 Prozent identifizieren. Es ist eine echt tolle Serie und ich bin stolz als Darsteller dabei sein zu können.

Ihr dreht in Hamburg und Umgebung. Wird der Drehort nicht langweilig?

Es ist erstaunlich: Obwohl wir tatsächlich schon in fast jedem Stadtteil gedreht haben, gibt es in Hamburg noch immer sehr viele Plätze und Orte, die einfach neu sind. Es macht einen riesigen Spaß meine Heimatstadt von immer anderen Plätzen zu erleben. Bis ich ganz Hamburg kennen gelernt habe, dauert es noch lange. Also der Drehort Hamburg wird mir keinesfalls langweilig.

Du bist viel unterwegs. Wo macht Dir das Drehen am meisten Spaß?

Ach, mir gefällt es überall dort, wo ich gerade bin. Die Schleiregion ist schön, genauso aber auch die Drehorte auf Rügen. Natürlich auch meine Heimatstadt Hamburg! Aber davon mal ganz abgesehen, wenn ich mit meiner Familie Urlaub mache, dann gefällt mir wohl die Ostseeküste in Mecklenburg-Vorpommern am schönsten (lacht).

Nun bist Du aber nicht nur vor der Kamera, sondern agierst auch als Synchronsprecher. Was macht Dir mehr Spaß?

Da ich ja Abwechslung brauche: beides. Es wäre mir zu langweilig, wür-
de ich nur vor der Kamera stehen. Gleiches gilt für die Synchronisation:
Ich glaube ich würde eingehen, würde ich nur Texte in einem kleinen
Studio synchronisieren. Die Mischung macht es und deshalb macht mir
beides sehr viel Spaß.

**Wenn Du privat unterwegs bist, wie sprechen Dich die Menschen
an?**

Es ist tatsächlich der Satz „Sie sind doch der
Polizist aus dem Großstadtrevier" am häufigsten
zu hören. Ich habe mich mittlerweile daran
gewöhnt. Als ich noch in Uniform gedreht
habe, war das noch sehr viel extremer
und ich wurde oft irrtümlich für einen
echten Polizisten gehalten. Ich bekomme
ab und zu Fanpost mit „dienstlichen"
Anliegen. Es ist schon Wahnsinn,
wie glaubwürdig wir in der
Polizeiserie zum Teil rüber kommen.

**War eigentlich Schauspieler von
Anfang an Dein Berufswunsch?**

Nein. Während der Schulzeit stand
für mich fest: nach dem Abitur
werde ich Journalist. Tja, dann
ist alles anders gekommen (lacht).
Und ich bin mit dem, was ich
jetzt bin, sehr glücklich und
zufrieden. Der Beruf des Schau-
spielers ist sehr abwechslungs-
reich und macht sehr viel Spaß.

Ich danke fürs nette Gespräch.

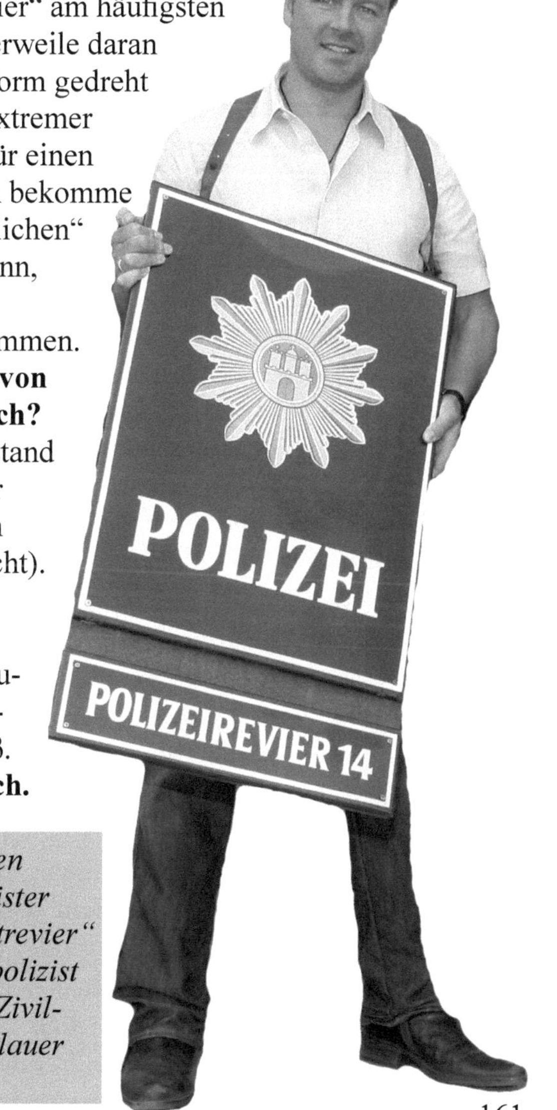

*Till Demtrøder ist in den Folgen
36 bis 294 als Polizeihauptmeister
Henning Schulz im „Großstadtrevier"
zu sehen. Zunächst als Schutzpolizist
in grüner Uniform, später als Zivil-
fahnder. Selten ist er auch in blauer
Uniform zu sehen.*

Sven Fricke alias Polizist Daniel Schirmer: „Mit einer Polizei-Nachtschicht fing alles an"

Sven Fricke (Jahrgang 1979), der als Wachhabender Kommissar Daniel Schirmer seit Folge 327 („Was Altes, was Neues und was Blaues") im „Großstadtrevier" zu sehen ist, tritt als aufrichtiger, immer verlässlicher und freundlicher Polizist in Erscheinung. Zu seinem Leidwesen ist er ein wenig klüger und belesener als die anderen Menschen auf diesem Planeten. Immer wieder verzweifelt er an dem Unvermögen der Menschheit. Dann beginnt er, betont langsam Sachverhalte zu erklären oder fassungslos Hannes Krabbe (gespielt von Marc Zwinc) dabei zu beobachten, wie der sich in eine neue, vermeintlich sinnlose Aktion hineinsteigert. Soweit die Rolle des Polizisten Daniel Schirmer.

Wie aber ist Schauspieler Sven Fricke privat? Was sieht er sich gerne im Fernsehen an? Warum ist das „Großstadtrevier" seiner Meinung nach so erfolgreich? Matthias Röhe hat Sven Fricke am neuen Set vom „Großstadtrevier" im Atelier 3 auf dem Gelände von Studio Hamburg interviewt.

Sven Fricke, Sie sind seit 2012 als Hauptdarsteller beim „Großstadtrevier". Erinnern Sie sich noch an Ihren ersten Dreh?

Es war im Juni 2012. Das Team vom „Großstadtrevier" hatte damals keine Sommerpause und ich hatte kurz davor im Rahmen der Autorentheatertage in Berlin eine Premiere. Deshalb hatte ich gar nicht die Zeit nervös zu werden. Die Kollegen Wanda Perdelwitz und Jens Münchow kamen zeitgleich mit mir ins Team – für uns Drei war dann alles neu. Es fühlte sich von Anfang an gut an.

Wie wurden Sie vom Team empfangen?

Es ist eine sehr familiäre Arbeitsatmosphäre beim „Großstadtrevier". Ich wurde gleich aufgenommen. Der soziale Teil war von Anfang an super.

Was ist der Unterschied zwischen Engagements beim Theater und dem Fernsehen? Beim Theater arbeitet man ganz anders auf ein Ergebnis hin. Beim Theater kann man sich auf dem Weg zur Premiere verrennen oder an Dingen scheitern. Der Regisseur oder eine Regisseurin begleitet den Schauspieler in den sieben oder acht Wochen Probenzeit, hinterlässt eine Art Abdruck bei dem Schauspieler und geht nach der Theaterpremiere. Er lässt den Schauspieler nach der Premiere quasi allein. Es liegt in der

Verantwortung der Schauspieler, jeden Abend einen perfekten Auftritt zu liefern. Beim Film beziehungsweise Fernsehen ist es genau anders. Der Schauspieler hat nicht so viel Zeit, weil er quasi jeden Drehtag eine Premiere hat. Man versucht die Szene schnell hinzubekommen, es wird gleich gefilmt. Man muss für diese wenige Momente, wo die Kamera einen anschaut, präsent sein. Wenn ich abends noch mal einige Szenen durchgehe, kann es schon mal vorkommen, dass ich von mir selbst enttäuscht bin. Mir fallen dann teilweise Dinge ein, die ich im Moment der Dreharbeiten nicht auf dem Schirm hatte.

Sicherlich spielt aber auch die Zeit eine wichtige Rolle?

Genau. Auf einer Theaterbühne kann man sich sozusagen Dialoge hinbasteln. Wenn ich Zuschauer sehe, die beispielsweise dem Hauptgeschehen nicht folgen, so kann ich reagieren. Beim Film ist es so, dass schon mal Dialoge von Daniel Schirmer herausgeschnitten werden. Wir haben ja nur 47 Minuten. Wir können ja nicht 62 Minuten draus machen, auch wenn die Folge noch so gut ist.

Was macht das „Großstadtrevier" aus?

Es ist eindeutig die Stadt Hamburg. Es ist ja „die" Polizeiserie. Obwohl hier in der Hansestadt auch andere Polizeiserien gedreht werden…

Die kombinierte Polizei- und Arztserie „Notruf Hafenkante zum Beispiel. In der Sie mal einen Gastauftritt hatten…

Ja, das stimmt. Ich war jung und brauchte den Rum (lacht). Im Laufe der

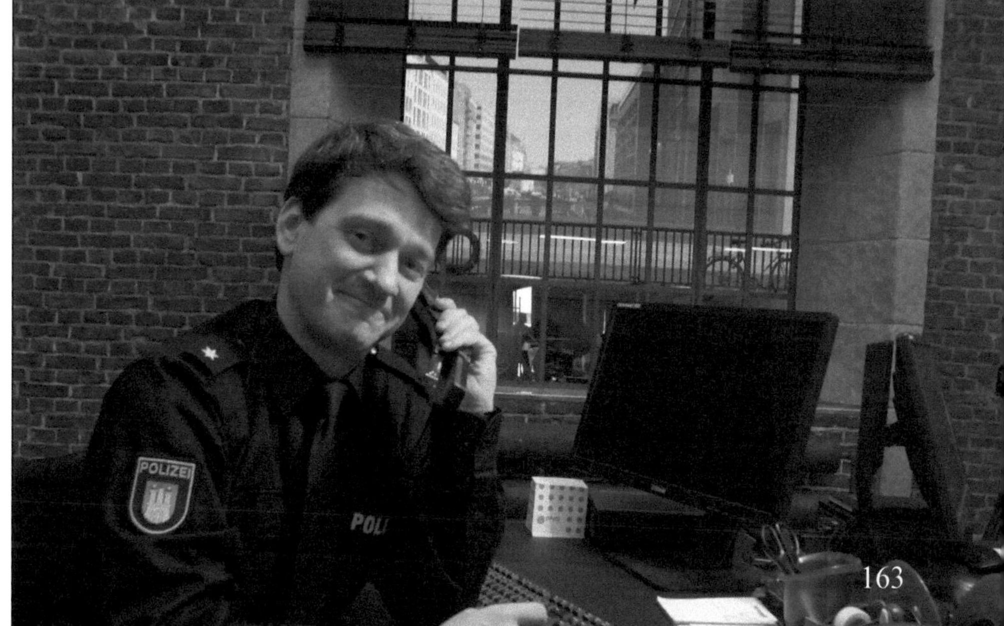

Zeit hat sich natürlich Hamburg sehr verändert – aber genau das macht es aus. Toll, die Stadt Hamburg in den 80er Jahren zu sehen – und dann neue Folgen vom Großstadtrevier. Und wir haben die lebensgroße Galionsfigur dabei, die ein ganz wichtiger Faktor ist. Ich nenne ihn immer „Fedder-Faktor“. Mit seiner schnoddrigen und plietschen Art trägt er natürlich zum großen Erfolg der Serie bei.

Was sehen Sie privat gerne im Fernsehen?

Ich schaue tatsächlich wenig Fernsehen. Dadurch, dass ich Vater bin und meine Frau (Theater-Regisseurin) häufiger nicht in Hamburg ist, hab ich auch gar nicht unbedingt großes Interesse, Serien oder Filme zu sehen. Ich habe mehrere Folgen vom „Tatortreiniger“ gesehen, die haben mir gefallen. Und natürlich aus alter Verbundenheit mehrere „Tatorte“. Wenn ich alleine Zuhause sitze, dann sehe ich gerne Dokumentation oder Reportagen. Ich denke immer, derjenige, der den ganzen Tag in der Küche arbeitet, kann abends auch keine Kakerlaken mehr sehen. Da ich selbst in einer Serie mitmache, beginne ich darum erst keine Serie im Fernsehen anzuschauen.

Wie ist das Verhältnis zur „echten“ Polizisten?

Solange sie mich nicht auf dem Kicker haben, ist das Verhältnis zur Polizei sehr gut. Ich versuche immer, mir nichts zu Schulden kommen zu lassen.

Haben Sie sich schon mal etwas zu Schulden kommen lassen?

Naja. Wer wirft da den ersten Stein. Natürlich – wer geht schon ohne Polizeikontakt durch die Welt. Aber seit ich im „Großstadtrevier“ in Uniform arbeite, hat sich einiges verändert. Die Schnappatmung, die ich früher hatte, wenn ein Uniformierter in den Raum kam, hat sich gelegt (lacht). Es ist jetzt angenehmer.

Mussten Sie selbst die Polizei einmal rufen?

Es gab tatsächlich mal einen Fall, da war ich etwa 12 oder 13 Jahre alt. Da wohnte ich noch am Stadtrand von Berlin. Mein Freund und ich waren in unserem Haus, da klingelte ein Gas-Ableser bei uns. Natürlich habe ich den sofort versucht abzuwimmeln und gesagt, dass wir gar kein Gas haben. Aber er sagte, dass im gegenüberliegenden Haus der Fernseher läuft und auf dem Boden ein Körper liegt. Auf sein Klingeln würde niemand öffnen.

Da bin ich dann zusammen mit meinen Freund rüber und habe die Situation sehen können, die der Gas-Ableser beschrieben hatte. Dann bin ich mit meinem Freund mit dem Fahrrad zur nächsten Telefonzelle gefahren.

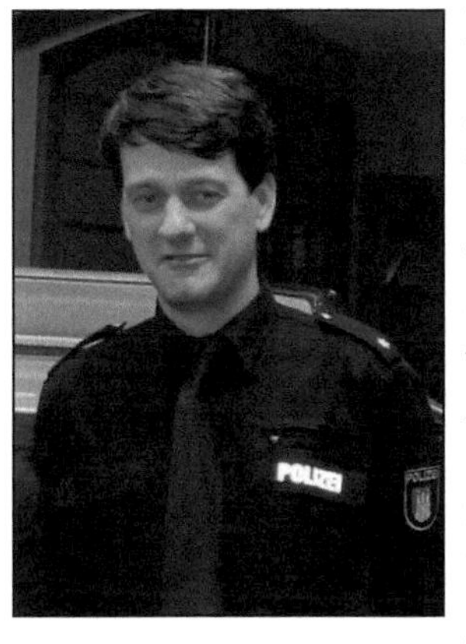

Das kann man sich heute gar nicht mehr vorstellen: eine Telefonzelle.

Das stimmt. Aber Anfang der 90er Jahre war es so, dass wir zu einer Telefonzelle fahren mussten. Wir hatten Angst, dass wir am Telefon anfangen zu lachen, wenn wir erzählen, dass „im Nachbarhaus ein Körper" am Boden liegt. Aber wir haben es hinbekommen – und dann war den ganzen Tag viel los bei uns in der Straße.

Haben Sie mal ein Praktikum bei der Polizei gemacht?

Ich habe eine Nachtschicht vor meiner ersten Folge im Polizeikommissariat 11 in Hamburg-St. Georg mitgemacht und bin mit auf Streife gefahren. Das war sehr interessant. Mit dieser Nachtschicht fing alles an. Es war in der Nacht, in der die Deutsche Nationalmannschaft anlässlich der EU-Weltmeisterschaft 2012 gegen Portugal gespielt hat. Eine sehr interessante Streifenfahrt war das.

An was erinnern Sie sich noch konkret?

Ich hatte mit Fan-Horden gerechnet, die dann betrunken durch die Straßen flanieren. Aber letztendlich hatten wir viel mit Ruhestörung zu tun. In einem Wettbüro mussten die Polizisten einen Platzverweis aussprechen und dafür sorgen, dass sich eine Person aus dem Wettbüro entfernt. Das fand ich sehr, sehr fragwürdig.

Warum?

In dem Wettbüro gab es eine Anweisung, dass sich Personen nur dann dort aufhalten dürfen, wenn sie auch aktiv für ein Spiel wetten. Ich fand es menschlich fragwürdig, dass nun so eine Person aus dem Laden geschmissen wird und die Polizei das Hausrecht, welches willkürlich von dem Inhaber dieses Wettbüros festgelegt wurde, durchsetzen muss. Aber bei uns gibt es ja auch eine Art Gesetz: das Drehbuch. Auch da stehen manches Mal willkürlich Dinge drin, aber an die ich mich zu halten habe.

Nach dieser Erfahrung kommt der Beruf des Polizisten für Sie nicht in Frage?

Auf gar keinen Fall! Ich schätze die Arbeit der Polizisten sehr. Für mich wäre das aber nichts. Ich hätte mit vielen Straftatbeständen moralisch und menschlich Probleme. Mal abgesehen davon, dass ich die Eignungsprüfung im Sport nicht bestehen würde. Ich bin wahrlich nicht der sportlichste. Zum Glück vertuscht die Kamera beim Film eine ganze Menge.

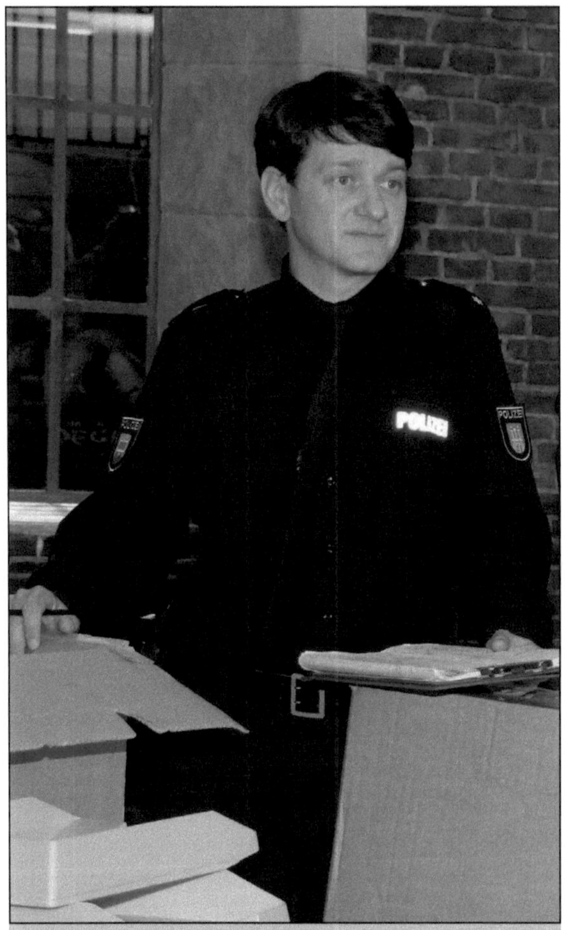

Sven Fricke spielt den Polizisten Daniel Schirmer.

Gibt es einen kuriosen Versprecher während der Dreharbeiten?

Klar, das passiert als Schauspieler immer mal wieder. Kollegin Fischer sagte mal am Set: „Mit einem Pick Up kann man eine Menge Pflanzen transportieren." Es war schon ziemlich spät an diesem Drehtag. An diesem Satz haben wir sehr, sehr lange gearbeitet. Irgendjemanden von uns hat es immer wieder geschleudert. Und wenn wir heute eine ähnliche Szene drehen sage ich: „Mit einem Pick Up kann man eine Menge Pflanzen transportieren." Aber ansonsten sind Versprecher immer nur an dem Drehtag aktuell – danach vergisst man sie wieder. Es gibt ja keine Out-Takes – leider.

Machen Sie doch mal den Vorschlag bei der Produktion!

Das machen wir! Aber wir bekommen ja kein Gehör (lacht).

Wie werden Sie auf der Straße angesprochen?

Meistens werde ich erkannt, aber die Leute ordnen mich nicht sofort als der Daniel Schirmer aus dem „Großstadtrevier" ein. Eine Frau sagte mal zu mir, dass ich den Harald Maack grüßen solle. Der spielt zwar auch einen Polizisten, aber in einer anderen Serie. Die Menschen sind eher zurückhaltend, freundlich. Ich spiele im „Großstadtrevier" ja auch keine große Hauptrolle, von daher kommt es nicht jeden Tag vor, dass ich auf der Straße abgesprochen werde.

166

**Gab es mal einen Moment, an dem Sie aus dem „Großstadtrevier"
aussteigen wollten?**
Nein. Natürlich gab es mal Tage, wo es Probleme mit Kollegen oder
einem Regisseur gab. Abends sitzt man dann in seinem Zuhause und
schäumt vor Wut. Das gehört aber dazu. Aber dass ich aus der Serie aus-
steigen wollte, kam bis jetzt nicht in Frage!
**Sie drehen fast ausschließlich in Hamburg. Wird der Drehort Ham-
burg nicht langweilig?**
Das ist ja eine Fangfrage. Hamburg als Großstadt bietet so viele Mög-
lichkeiten. Der große Hafen, Hochhaussiedlungen, historische wie auch
moderne Gebäude – und im Gegensatz dazu viele Parks und das Alte
Land vor den Toren Hamburgs. Das Team entdeckt schon seit Jahren
immer wieder neue Ecken, es wird nie langweilig. Und vor allem gibt es
laufend Veränderungen. Wer sich die alten Folgen aus den 80er Jahren
anschaut sieht da noch Gebäude, Straßen oder Plätze, die sich in den neu-
en Folgen total verändert haben. Ich vergleiche es mal mit einem Restau-
rant. Als Gast geht man immer ins gleiche Restaurant, aber die Gerichte
ändern sich. Es gibt also immer etwas Neues, obwohl der Handlungsort
der selbe ist.
Wie lernen Sie Ihre Texte?
Damit habe ich keine Probleme. Schon in der Schule konnte ich mir viele
Texte merken. Ich habe einen Text grafisch vor mir und lerne schnell und
gut – dann klappt es. Es ist sehr hilfreich, wenn man weiß, was man sagt.
Es kommt also immer auf den kompletten Inhalt an.
Herr Fricke, ich danke Ihnen für das Interview.

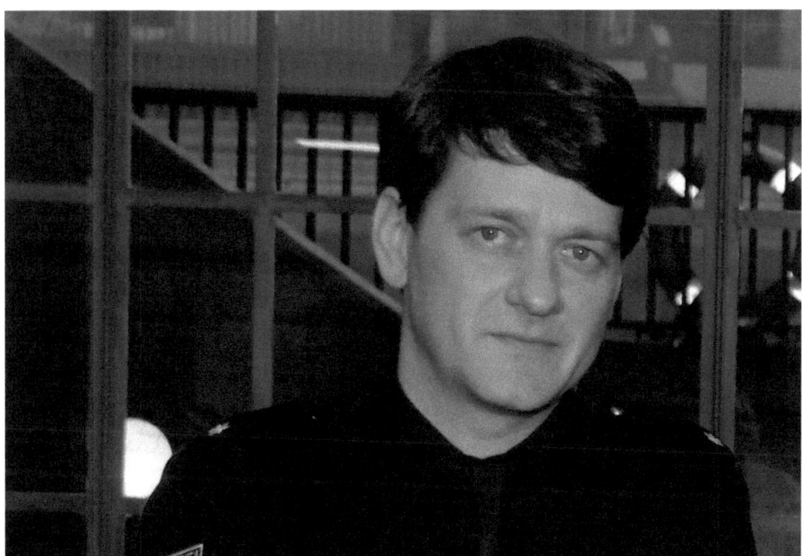

Episodenliste von 1986 bis 2020

Die folgende Liste enthält alle Folgen der bisher ausgestrahlten „Großstadtrevier"-Episoden. Die Liste ist sortiert nach der Erstausstrahlung. Nachfolgend ist jeweils die Gesamtnummer, die Staffelnummer, der Folgentitel und das Datum der deutschen Erstausstrahlung aufgelistet.

Nr.	Nr.	Originaltitel	Erstausstrahlung
1	1	Mensch, der Bulle ist 'ne Frau	16. Dezember 1986
2	2	Speedy	23. Dezember 1986
3	3	Prosit Neujahr	30. Dezember 1986
4	4	Amamos & Consorten	6. Januar 1987
5	5	Der Champ	13. Januar 1987
6	6	Fahrerflucht	20. Januar 1987
Staffel 2			
7	1	Rote Karte für Thomas?	27. Januar 1987
8	2	Feine Gesellschaft	3. Februar 1987
9	3	Große Haie, kleine Fische	10. Februar 1987
10	4	Geleimt	17. Februar 1987
11	5	Robin Hood	24. Februar 1987
12	6	Fotos aus Ibiza	3. März 1987
Staffel 3			
13	1	Das Tagebuch	10. März 1987

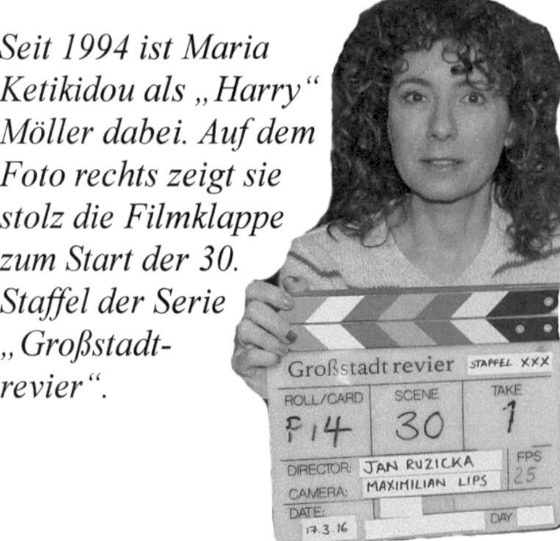

Seit 1994 ist Maria Ketikidou als „Harry" Möller dabei. Auf dem Foto rechts zeigt sie stolz die Filmklappe zum Start der 30. Staffel der Serie „Großstadt-revier".

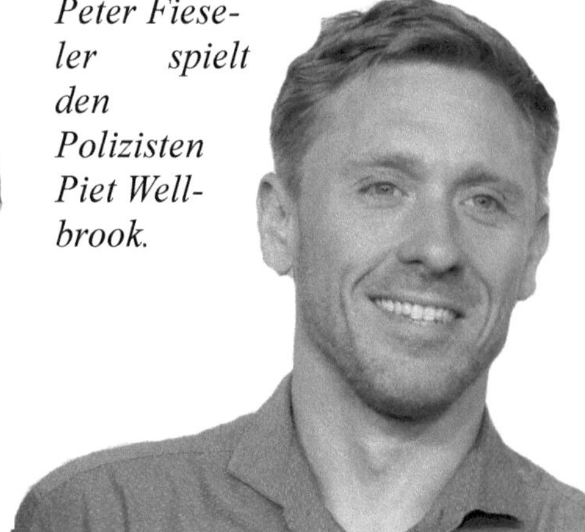

Peter Fieseler spielt den Polizisten Piet Wellbrook.

Nr.	Nr.	Originaltitel	Erstausstrahlung
14	2	Kälteeinbruch	19. Dezember 1988
15	3	Ein ganz normaler Tag	2. Januar 1989
16	4	Zielschuss rot	9. Januar 1989
17	5	Eine neue Kollegin	16. Januar 1989
18	6	Eine böse Überraschung	23. Januar 1989
19	7	Dame in Not	30. Januar 1989
20	8	Geiselnahme	6. Februar 1989

Staffel 4

Nr.	Nr.	Originaltitel	Erstausstrahlung
21	1	Katzenjani	2. Januar 1991
22	2	Der verlorene Sohn	3. Januar 1991
23	3	Sunny Boy	10. Januar 1991
24	4	Tod auf Raten	17. Januar 1991
25	5	Sonntagsfrühstück	24. Januar 1991
26	6	Lügenbarone	31. Januar 1991
27	7	Der Reporter	7. Februar 1991

Staffel 5

Nr.	Nr.	Originaltitel	Erstausstrahlung
29	1	Das schwarze Schaf	21. Februar 1991
30	2	Der Blumenhändler	28. Februar 1991
31	3	Treffpunkt Kino	7. März 1991
32	4	Gelegenheit macht Diebe	14. März 1991
33	5	Altes Eisen	21. März 1991
34	6	Lauter ehrenwerte Leute	28. März 1991
35	7	Menschlich, allzu menschlich	4. April 1991
36	8	Fährmann hol' röver	11. April 1991

Staffel 6

Nr.	Nr.	Originaltitel	Erstausstrahlung
37	1	Der Neue	6. Oktober 1992
38	2	Schutzgeld	13. Oktober 1992
39	3	Tierfreunde	20. Oktober 1992
40	4	Die lieben Alten	27. Oktober 1992
41	5	Auf Gift gebaut	3. November 1992
42	6	Revanche	10. November 1992
43	7	Vereinskameraden	17. November 1992
44	8	Kur- und andere Schatten	24. November 1992
45	9	Lebensretter	1. Dezember 1992
46	10	Tür an Tür	8. Dezember 1992
47	11	Mitgegangen, mitgefangen	15. Dezember 1992
48	12	Der Flußpirat	22. Dezember 1992

Nr.	Nr.	Originaltitel	Erstausstrahlung
Staffel 7			
49	1	Der Besuch	26. Oktober 1993
50	2	Frühlingsgefühle	2. November 1993
51	3	Brüderchen	9. November 1993
52	4	Späte Reue	16. November 1993
53	5	Radrennen	23. November 1993
54	6	Pferdediebe	30. November 1993
55	7	Zapfenstreich	7. Dezember 1993
56	8	Bodo	14. Dezember 1993
57	9	Oh, du fröhliche	21. Dezember 1993
58	10	Türkisches Poker	28. Dezember 1993
59	11	Ein Hundstag	4. Januar 1994
60	12	Ellens Baby	11. Januar 1994
Staffel 8			
61	1	Ellens Abschied (1)	18. Januar 1994
62	2	Ellens Abschied (2)	25. Januar 1994
63	3	Der erste Tag	1. Februar 1994
64	4	Kein Tag wie jeder andere	8. Februar 1994
65	5	Karaoke	15. Februar 1994
66	6	Frühdienst	22. Februar 1994
67	7	Manege frei	1. März 1994
68	8	Die großen Ferien	8. März 1994
69	9	Kopfgeld	15. März 1994
70	10	Wer zuletzt lacht	22. März 1994

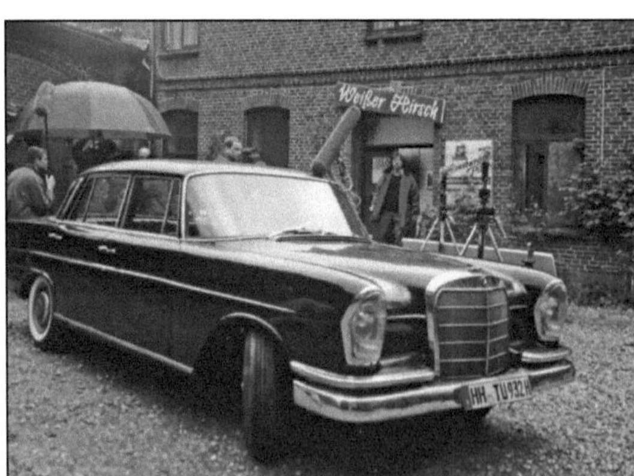

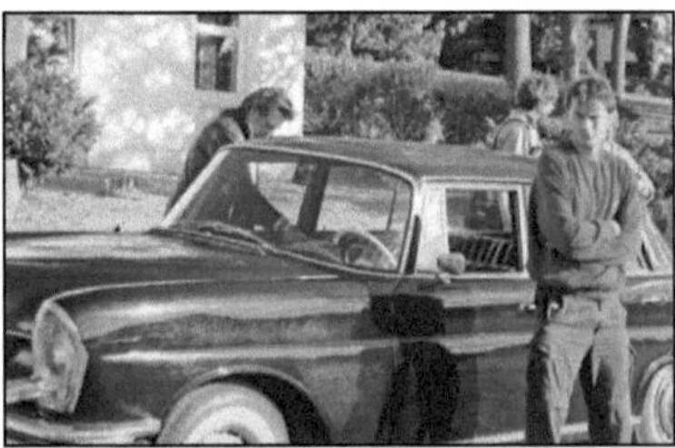

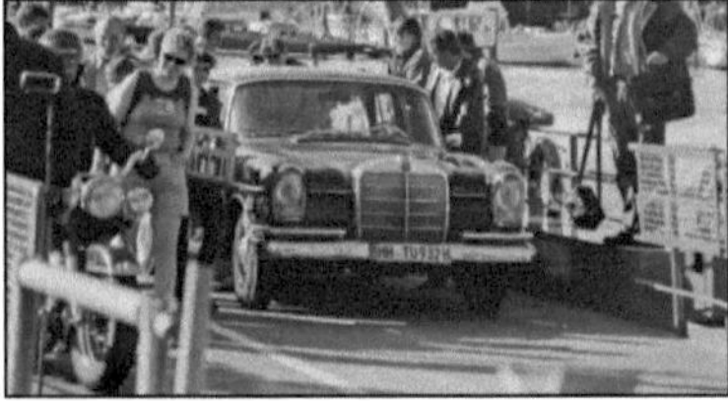

*Dreharbeiten für die Folge „Landpartie"
in Schleswig-Holstein.*

170

Nr.	Nr.	Originaltitel	Erstausstrahlung
71	11	Schutzengel	29. März 1994
72	12	Body-Check	5. April 1994
Staffel 9			
73	1	Des Sängers Hund	10. Januar 1995
74	2	Die Uhr des Lebens	17. Januar 1995
75	3	Schwedische Gardinen	24. Januar 1995
76	4	Crashkids	31. Januar 1995
77	5	Heidehonig	7. Februar 1995
78	6	Die Geldgräber	14. Februar 1995
79	7	Ihr Mörder, gnädige Frau	21. Februar 1995
80	8	Die heiligen drei Königinnen	28. Februar 1995
81	9	Der Rächer	7. März 1995
82	10	Die Mörderin	14. März 1995
83	11	Karambolage	21. März 1995
84	12	Langfinger	28. März 1995
85	13	Der Funkspruch	4. April 1995
Staffel 10			
86	1	Wühlmäuse	26. November 1996
87	2	Der blonde Engel	3. Dezember 1996
88	3	Der Ex-Freund	10. Dezember 1996
89	4	Gute Nachbarschaft	17. Dezember 1996
90	5	Ein neuer Kollege	7. Januar 1997
91	6	Das zweite Gesicht	14. Januar 1997
92	7	Der Praktikant	21. Januar 1997
93	8	Verliebt im Einsatz	28. Januar 1997
94	9	Plattgemacht	4. Februar 1997
95	10	Jens, 7 Jahre	11. Februar 1997
96	11	Aus lauter Liebe	18. Februar 1997
97	12	Nervenkrieg	25. Februar 1997
98	13	Das Stuntgirl	4. März 1997
Staffel 11			
99	1	Die Suchmeldung	11. März 1997
100	2	Die Aufsteiger	18. März 1997
101	3	Trotz allem	23. März 1997
102	4	Der Mann mit der Maske	1. April 1997
103	5	Der Zeuge	8. April 1997
104	6	Die Freundin	15. April 1997

Nr.	Nr.	Originaltitel	Erstausstrahlung
105	7	Mit einem Bein im Knast	22. April 1997
106	8	Nadja	29. April 1997
107	9	Der G-Man	6. Mai 1997
108	10	Brennende Probleme	13. Mai 1997
109	11	Only you	20. Mai 1997
110	12	Durchgeknallt	27. Mai 1997
111	13	Lug und Trug	3. Juni 1997

Staffel 12

Nr.	Nr.	Originaltitel	Erstausstrahlung
112	1	Besuch von außerhalb	11. August 1998
113	2	Papilein	18. August 1998
114	3	Sonntagsdienst	25. August 1998
115	4	Alles wird gut	1. September 1998
116	5	Der Verdacht	8. September 1998
117	6	Einsatz mit Geschmack	15. September 1998
118	7	Fehlschuss	22. September 1998
119	8	Der alte Kapitän	29. September 1998
120	9	Feiglinge	6. Oktober 1998
121	10	Faule Eier	13. Oktober 1998
122	11	Ermessensfrage	20. Oktober 1998
123	12	Der Koffer	6. Januar 1999
124	13	Tanjas Entscheidung	27. Oktober 1998

Staffel 13

Nr.	Nr.	Originaltitel	Erstausstrahlung
125	1	Aller Anfang ist schwer	25. Mär. 1999
126	2	Unter einem Dach	1. April 1999
127	3	Leere Versprechungen	8. April 1999
128	4	Hecht oder Brasse	15. April 1999
129	5	Abrakadabra	22. April 1999
130	6	Angst	29. April 1999
131	7	Harte Bandagen	6. Mai 1999
132	8	Der Spinner	20. Mai 1999
133	9	Volles Risiko	27. Mai 1999
134	10	Auf Abwegen	10. Juni 1999
135	11	Diamantenfieber	17. Juni 1999
136	12	Racheengel	24. Juni 1999
137	13	Zeugen	1. Juli 1999

Staffel 14

Nr.	Nr.	Originaltitel	Erstausstrahlung
138	1	Nach langer Zeit	7. März 2000

Nr.	Nr.	Originaltitel	Erstausstrahlung
139	2	Miss Marple	14. März 2000
140	3	Engelchen	21. März 2000
141	4	Gefährlicher Verdacht	28. März 2000
142	5	Heimspiel	4. April 2000
143	6	Der weiße Ritter	11. April 2000
144	7	Der schwarze Sheriff	18. April 2000
145	8	Tote leben länger	25. April 2000
146	9	Verlorene Tochter	2. Mai 2000
147	10	Glaubenssache	9. Mai 2000
148	11	Girlie Gang	16. Mai 2000
149	12	Die Stunde der Frauen	23. Mai 2000
150	13	Der Partner	30. Mai 2000

Staffel 15

Nr.	Nr.	Originaltitel	Erstausstrahlung
151	1	Amok	24. April 2001
152	2	Der süße Betrug	8. Mai 2001
153	3	Harte Schule	15. Mai 2001
154	4	Die große Bugwelle	22. Mai 2001
155	5	Krügers Waffe	29. Mai 2001
156	6	Künstlerpech	5. Juni 2001
157	7	Klau am Bau	27. November 2001
158	8	Nachtgestalten	11. Dezember 2001
159	9	Rache für Eva	18. Dezember 2001
160	10	Nichts als die Wahrheit	7. Januar 2002
161	11	Maria	14. Januar 2002
162	12	Verdammtes Glück	21. Januar 2002
163	13	Nichts geht mehr	28. Januar 2002

Staffel 16

Nr.	Nr.	Originaltitel	Erstausstrahlung
164	1	Das Findelkind	4. Februar 2002
165	2	Vaterliebe	11. Februar 2002
166	3	Die Jagd nach dem Glück	18. Februar 2002
167	4	Johnny	25. Februar 2002
168	5	Die schöne Frau Kückelmann	4. März 2002
169	6	Kleiner Mann, was nun?	11. März 2002
170	7	Erste Hilfe	18. März 2002
171	8	Mäuse und Menschen	25. März 2002
172	9	Königskinder	8. April 2002
173	10	Harrys Fall	15. April 2002

Nr.	Nr.	Originaltitel	Erstausstrahlung
174	11	Mutproben	22. April 2002
175	12	Rosenkrieger	29. April 2002
176	13	Das wahre Ich	6. Mai 2002
Staffel 17			
177	1	Blinder Eifer	13. Januar 2003
178	2	Revierkämpfe	20. Januar 2003
179	3	Ein Tag wie jeder andere	27. Januar 2003
180	4	Landpartie	3. Februar 2003
181	5	Große Freiheit	10. Februar 2003
182	6	Armer Junge	17. Februar 2003
183	7	Auf der Lauer	24. Februar 2003
184	8	Auf schmalem Grat	3. März 2003
185	9	Motorrad-Gottesdienst	10. März 2003
186	10	Der große Knall	17. März 2003
187	11	Tapetenwechsel	24. März 2003
188	12	Plagegeister	31. März 2003
189	13	Heiße Tonne	7. April 2003
190	14	Tod einer alten Dame	14. April 2003
191	15	Das Leben ist schön	28. April 2003
192	16	Ultimo	5. Mai 2003
Staffel 18			
193	1	Feuertaufe	5. Januar 2004
194	2	Eiskalt erwischt	12. Januar 2004
195	3	Gelegenheit macht Liebe	19. Januar 2004
196	4	Videomann	26. Januar 2004
197	5	Satisfaction	2. Februar 2004
198	6	Schmalspur	9. Februar 2004
199	7	Tote Liebe	16. Februar 2004
200	8	Fremde Mächte	23. Februar 2004
201	9	Alte Liebe	1. März 2004
202	10	Pillendreher	8. März 2004
203	11	Jagd auf Selay	15. März 2004
204	12	Barkassenkrieg	22. März 2004
205	13	Zartbitter	29. März 2004
206	14	Urlaubsfreuden	5. April 2004
207	15	Traumtänzer	19. April 2004
208	16	Fremdgänger	26. April 2004

174

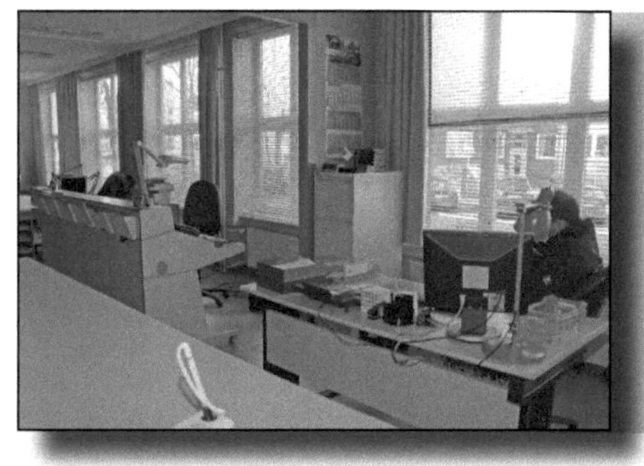

Das nachgebaute Polizeikommissari-at (PK) 14 in Hamburg-Bahrenfeld. Hier entstanden bis Ende 2018 die Innenaufnahmen für die Fernsehse-rie „Großstadtrevier". Seit 2019 (33. Staffel) werden die Innen- und sogar auch Außenaufnahmen auf dem Gelän-de von Studio Hamburg produziert.

Nr.	Nr.	Originaltitel	Erstausstrahlung
Staffel 19			
209	1	Die Geister, die ich rief	17. Januar 2005
210	2	Fette Beute	24. Januar 2005
211	3	Einsame Helden	31. Januar 2005
212	4	Blackout	7. Februar 2005
213	5	Blind Date	14. Februar 2005
214	6	Der Hafenpastor	21. Februar 2005
215	7	50 Minuten	28. Februar 2005
216	8	Kalte Tage	7. März 2005
217	9	Der doppelte Matthies	14. März 2005
218	10	Süßes Jenseits	21. März 2005
219	11	Voss in Nöten	4. April 2005
220	12	Liebe, Lust und Leidenschaft	11. April 2005
221	13	Bullen-Kür	18. April 2005
222	14	Affenliebe	25. April 2005
223	15	Nur geträumt	2. Mai 2005
224	16	Kaltes Kind	9. Mai 2005
Staffel 20			
225	1	Abgründe	16. Januar 2006
226	2	Gute Kinder, böse Kinder	23. Januar 2006
227	3	Terror-Tammy	30. Januar 2006
228	4	Die große Chance	6. Februar 2006
229	5	Fundsachen	27. Februar 2006
230	6	Zurück auf Los	6. März 2006
231	7	Spiel mit der Angst	13. März 2006
232	8	Under Cover	20. März 2006
233	9	Kindersegen	27. März 2006
234	10	Rampensau	3. April 2006

Nr.	Nr.	Originaltitel	Erstausstrahlung
235	11	Wahre Liebe	10. April 2006
236	12	Der Sheriff von Cranz	24. April 2006
237	13	Junge Liebe, alter Wein	8. Mai 2006
238	14	Der Boxer	15. Mai 2006
239	15	Fenstergespenster	22. Mai 2006
240	16	Eine Sache des Vertrauens	29. Mai 2006

Staffel 21

Nr.	Nr.	Originaltitel	Erstausstrahlung
241	1	Tage wie dieser (1)	26. Februar 2007
242	2	Tage wie dieser (2)	5. März 2007
243	3	Chefsache	12. März 2007
244	4	Hallo Chef	19. März 2007
245	5	Von Monstern und Mördern	26. März 2007
246	6	Gefallene Engel	2. April 2007
247	7	Rufmord	16. April 2007
248	8	Unter falschen Segeln	23. April 2007
249	9	Der Engel von St. Pauli	30. April 2007
250	10	Kinder, Kinder	7. Mai 2007
251	11	Wenn die Worte fehlen	21. Mai 2007
252	12	Alles im Griff	4. Juni 2007
253	13	Und bist du nicht willig …	11. Juni 2007
254	14	Hamburger Helden	18. Juni 2007
255	15	Nur wegen Dir	25. Juni 2007
256	16	Gefahren der Liebe	2. Juli 2007

Staffel 22

Nr.	Nr.	Originaltitel	Erstausstrahlung
257	1	St. Pauli rettet HSV	31. März 2008
258	2	Das Geheimnis des Hafenpastors	7. April 2008
259	3	Der Straßenmusikant	14. April 2008
260	4	Neben der Spur	21. April 2008
261	5	Katjas Job	28. April 2008
262	6	Von Träumen und Schiffen	5. Mai 2008
263	7	Das Erfolgsgeheimnis	19. Mai 2008
264	8	Schatten der Vergangenheit	26. Mai 2008
265	9	Al dente	2. Juni 2008
266	10	Nichts als Lügen	23. Juni 2008
267	11	Morgendliche Begleitung	30. Juni 2008
268	12	Der Unberührbare	7. Juli 2008
269	13	Prüfungen	14. Juli 2008

Nr.	Nr.	Originaltitel	Erstausstrahlung
270	14	Leben kommt, Leben geht	21. Juli 2008
271	15	Drei Tage	28. Juli 2008
272	16	Zukunftspläne	4. August 2008
–	–	Die Akte „Großstadtrevier" – Neues aus dem Großstadtrevier (Spezial mit Jan Fedder und Saskia Fischer)	
			23. Dezember 2008

Staffel 23

Nr.	Nr.	Originaltitel	Erstausstrahlung
273	1	Ungeschriebene Gesetze	21. September 2009
274	2	Heikle Mission	28. September 2009
275	3	Herzenssachen	5. Oktober 2009
276	4	Vermisst	12. Oktober 2009
277	5	Alle für einen	19. Oktober 2009
278	6	Ausgebrannt	26. Oktober 2009
279	7	Nicht mit mir	2. November 2009
280	8	Auf große Fahrt	16. November 2009
281	9	Echt falsch	23. November 2009
282	10	Hafenpastor	30. November 2009
283	11	Comeback für Maria	7. Dezember 2009
284	12	Trinkgeld	14. Dezember 2009
285	13	Ein neuer Anfang	21. Dezember 2009
286	14	Muttertag	4. Januar 2010
287	15	Liebe macht blind	11. Januar 2010
288	16	Im Zeichen des Zweifels	18. Januar 2010
289	17	Bretter, die die Welt bedeuten	25. Januar 2010
290	18	Annas Einsatz Dirk	1. Februar 2010
291	19	Landpartie – Landfrieden	8. Februar. 2010
292	20	Von Männern und Musen	22. Februar 2010
293	21	Das Angebot des Tages	1. März. 2010
294	22	Hilfe hat kein Warum	8. März 2010

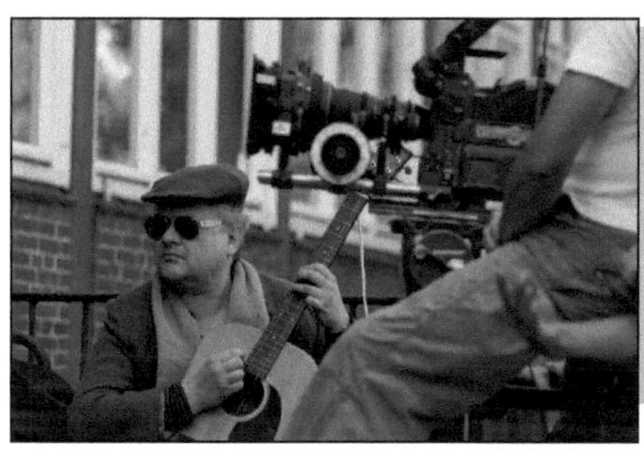

Er macht nicht nur Musik im „Großstadtrevier" – sondern auch im wirklichen Leben. Heinz Rudolf Kunze hat in der Folge „Bretter, die die Welt bedeuten" einen Gastauftritt.

Nr.	Nr.	Originaltitel	Erstausstrahlung
Staffel 24			
295	1	Dumm gelaufen	22. November 2010
296	2	Der Bluff des alten Li	29. November 2010
297	3	Knochenbrecher	6. Dezember 2010
298	4	Jimmy Heinrich war ein Seemann	13. Dezember 2010
299	5	Liebeslügen	20. Dezember 2010
300	6	5 nach 12	10. Januar 2011
301	7	Home Sweet Home	17. Januar 2011
302	8	Freifahrt	31. Januar 2011
303	9	Die Warnung	7. Februar 2011
304	10	Katzenjammer	14. Februar 2011
305	11	Hamburg – Paris und zurück	21. Februar 2011
306	12	Peanuts	28. Februar 2011
307	13	Diebe in der Nacht	7. März 2011
308	14	Zack, zack!	14. März 2011
309	15	Große Erwartungen	21. März 2011
Staffel 25			
310	1	Sturköppe	24. Oktober 2011
311	2	Der schönste Tag im Leben	31. Oktober 2011
312	3	Vertauscht	7. November 2011
313	4	Nur das Beste	14. November 2011
314	5	Klassentreffen	21. November 2011
315	6	Die Freibeuterin	28. November 2011
316	7	Die Versuchung	5. Dezember 2011
317	8	Frohe Weihnachten, Dirk Matthies (1)	12. Dez. 2011
318	9	Frohe Weihnachten, Dirk Matthies (2)	19. Dez. 2011
319	10	Wann hast Du Zeit für die Liebe?	2. Januar 2012
320	11	Neues Ich	9. Januar 2012
321	12	Schein und Sein	16. Januar 2012
322	13	Herr Zipperer guckt ins Leere	23. Januar 2012
323	14	Große Wünsche, kleine Träume	30. Januar 2012
324	15	Fahrraddiebe	6. Februar 2012
325	16	Mit Pfand und Siegel	13. Feb. 2012
326	17	Wunderbare Zukunft	20. Feb. 2012
Staffel 26			
327	1	Was Altes, was Neues und was Blaues	12. Nov. 2012
328	2	Butter bei die Fische	19. November 2012

178

Nr.	Nr.	Originaltitel	Erstausstrahlung
329	3	Monster	26. November 2012
330	4	Schiff ohne Zukunft	4. Dez. 2012
331	5	Mit dem Rücken zur Wand	10. Dez. 2012
332	6	Dirk und die Kammer des Schreckens	17. Dez. 2012
333	7	Fracht aus Abidjan	7. Januar 2013
334	8	Pretty Woman	14. Januar 2013
335	9	Unter Mädchen	21. Januar 2013
336	10	Swingtime	28. Januar 2013
337	11	Von einer Sekunde auf die andere	4. Februar 2013
338	12	Tödliches Rampenlicht	18. Feb. 2013
339	13	Arbeit jeder Art	25. Feb. 2013
340	14	Großer Bruder –	4. März 2013
341	15	Durch dick und dünn	11. März 2013
342	16	Wer einmal zahlt, zahlt immer	18. März 2013

Staffel 27

Nr.	Nr.	Originaltitel	Erstausstrahlung
343	1	Der zweite Mann	25. November 2013
344	2	Das Phantom	2. Dezember 2013
345	3	Beatlemania	9. Dezember 2013
346	4	Verschollen im Paradies	30. Dezember 2013
347	5	Keine Angst	6. Januar 2014
348	6	Gras drüber	13. Januar 2014
349	7	Fettbacke	20. Januar 2014
350	8	Blinde Wut	27. Januar 2014
351	9	Heile Welt	3. Februar 2014
352	10	Vorbei ist Vorbei	10. Februar 2014
353	11	Am Abgrund	24. Februar 2014
354	12	Auf den Barrikaden	3. März 2014
355	13	Der Fluch des Pharao	10. März 2014
356	14	Ein Schlag ins Gesicht	17. März 2014
357	15	Frau Küppers' letzter Wille	24. März 2014
358	16	Wie es damals wirklich war	31. März 2014

Staffel 28

Nr.	Nr.	Originaltitel	Erstausstrahlung
359	1	Der gute Bulle (1)	24. November 2014
360	2	Der gute Bulle (2)	1. Dezember 2014
361	3	Ninas Rennen	8. Dezember 2014
362	4	Die kleine Polizistin	15. Dezember 2014
363	5	Pauls Versuchung	5. Januar 2015

Nr.	Nr.	Originaltitel	Erstausstrahlung
364	6	Ein Mann ein Wort	12. Januar 2015
365	7	Der Kronzeuge	19. Januar 2015
366	8	Zwei Halunken	26. Januar 2015
367	9	Foul	2. Februar 2015
368	10	Teufelsbrück	9. Februar 2015
369	11	Kameraden	16. Februar 2015
370	12	Schwarze Löcher	23. Februar 2015
371	13	Amali heißt Hoffnung	2. März 2015
372	14	Wiedersehen mit einer Toten	9. März 2015
373	15	Hals über Kopf	16. März 2015
374	16	Wer du wirklich bist	23. März 2015

Staffel 29

Nr.	Nr.	Originaltitel	Erstausstrahlung
375	1	Das Licht	30. November 2015
376	2	Geborene Verlierer	7. Dezember 2015
377	3	Die Heidekönigin	14. Dezember 2015
378	4	Der Anschlag	21. Dezember 2015
379	5	Jetzt oder nie	4. Januar 2016
380	6	Fauler Zauber	11. Januar 2016
381	7	Bombenalarm	18. Januar 2016
382	8	Mads' Entscheidung	25. Januar 2016
383	9	Der Amisch	1. Februar 2016
384	10	Mondsüchtig	8. Februar 2016
385	11	Harrys Angst	15. Februar 2016
386	12	Glück im Spiel	22. Februar 2016
387	13	Showdown im Revier 2	9. Februar 2016
388	14	Rabenmutter	7. März 2016
389	15	Herr Müller hat gesagt …	14. März 2016
390	16	Offene Rechnungen	21. März 2016

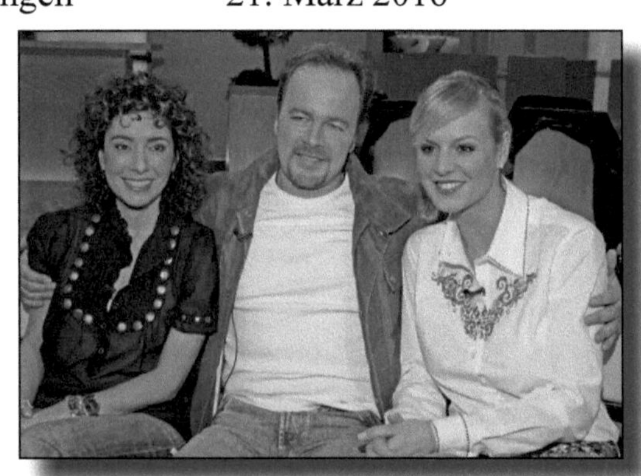

Drei Polizisten aus dem „Großstadtrevier": Hariklia „Harry" Möller (Maria Ketikidou), Henning Schulz (Till Demtrøder) und Katja Metz (Anja Nejarri).

Nr.	Nr.	Originaltitel	Erstausstrahlung
Staffel 30			
391	1	So viele Jahre	6. Mär. 2017
392	2	Harrys Jubiläum	13. März 2017
393	3	Wunder und Wünsche	20. März 2017
394	4	Die Wölfin	27. März 2017
395	5	Dirks Sorgenkind	3. April 2017
396	6	Für nix und für alles	10. April 2017
397	7	Auf eigene Faust	24. April 2017
398	8	Die Aufsteiger des Jahres	8. Mai 2017
399	9	Daniel in der Löwengrube	15. Mai 2017
400	10	Hunde, die bellen	22. Mai 2017
401	11	Der einsamste Wal der Welt	29. Mai 2017
402	12	Auf Leben und Tod	9. Oktober 2017
403	13	Oma Helmut	16. Oktober 2017
404	14	Wer ist Lothar Krüger?	23. Oktober 2017
405	15	Ausnahmezustand	30. Oktober 2017
406	16	Eine Dame verschwindet	6. November 2017
Staffel 31			
407	1	Schuldig bei Verdacht	13. November 2017
408	2	Eiskind	20. November 2017
409	3	Neuanfänge	27. November 2017
410	4	Die Müllmafia	4. Dezember 2017
411	5	Hannes der Held	22. Januar 2018

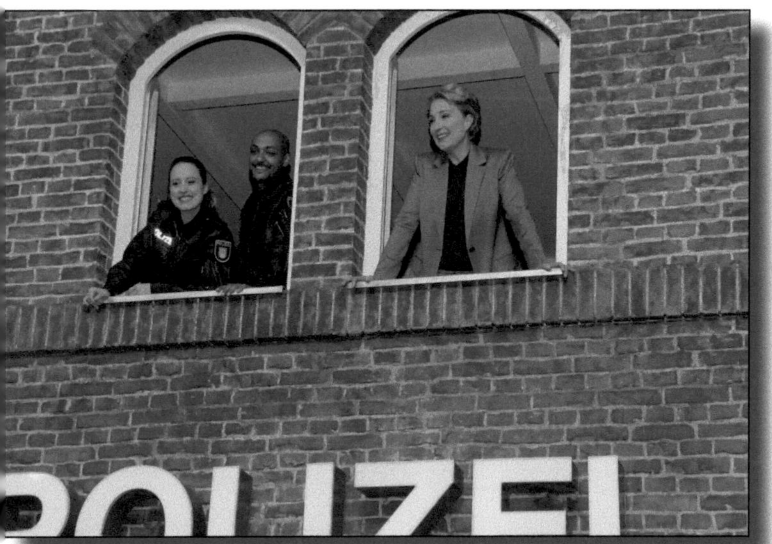

Nina Sieveking (Wanda Perdelwitz), Lukas Petersen (Patrick Abozen) und Frau Küppers (Saskia Fischer) schauen aus dem Fenster ihres 14. Kommissariats.

Nr.	Nr.	Originaltitel	Erstausstrahlung
412	6	Der Master	29. Januar 2018
413	7	Unter Druck	5. Februar 2018
414	8	Das Lied vom Helden	12. Februar 2018
415	9	Drah di ned um	19. Februar 2018
416	10	Blutrache	26. Februar 2018
417	11	Braut mit Vorleben	5. März 2018
418	12	Der Tote am Strand	12. März 2018
419	13	Das unsichtbare Orchester	19. März 2018
420	14	Daniel in Gefahr	26. März 2018
421	15	Das Teufelspferd	19. November 2018
422	16	Pauls Abschied	26. November 2018

Staffel 32

Nr.	Nr.	Originaltitel	Erstausstrahlung
423	1	Eine Frage der Gerechtigkeit	12. November 2018

(Diese Folge wurde im Rahmen der ARD-Themenwoche Gerechtigkeit ausgestrahlt. Die Zuschauer konnten abstimmen, welcher Schluss der Folge gezeigt wurde – es wurden zwei verschiedene Schlussszenen gedreht, eine davon ausgestrahlt)

Nr.	Nr.	Originaltitel	Erstausstrahlung
424	2	Der Neue mit „T"	3. Dezember 2018
425	3	Auge um Auge	10. Dezember 2018
426	4	Der kurze Traum vom langen Glück	17. Dezember 2018
427	5	Toilettenmafia	7. Januar 2019

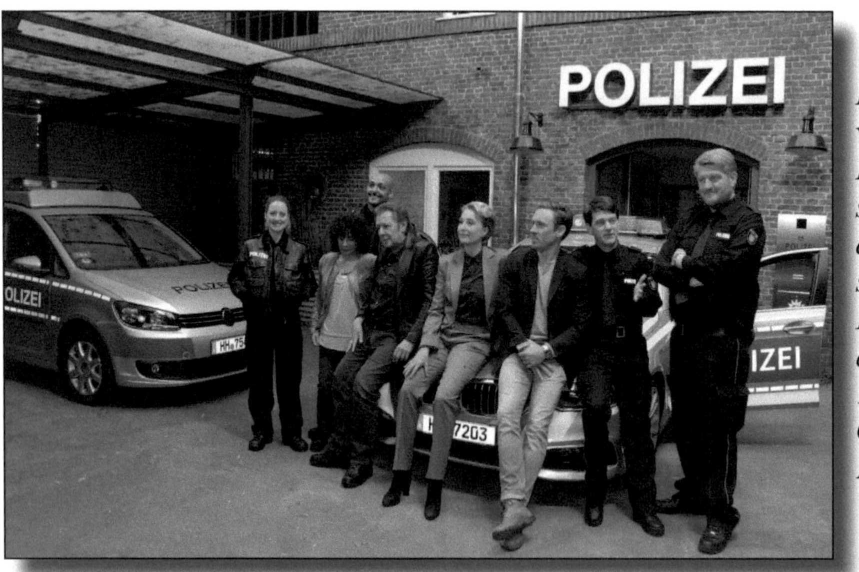

Das Team vom 14. Kommissariat. In der Mitte sitzt auf der Motorhaube des Peter 14/2 die Chefin Frau Küppers.

Nr.	Nr.	Originaltitel	Erstausstrahlung
428	6	Im Zweifel	21. Januar 2019
429	7	Blinde Zeugin	28. Januar 2019
430	8	Harrys Aussage	4. Februar 2019
431	9	Freibad	11. Februar 2019
432	10	Entführung auf Anfrage	18. Februar 2019
433	11	Das zweite Gesicht	25. Februar 2019
434	12	Duell auf der Rennbahn	4. März 2019
435	13	Der Falke	11. März 2019
436	14	Rettungskind	18. März 2019
437	15	Krokodile	25. März 2019
438	16	Das Revier explodiert	1. April 2019

Staffel 33

Nr.	Nr.	Originaltitel	Erstausstrahlung
439	1	Das neue Revier	27. Januar 2020
440	2	Kleine Haie, fette Fische	3. Februar 2020
441	3	Der Preis eines Kindes	10. Februar 2020
442	4	Einsame Herzen	17. Februar 2020
443	5	Nina Undercover	24. Februar 2020
444	6	Der Idiot	2. März 2020
445	7	Der große Tanz	9. März 2020
446	8	Der falsche Polizist	16. März 2020
447	9	Schlüsselmomente	23. März 2020
448	10	Die Frau auf der Insel	
449	11	Hochdosiert	
450	12	Pauls Rückkehr	
451	13	Immer wieder Montag	
452	14	Absolute Anfänger	

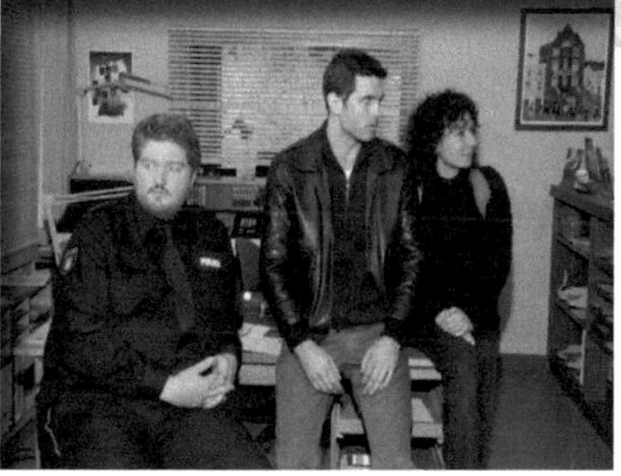

Hannes Krabbe (Marc Zwinz), Hauke Jessen (Steffen Groth) und Hariklia „Harry" Möller (Maria Ketikidou).

Diese Episodenliste enthält alle bisher ausgestrahlten Folgen der Fernsehserie „Großstadtrevier", sortiert nach der deutschen Erstausstrahlung. Die Polizeiserie umfasst aktuell 32 Staffeln mit 438 Episoden. Die 33. Staffel wurde im Jahr 2019 produziert und wird voraussichtlich Anfang 2020 ausgestrahlt. Bei Fertigung dieses Buches standen weder die Folgentitel noch die genauen Ausstrahlungsdaten fest.

Stand: April 2020

Quellenangaben

Die Angaben über die Fernsehserie „Großstadtrevier" beruhen auf Recherchen des Autors. Allgemeine Angaben zu der Serie sowie Informationen über die Darsteller mit ihren Rollen stammen von Pressemitteilungen des NDR und der Letterbox Filmproduktion beziehungsweise Studio Hamburg Produktion. Vielen Dank für die Bereitstellung dieser Informationen. Individuelle Unterstützung wurde weder von der Redaktion noch der Pressestelle des NDR geleistet.

Angaben über genaue Drehorte beruhen auf alleinige Recherchen des Autors. Das Buch erhebt keinen Anspruch auf Vollständigkeit (die Serie wird schließlich noch gedreht, somit kann dieses Buch nicht abschließend sein). Alle Fotos dieses Buches sind von Matthias Röhe und dem Hamburger Fotografen Andre Lenthe. Die Fotos enstanden vorwiegend am Set des „Großstadtreviers" in den Jahren 2004 bis 2019. Die meisten Fotos entstanden bei öffentlichen Fototerminen oder Dreharbeiten im öffentlichen Raum. Leider wurde dieses Buch nicht mit älterem Bildmaterial aus den ersten Staffeln seitens der ausstrahlenden Sendeanstalt noch durch die Produktionsfirma unterstützt.

Dieses Buch ist kein offizielles Produkt der Serie „Großstadtrevier". Es wurde im Eigenverlag von Matthias Röhe geschrieben und produziert. Der Autor steht in keinem direkten Kontakt zur Produktion der Serie! Kritik (bezogen auf den Inhalt der Serie), Autogrammwünsche oder Vermittlungen als Komparse richten Sie bitte direkt an die Redaktion beziehungsweise Produktion.

Die in diesem Buch veröffentlichten Interviews entstanden bei Presseterminen des „Großstadtreviers" in Hamburg und wurden vom Autor persönlich mit den Darstellern geführt.

Über den Autor: Matthias Röhe arbeitet als freier Journalist und Pressefotograf in der Freien und Hansestadt Hamburg. Er beliefert regionale und lokale Tages- und Wochenzeitungen, sowie bundesweit erscheinende Zeitschriften und Illustrierte mit Text- und Fotomaterial. Den Schwerpunkt hat Matthias Röhe auf die Prominentenschiene gelegt. Fast täglich ist der Hamburger auf Presseterminen in Schleswig-Holstein, Niedersachsen, Mecklenburg-Vorpommern, Hamburg und Umgebung unterwegs und fotografiert Veranstaltungen, Filmpremieren, Geschäftseröffnungen und Abendgalas.

Zudem hält er sich stundenlang in diversen Pressegräben auf und verweilt in absperrten Pressebereichen am Roten Teppich: Immer auf der Lauer nach Promis. Setbesuche stehen ebenfalls regelmäßig an, so dass stetig neue Fotos von aktuellen Dreharbeiten dazu kommen. Einen weiteren Schwerpunkt bildet die Fahrzeugfotografie. In seinem Repertoire befinden sich etwa 17.000 Fotos von etwa 5.000 verschiedenen Übertragungswagen aus ganz Deutschland und dem europäischen Ausland. Auch die Rubrik Funkhäuser bildet einen Schwerpunkt seines Fotoarchivs.

Abgerundet wird das Archiv mit Fotos prominenter Grabstätten. Matthias Röhe besucht regelmäßig Friedhöfe in ganz Deutschland und fotografiert Promi-Grabstätten. Er ist Inhaber der Firma FoTe-Press – einem Foto- und Text-Dienstleistungsunternehmen in Hamburg. Die Firmenhomepage ist abrufbar unter www.FoTe-Press.de.

Gern nimmt der Autor dieses Buches konstruktive Kritik auf. Schreiben Sie ihm gerne eine E-Mail (info@fote-press.de), wenn Sie Fragen oder Anregungen zum Buch „Der Umzug ins neue 14. Kommissariat" haben. An dieser Stelle noch einmal explizit der Hinweis: Es wird kein Anspruch auf Vollständigkeit erhoben. Da die Serie laufend weiter gedreht wird, gibt es wohl zukünftig weitere Veränderungen – auch hinsichtlich der Stammbesetzung. Von daher ist eine Vollständigkeit zu diesem Zeitpunkt sogar ausgeschlossen.

Jetzt haben Sie es, liebe Leser, fast geschafft: Dies ist die letzte Seite des Buches „Der Umzug ins neue das 14. Kommissariat". Ich hoffe, Sie empfanden die Auswahl an Fotos als gut gemischt, die Rubik „Filmfehler" amüsant und die Angaben der Drehorte interessant.

Ihr
Matthias Röhe
April 2020

Weitere Produkte des Herausgebers

Danke Landarzt – 26 Jahre rezeptfreie Unterhaltung

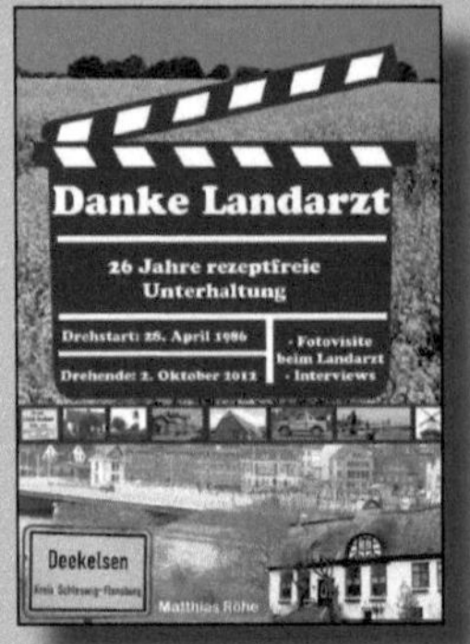

„Der Landarzt", ein Projekt, das sich im Laufe der Zeit zu einer der erfolgreichsten Familienserien im deutschen Fernsehen entwickelt. Die Serie mit Christian Quadflieg, Walter Plathe und von 2008 bis 2012 mit Wayne Carpendale in der Hauptrolle ist einer der wenigen Dauerbrenner auf dem Fernsehbildschirm. Zudem ist sie eine der am längsten laufenden Arzt- beziehungsweise Familienserien in der Fernsehgeschichte. In diesem Buch stellt Autor Matthias Röhe die Darsteller vor, beschreibt die Drehorte der Serie und zeigt eine Auflistung aller bisher gezeigten Folgen. Das große Landarzt-ABC mit Begriffen rund um die Serie, Interviews mit Gerhard Olschewski, Franziska Troegner und weiteren Darstellern, eine umfangreiche Vorstellung prominenter Gastdarsteller runden den Inhalt dieses Buches ab. Das Highlight dürften die zahlreichen Fotos von den Dreharbeiten sein. Set-Fotos, Arbeitsfotos, Portraits und Szenenfotos stellen einen großen Teil dar. In Fanbuch für alle Landarzt-Fans. Von der ersten bis zur letzten Filmklappe (1986 bis 2012). Danke Landarzt – 26 Jahre rezeptfreie Unterhaltung. ISBN: 978-3-7357-7921-2. Preis: 9,99 Euro. www.FoTe-Press.de/produkte.

Der Landarztfotograf – ein Portrait

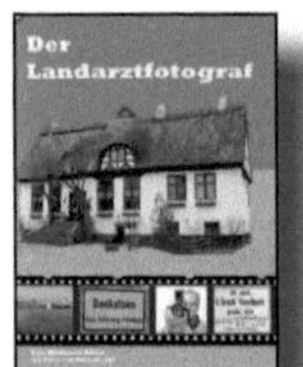

Die Vorabendserie „Der Landarzt" ist ein Projekt, das sich im Laufe der Zeit (seit 1987) zu einer der erfolgreichsten Familienserien im deutschen Fernsehen entwickelt hat. Der Schleswiger Fotograf Kai Labrenz war von 1992 bis 2007 zum Teil als einziger Fotograf am Set und konnte einzigartige und exklusive Fotos mit seiner Spiegelreflexkamera einfangen. In dem Buch „Der Landarztfotograf" werden Erlebnisberichte von Kai Labrenz über die Dreharbeiten wiedergegeben – mit aussagekräftigen Fotos versehen. Set-Fotos, Arbeitsfotos, Portraits sämtlicher Haupt- und Nebendarsteller, sowie schöne Szenenfotos sind in diesem Buch enthalten. Freuen Sie sich auf tolle Fotos von den Klatschtanten aus Deekelsen, dem Landarzt Dr. Uli Teschner, Pastor Eckholm, sowie vielen Schwestern aus der Praxis. Für Fans der TV-Serie ist dieses Buch ein unbedingtes Muss im Bücherregal. Neben Erlebnisberichten und zahlreichen Fotos enthält dieses Werk zudem das Kapitel „Mit Kai Labrenz auf den Spuren des Landarztes". Sie bekommen interessante Hintergründe zu den genauen Drehorten der Serie. Der Fotograf Kai Labrenz, geboren 1961: über eine Ausbildung zum Bauzeichner erwachte sein Interesse an der Fotografie. Foto-Dokumentationen der Dreharbeiten zu vielen bekannten TV-Serien und –Produktionen wie „Tatort", „Der Fürst und das Mädchen" oder „Der Landarzt". Fotograf des Titels „Filmland Schleswig-Holstein". „Der Landarztfotograf", BoD, ISBN: 978-3-7347-5528-6. www.FoTe-Press.de/produkte.

Buch: „Das 14. Kommissariat"

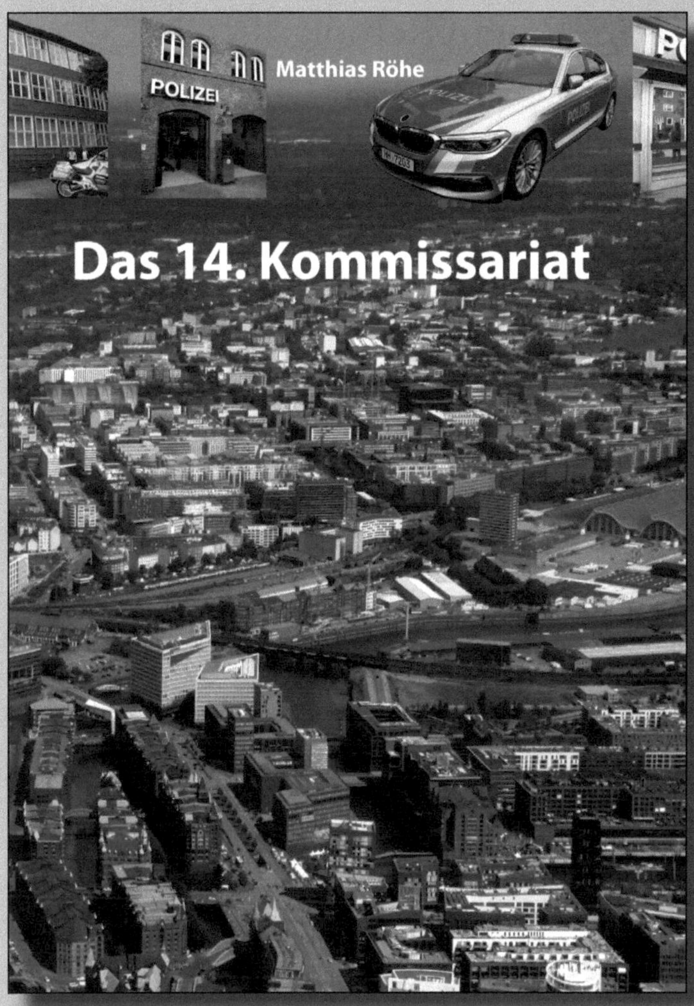

Die Polizisten des 14. Kommissariats gehen regelmäßig in Hamburg auf Streife und im Fernsehen auf Sendung. Die Serie „Großstadtrevier" gehört zu den erfolgreichsten Serien im Deutschen Fernsehen. Ob Jung oder Alt - jeder zehnte Bundesbürger hat laut einer Umfrage schon mindestens eine Folge dieser Polizeiserie gesehen. Wo genau wird die Serie gedreht? Wer gehört zum Ensemble? Warum ist die Serie so erfolgreich? Gibt es Filmfehler? In diesem Buch gibt Autor Matthias Röhe allgemeine Angaben zur Serie, stellt die Darsteller und deren Rollen vor und gibt Details zu den Drehorten bekannt.

Außerdem sind in dem Buch alle bis Februar 2020 ausgestrahlten Folgen dieser Polizeiserie aufgelistet. Der Autor führte Interviews unter anderem mit den Schauspielern Peter Heinrich Brix und Sven Fricke, die ausführlich in diesem Nachschlagewerk veröffentlicht wurden. Auch die Dreharbeiten der 300. Folge der Polizeiserie, die in Bad Segeberg (Schleswig-Holstein) durchgeführt wurden, spielt in dem Buch eine große Rolle – eine umfangreiche Fotoserie ist zu sehen. Abgerundet wird das Buch mit interessanten Zwischenberichten über die Dreharbeiten in Hamburg und Umgebung. Das Buch enthält zahlreiche Fotos und Grafiken. „Das 14. Kommissariat" umfasst insgesamt 300 Seiten und wurde im Verlag BoD (Books on Demand) herausgegeben. ISBN: 978-3-7528-9447-9. In jeder Buchhandlung erhältlich oder unter www.FoTe-Press.de.

Foto-CDs mit Einsatzwagen von Polizei, Feuerwehr, THW und Rettungsdienst

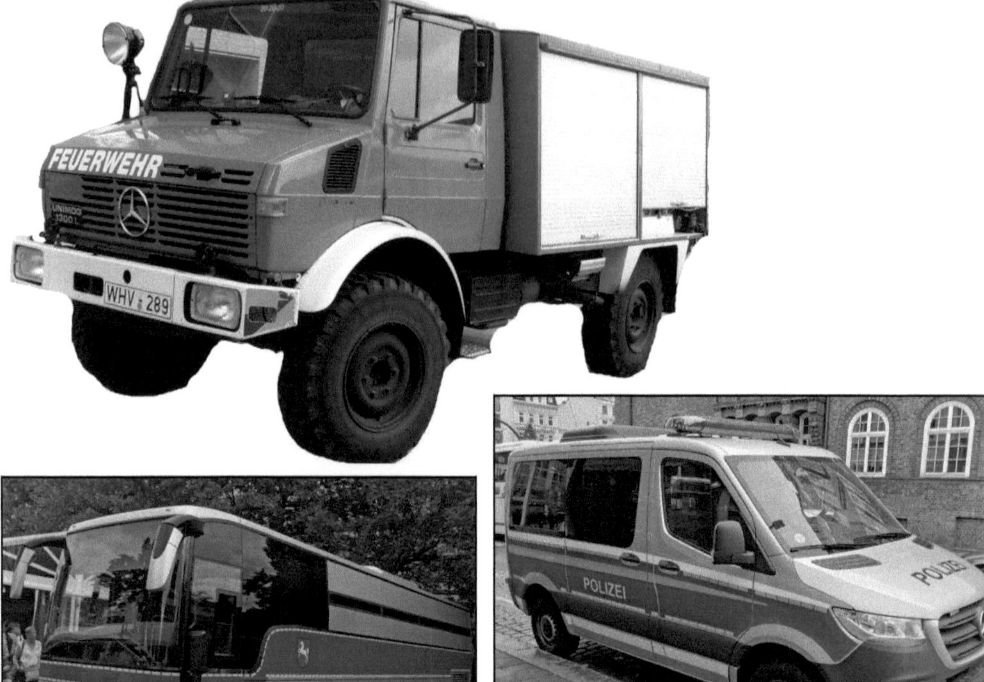

Für Sammler ein unbedingtes Muss: eine Foto-CD mit Fotos verschiedener Einsatzwagen von Feuerwehr, Polizei, THW oder Rettungsdiensten. Wasserwerfer, Löschgruppenfahrzeuge, Leiterwagen, Krankentransportwagen; die unterschiedlichsten Fahrzeuge sind auf einer Foto-CD vertreten. Es gibt verschiedene Möglichkeiten: bestellen Sie eine Foto-CD mit nur einer Sorte Rettungseinheit (entweder Feuerwehr oder Polizei oder THW oder Rettungsdienst). Dann sind auf einer Foto-CD 150 Fotos von Fahrzeugen der entsprechenden Einheit drauf. Beispiel: Foto-CD Feuerwehr. Es befinden sich dann 150 Fotos der Feuerwehr auf dieser Foto-CD.

Oder Sie bestellen eine gemischte Foto-CD. Dann befinden sich auf der Foto-CD insgesamt 150 verschiedene Fotos von allen Einheiten. Beispiel: es sind dann auf dieser CD 50 Fotos mit Feuerwehrfahrzeugen, 20 vom DRK, 30 von der Johanniter Unfallhilfe, 50 Fahrzeugfotos der Polizei, der Rest sind Fahrzeuge des THW.

Die Fotos dürfen Sie dann für private Zwecke beliebig benutzen. Sie können daraus Poster oder Postkarten nachbestellen. Teilweise ist es auch möglich, dass Sie die Fotos für Ihre Homepage benutzen dürfen. www.FoTe-Press.de/produkte. Da stehen weitere Einzelheiten zu den Kaufmodalitäten bereit.

Foto-CDs mit Filmkulissen

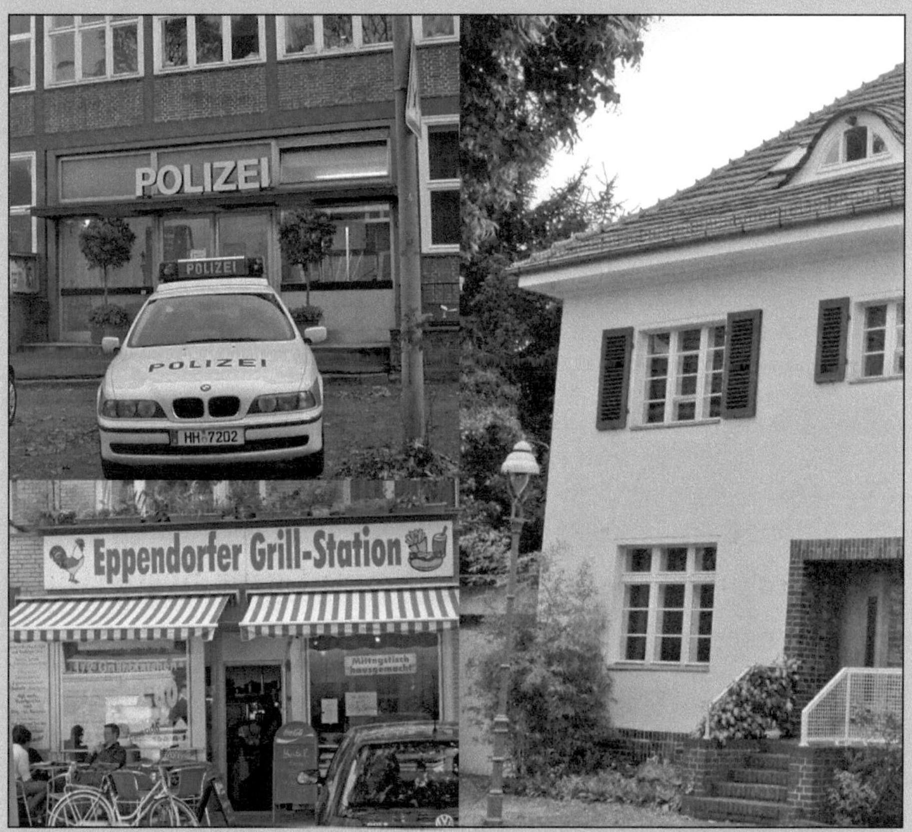

Eine tolle Geschenkidee: Foto-CDs mit Motiven von verschiedenen Filmkulissen (unter anderem „Der Landarzt", „Tatort", „Die Wicherts von nebenan", „Großstadtrevier", „Der Fürst und das Mädchen", „Notruf Hafenkante", „Da kommt Kalle"). Eine Foto-CD enthält 50 schöne Motive in mittlerer Auflösung, die für private Zwecke (Hobby-Ecke) verwendet werden dürfen. Der Preis für eine Foto-CD beläuft sich auf 10,00 Euro. Es sind unterschiedliche Kulissen wie Ortsschilder, Filmklappen, Gebäude von öffentlich zugänglichen Wegen und Filmfahrzeuge auf den Foto-CDs enthalten. Zu bestellen sind die Foto-CDs unter www.FoTe-Press.de/produkte. Hinweis:es sind keine prominenten Personen abgebildet! Es handelt sich ausschließlich um Kulissen (gegenstände, Objekte), die auf den Foto-CDs enthalten sind.

Möchten Sie die Foto-CDs auch veröffentlichen (beispielsweise in Ihrer eigenen Publikation, Magazin, Zeitschrift, Internetseite), so gibt es spezielle Konditionen, die mit dem Rechteinhaber zu vereinbaren sind. Für alle Privatleute, die diese Fotos privat nutzen möchten, gilt der Preis für 10,00 Euro je Foto-CD. Gehen Sie gerne auf das Bestellformular, welches unter www.FoTe-Press.de/produkte abrufbar ist.

Diagnose langlebig: Der Landarzt

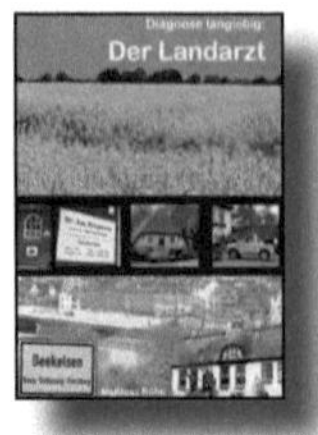

Es ist ein tolles Nachschlagewerk über die Fernsehserie „Der Land-
arzt". Ein interessantes Buch mit vielen Informationen über die
TV-Serie, einer genauen Beschreibung „Wo ist Deekelsen" (den ge-
nauen Drehorten) und vielen Fotos von den Dreharbeiten. Tolle Set-
fotos, Szenenfotos, Portraits und Gruppenfotos von den Darstellern
der Serie. Von den Anfängen mit Christian Quadflieg, Walter Plathe bis Wayne Carpen-
dale. Ausführlich geht der Autor auf die Anfänge mit Uschi Glas ein, die während der
Dreharbeiten schwanger wurde und die Filmarbeiten beenden musste. Gila von Wei-
tershausen übernahm die Rolle der Annemarie Mattiesen, die den Fernsehzuschauern
als beliebte Lehrerin aus Deekelsen bekannt ist. Alle bis zum Jahr 2010 ausgestrahlten
Folgen sind chronologisch aufgelistet, zudem stellt der Autor die Hauptdarsteller de-
tailliert vor. Zudem gibt es das Kapitel „gestorben in Deekelsen". Dort beschreibt der
Autor, wer in den vergangenen Jahren verstorben ist. Das Buch „Diagnose langlebig:
Der Landarzt" gibt es unter www.FoTe-Press.de/produkte und in jeder Buchhandlung.
ISBN-13: 978-3-8391-3285-2, Preis: 9,99 Euro.

Raubtierjournalismus – der Kampf ums beste Bild

„Raubtierjournalismus – der Kampf ums beste Bild" beschreibt den Arbeitsalltag eines
Fotografen, der Tag für Tag in den Pressegräben steht und am Roten Teppich promi-
nente Persönlichkeiten abschießt. Ein Kampf ums beste Bild, denn neben ihm stehen
Dutzende von „Kollegen", die einem das Leben ganz schön schwer machen. Tricks und
Tipps, wie man gute Pressefotos fertigt und hinterher über eine Agentur vermarktet,

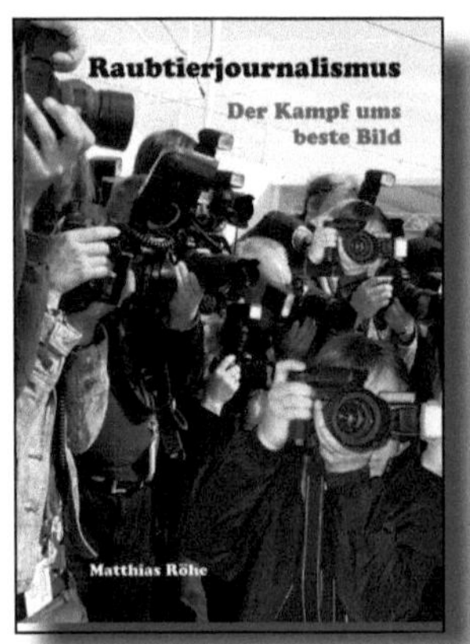

stehen in dem 148 Seiten umfassenden Buch. Wie kann
man mit seinen Bildern Geld verdienen? Worauf kommt
es bei einem Foto an? Wie sieht es mit den Rechten aus?
Darf ich einfach Promis fotografieren und dann mit den
Fotos machen, was ich will? Ein Hamburger Fotograf
erzählt, wie er tagein und tagaus Pressetermine wahr-
nimmt, Fotos von Promis produziert, diese hinterher mit
einem Programm fachgerecht beschriftet und bearbeitet
und über eine Fotoagentur in Deutschlands Zeitungen
und Zeitschriften bringt. Es ist ein langer Weg zu einer
Veröffentlichung in einer Zeitung, Zeitschrift, Illustrier-
ten oder einem Onlinemedium. Ein langer, ein kämpfe-
rischer Weg. In keinem anderen Beruf ist der Schritt vom
Freund zum Feind so kurz, wie bei den Pressefotografen. Eben noch freundschaftlich
geplaudert, steht auf einmal ein Feind neben einem. Mit allen Mitteln geht es hier um
das beste Bild. Gerangel, Geschubse, Gedränge, Geschrei – immer wieder Beleidi-
gungen, Verleumdungen, Manipulationen, Diebstähle. All dies gehört zum Berufsbild
Pressefotograf dazu. ISBN-13: 978-3-8391-6680-2, Preis: 11,99 Euro.

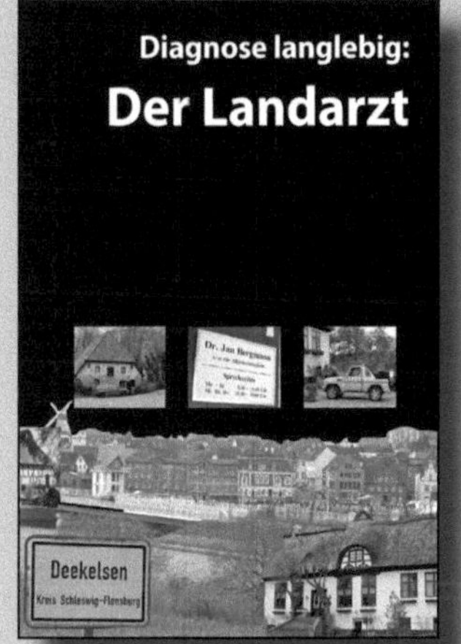

Diagnose langlebig:„Der Landarzt"

Das Buch: mit vielen Informationen über die TV-Serie, einer genauen Beschreibung „Wo ist Deekelsen" und vielen Fotos von den Dreharbeiten. Tolle Setfotos, Szenenfotos, Portraits und Gruppenfotos von den Darstellern der Serie. Von den Anfängen mit Christian Quadflieg, Walter Plathe bis Wayne Carpendale. Ausführlich geht der Autor auf die Anfänge mit Uschi Glas ein, die während der Dreharbeiten schwanger wurde und die Filmarbeiten beenden musste. Gila von Weitershausen übernahm die Rolle der Annemarie Mattiesen, die den Fernsehzuschauern als beliebte Lehrerin aus Deekelsen bekannt ist. Alle bis zum Jahr 2009 ausgestrahlten Folgen sind chronologisch aufgelistet, zudem stellt der Autor die Hauptdarsteller detailliert vor. Das Buch „Diagnose langlebig: Der Landarzt" ist ausschließlich unter www.FoTe-Press.de/produkte zu bestellen.

Hochglanzmagazin: Diagnose langlebig:„Der Landarzt"

Seit dem Jahr 2000 begleitet Matthias Röhe die Dreharbeiten am Set des Landarztes und kennt sich mit der Serie gut aus. Neben einem ausführlichen Landarzt-ABC mit Begriffserklärungen zur Serie werden aktuelle wie auch frühere Darsteller portraitiert. Von Christian Quadflieg über Walter Plathe bis hin zu Wayne Carpendale. Auch prominente Gastdarsteller finden im Magazin ihren Platz: Die Ministerpräsidenten Björn Engholm und Peter-Harry Carstensen beispielsweise. „Wir haben Fotomaterial von Uschi Glas, die 1986 die weibliche Hauptrolle besetzte und wegen ihrer Schwangerschaft die Dreharbeiten abbrechen musste. Etwa 60.000 D-Mark wurden damals in den Sand gesetzt", gibt Matthias Röhe einige Details preis. Einen weiteren Schwerpunkt bildet die Rubrik „Wo ist Deekelsen" mit vielen Geheimtipps über die Drehorte. Hunderte Touristen aus ganz Deutschland, Österreich und der Schweiz kommen nach Schleswig-Holstein, um sich die Drehorte im Original anzuschauen. Landarzt-Kreuzwort-Rätsel, ein Landarzt-Rezept – ideal zum Nachkochen, einen Überblick über die einzelnen Folgen, sowie die Rubrik „Gestorben in Deekelsen" – wer alles in den vergangenen Jahren verstorben ist – runden das Informationsmagazin ab. Auf vielen Seiten findet sich eine exklusive Foto-Visite mit einmaligen Szenenfotos. Für jeden Landarzt-Fan ist das neue Hochglanzmagazin (erschienen 01/2010) ein Muss! Das Magazin, mit Hunderten Farbfotos aus den Jahren 1986 bis 2010, kann unter www.FoTe-Press.de/Deekelsen bestellt werden und kostet nur 3,99 Euro.

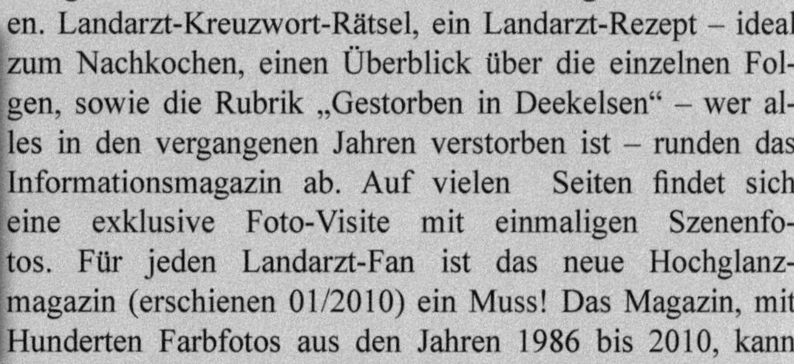

Das Team vom PK 21 und EKH

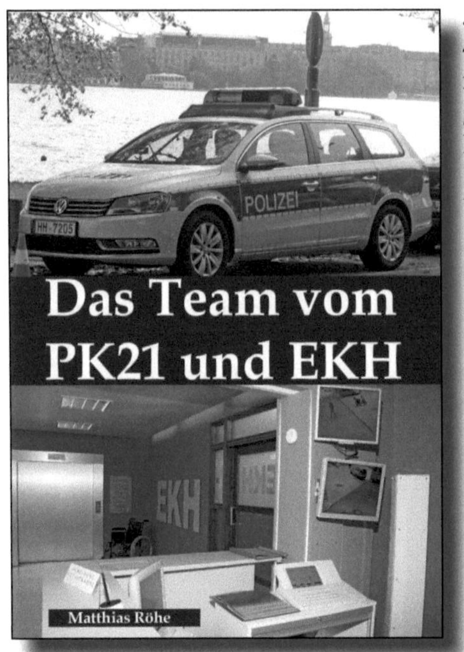

„Notruf Hafenkante" zählt mit bis zu 4,9 Millionen Zuschauern zu den erfolgreichsten Fernsehserien im Vorabendprogramm des Deutschen Fernsehens. Im Durchschnitt schauen sich etwa 3,6 Millionen Menschen jede einzelne Folge an. Von 2007 bis 2015 wurden bereits 217 Episoden ausgestrahlt. Dabei handelt es sich um eine Mischung aus Polizei-, Arzt- und Familienserie. Im Vordergrund stehen Geschichten aus dem Alltag der Hamburger Polizisten des Kommissariats 21 in der Speicherstadt, sowie den Ärzten aus dem Elbkrankenhaus. Kurzum: „Notruf Hafenkante" ist eine Serie über den Berufsalltag Hamburger Streifenpolizisten und Notärzten, eingebettet mit netten Geschichten Hamburger Bürger.

Das Polizeikommissariat 21 liegt direkt an der Hafenkante. Dabei handelt es sich um eine Uferlinie, die an Neumühlen beginnt, den St. Pauli Landungsbrücken vorbeiführt und bis zur Speicherstadt und der neuen Hafen-City reicht. Das Buch gibt Einzelheiten über die Drehorte der Serie, beschreibt die Charaktere der Polizisten und Ärzte und stellt die Hauptdarsteller vor. Natürlich sind auch berühmte Gastdarsteller berücksichtigt: so standen schon Sky du Mont, Lotto King Karl, Katy Karrenbauer, Karl Dall, Renate Delfs oder beispielsweise Heide Keller vor der Kamera und wirkten in einzelnen Folgen mit.

Der Autor stellt die Hauptdarsteller der Serie von 2007 bis 2015 vor, macht auf Filmfehler aufmerksam, gibt Hintergrundinformationen über die genauen Drehorte und listet in diesem Nachschlagewerk alle bisher ausgestrahlten Folgen auf. Viele Fotos vom Set, die bei Dreharbeiten in Hamburg entstanden runden den Inhalt des Buches ab. ISBN: 978-3-7386-2492-2, BOD, Norderstedt. Preis: 9,99 Euro.

Das Ergänzungsbuch mit dem Titel „Das Team vom PK 21 und EKH II" ist ebenfalls für 9,99 Euro erhältlich. Neue Fotos, zum Teil weitere Kapitel mit zwei Such-Rätseln. ISBN: 978-3-7386-2929-3, BoD.

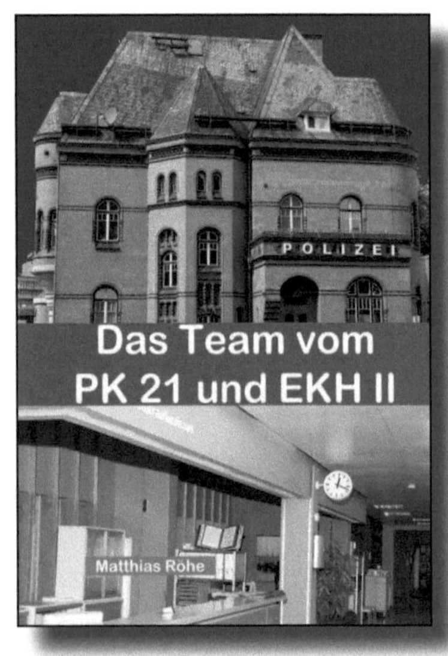

"

Hamburg – hier lebten unsere Promis

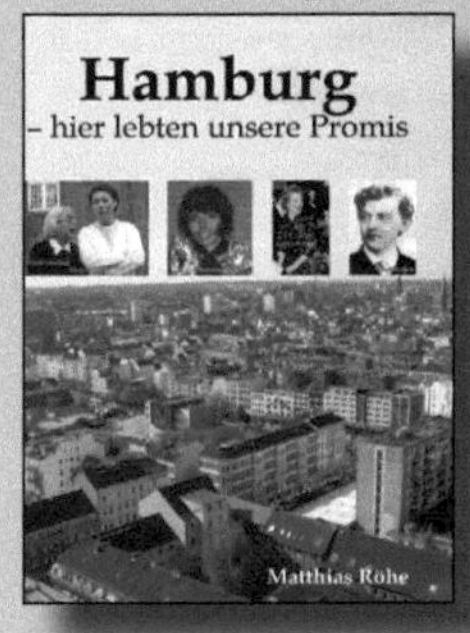

Hamburg, die Stadt an Alster, Elbe und Bille ist einer der beliebtesten Wohnorte in ganz Deutschland. Mit seinem besonderen Charme, seinen vielen Grünflächen, seinen Gegensätzen zwischen lebendiger Innenstadt und dem ruhigen, dörflichen Rahlstedt oder Osdorf machen die Hansestadt für etwa 1,75 Millionen Menschen interessant. Als internationale Handels- und Hafenstadt steht Hamburg bis heute für Reichtum und Noblese. In der Hansestadt leben die meisten Millionäre (Einkommensmillionäre gemessen an der Einwohnerzahl in Hamburg nach einer Erhebung des Statistischen Bundesamts). Wo sich etwa 1,75 Millionen Menschen wohl fühlen, mischen sich auch viele prominente Persönlichkeiten unters Volk. Viele sorgen als TV-Moderator für gute Laune, verkünden als Sprecher Nachrichten, moderieren Radiosendungen, holen Titel in verschiedenen Sportarten nach Hamburg oder prägen als Architekten das Stadtbild Hamburgs. In einer Auswahl von 79 Kurzbiografien werden in dem Buch „Hamburg - hier lebten unsere Promis" interessante Persönlichkeiten vorgestellt, die in Hamburg und Umgebung ihre einstigen Wohn- und Wirkungsstätten hatten. Sie haben etwas für die Hansestadt Hamburg getan - direkt und indirekt - mit diesem Buch soll ihnen etwas postum zurückgegeben werden. „Hamburg – hier lebten unsere Promis", BoD, ISBN-13: 978-3-7347-4600-0, Preis: 9,99 Euro.

Drehort Schleswig-Holstein

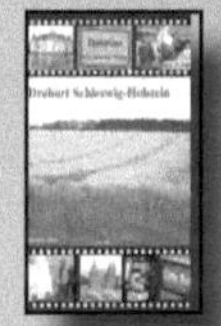

Elf Kreise – unzählige Kulissen. Schleswig-Holstein ist Anziehungspunkt für Film- und Fernsehmacher. Jahr für Jahr entstehen etliche Sendeminuten im Land zwischen den Meeren. In seinem Buch „Drehort Schleswig-Holstein" verrät Autor Matthias Röhe Kulissen vieler Serien und Filme. In welcher Stadt ermittelt „Das Duo"? Wo ist die Praxis vom „Landarzt"? Wo jagen die Wächter von Lübeck in „Vier gegen Z" den gemeinen Zanrelot? In welcher Stadt spürt Hund Kalle den Dieben auf und in welchem Gewässer ermitteln die Wasser- schutzpolizisten der „Küstenwache"? Der Autor des Buches gibt Basisangaben der Serien und Fil-me, beschreibt die Drehorte und zeigt eine große Auswahl an Fotos. Das nördlichste Bundesland zeigt sich als idealer Medienstandort. Radio- und Fernsehsender, sowie ausgewählte Filmgesellschaften werden in dem Buch vorgestellt. Schleswig-Holstein ist mehr als nur Schauplatz, Drehort und Medienstandort. Zahlreiche Prominente aus Film und Fernsehen leben in Schleswig-Holstein. Sie haben Schleswig-Holstein zu ihrem Dreh- und Angelpunkt gemacht. Ausgewählte schleswig-holsteinische Promis stellt Matthias Röhe vor und verrät bei einigen, in welchem Landesteil beziehungsweise welcher Stadt sie wohnen. Selbstverständlich sind keine genauen Adressen zu erfahren, aber dennoch dürfte es bei Lesern Interesse wecken zu erfahren, in welchem Gebiet Schleswig-Holsteins sie zu Hause sind.

Drei Kapitel, ein Buch: Drehort Schleswig-Holstein ist in jeder Buchhandlung oder unter www.fote-press.de/produkte zu bestellen.

Hamburg – hier lebten unsere Promis II

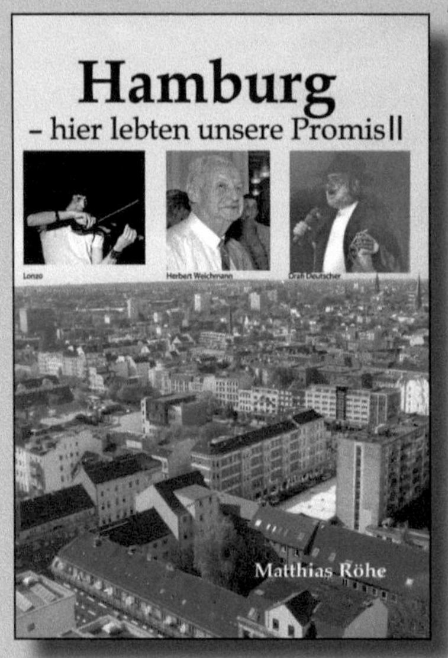

Hamburg, die Stadt an Alster, Elbe und Bille ist einer der beliebtesten Wohnorte in ganz Deutschland. Mit seinem besonderen Charme, seinen vielen Grünflächen, seinen Gegensätzen zwischen lebendiger Innenstadt und dem ruhigen, dörflichen Ohlstedt oder Bergedorf machen die Hansestadt für etwa 1,75 Millionen Menschen interessant. Als internationale Handels- und Hafenstadt steht Hamburg bis heute für Reichtum und Noblese. In der Hansestadt leben die meisten Millionäre (Einkommensmillionäre gemessen an der Einwohnerzahl in Hamburg nach einer Erhebung des Statistischen Bundesamts). Wo sich etwa 1,75 Millionen Menschen wohl fühlen, mischen sich auch viele prominente Persönlichkeiten unters Volk. Viele sorgen als TV-Moderator für gute Laune, verkünden als Sprecher Nachrichten, moderieren Radiosendungen, holen Titel in verschiedenen Sportarten nach Hamburg oder prägen als Architekten das Stadtbild Hamburgs. In einer Auswahl von 79 Kurzbiografien werden in dem Buch „Hamburg - hier lebten unsere Promis" interessante Persönlichkeiten vorgestellt, die in Hamburg und Umgebung ihre einstigen Wohn- und Wirkungsstätten hatten. Sie haben etwas für die Hansestadt Hamburg getan - direkt und indirekt - mit diesem Buch soll ihnen etwas postum zurückgegeben werden. „Hamburg – hier lebten unsere Promis II", BoD, ISBN-13: 978-3-8334-9006-4, Preis: 9,99 Euro.

Tagebuch eines Exhibitionisten

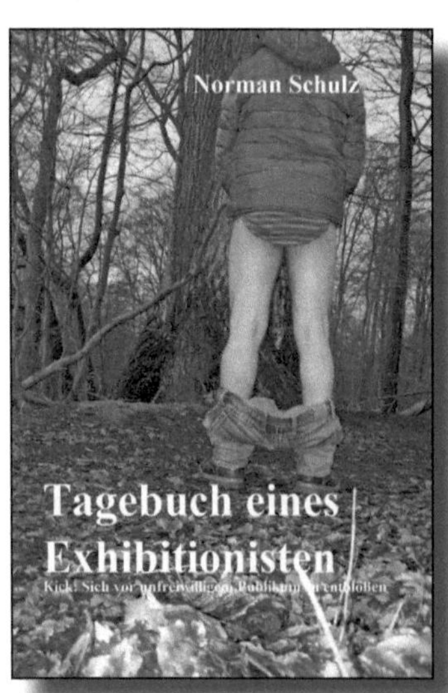

Norman Schulz ist Exhibitionist. Der aus Essen stammende Zeigefreudige beschreibt seine Gefühle, wenn er sich vor fremdem Publikum entblößt. Außerdem gibt er seine Gedanken preis, wenn er von Frauen in der Öffentlichkeit gesehen wird. Was er alles als Exhibitionist erlebt hat, sei es mit Polizisten, Richtern und Betroffenen, beschreibt er detailliert in seinem Buch. Abgerundet wird das Buch mit Gerichtsurteilen zum Thema „Exhibitionismus", Witzen, zum Teil kuriosen Zeitungsartikeln und Zukunftsplänen des Justizministeriums zum Sexualstrafrecht. Außerdem enthält es Fotos und Karikaturen, sowie eine Umfrage unter 100 Frauen, wie sie zum Thema Exhibitionismus stehen. Erschienen im Januar 2016. Zu bestellen unter www.FoTe-Press.de/produkte. Preis: 8,99 Euro. 240 Seiten.

Die Kultbullen aus Hamburg

Anfang 1986 fällt die erste Filmklappe — am 16. Dezember des gleichen Jahres wird die erste Folge unter dem Titel „Mensch, der Bulle ist `ne Frau" ausgestrahlt. Die Serie Großstadtrevier ist geboren und vom ersten Tag an erfolgreich. So erfolgreich, dass gleich nach Ausstrahlung weitere Folgen produziert und gesendet werden. Heute schreiben wir das Jahr 2011 und noch immer werden in Hamburg und Umgebung Folgen für diese Serie gedreht. Zwar sind in der Zwischenzeit viele Köpfe gerollt, aber Witz und Charme sind geblieben. Bemerkenswert: in den vergangenen 25 Jahren gab es nicht mal zehn Todesfälle in der Serie und wenig Blutvergießen.

In dem Buch „Die Kultbullen aus Hamburg" werden Höhe- und Tiefpunkte der vergangenen 25 Jahre skizziert. Es ist eine ideale Ergänzung zu allen bisherigen Produkten der TV-Serie. Die Hauptdarsteller von 1986 bis heute (von Arthur Brauss, Kay Sabban, Mareike Carriére über Peter Neusser, Dorothea Schenck und Edgar Hoppe bis hin zu Jan Fedder, Marc Zwinz und Sophie Moser) werden vorgestellt.

Es gibt Suchrätsel mit Begriffen zur Serie, Interviews mit einigen Darstellern, die prominenten Gastdarsteller werden vorgestellt. Zahlen, Daten, Fakten über die TV-Serie „Großstadtrevier" werden gegeben. Eine Auflistung aller bisher ausgestrahlten Folgen runden den Inhalt ab – außerdem gibt es das Kapitel „300. Folge „Großstadtrevier" mit Informationen über die Dreharbeiten in Bad Segeberg.

Außerdem sind in diesem Buch ganz viele Fotos von den Darstellern, Arbeitsfotos, Setbilder und viele Portraits der Darsteller enthalten. Erschienen im August 2011 im Verlag Books on Demand, Norderstedt. ISBN-13: 978-3-8423-7329-7. Seitenzahl: 124. Preis: 9,99 Euro.

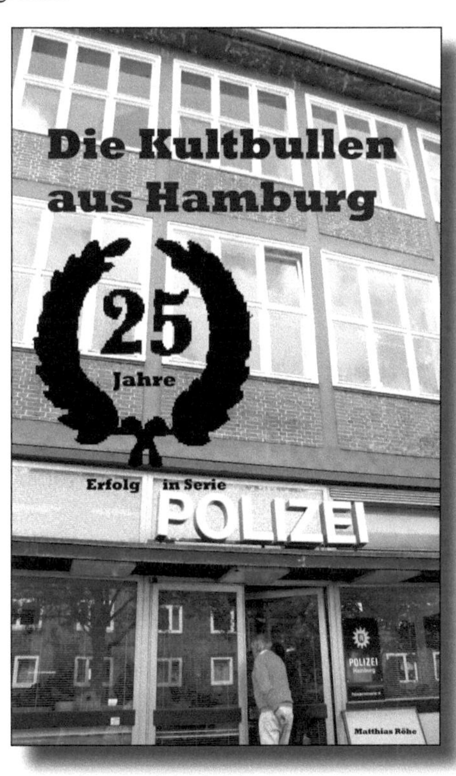

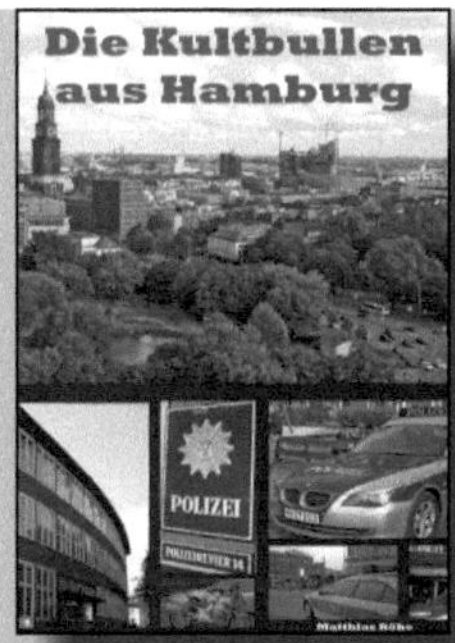

Gleicher Inhalt, gleicher Name. Aber in diesem Buch sind weit über 370 tolle Farbfotos – und darüber hinaus zahlreiche weitere Fotos in schwarzweiß zu sehen. Auf 104 Seiten finden Sie auch in diesem Nachschlagewerk alles Wissenswertes zur Polizeiserie „Großstadtrevier". Das Buch „Die Kultbullen aus Hamburg" ist am 27. Oktober 2011 erschienen, ISBN: 978-3-8423-8349-4. Preis: 11,99 Euro, Books on Demand, Norderstedt.

„Deutschland – hier lebten unsere Promis"

In einer Auswahl von 79 Kurzbiografien werden in dem Buch „Deutschland – hier lebten unsere Promis" interessante Persönlichkeiten vorgestellt, die in Deutschland ihre einstigen Wohn- und Wirkungsstätten hatten. Von Schauspieler Hans Albers über Witta Pohl, Evelyn Hamann, Gerda Gmelin, Gerty Molzen, Helmut Schmidt, Willy Brandt, Sängerin Alexandra, Günter Pfitzmann, Günter Willumeit, bis zu Nachrichtensprecher Peter von Zahn. Das Buch führt den Leser kreuz und quer durch Städte Deutschlands: von Glücksburg im Norden (Beate Uhse) bis Grünwald im Süden (Joachim Fuchsberger), sowie Berlin im Osten (Harald Juhnke) und Köln im Westen (Willy Millowitsch) des Landes. Das Buch soll an die 79 ausgewählten Persönlichkeiten erinnern. Sie haben etwas für Deutschland getan – direkt und indirekt – mit diesem Buch soll ihnen etwas postum zurückgegeben werden.

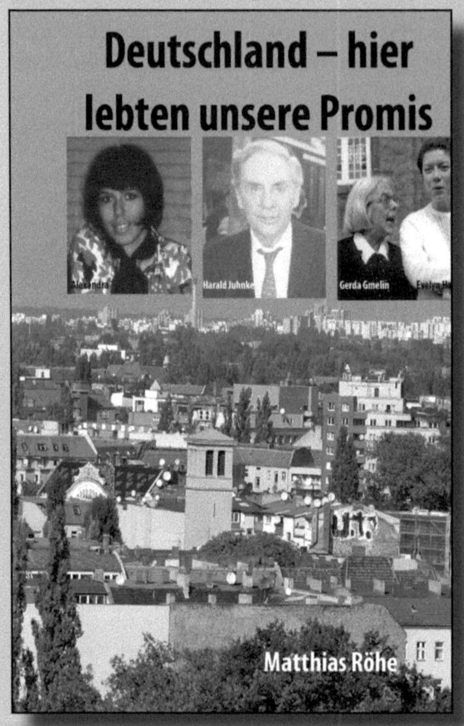

Menschen hinterlassen auf ihrer Odyssee durch die Jahrtausende eine Vielzahl von Spuren, die an das eigene Leben und Wirken erinnern sollen. Zum Beispiel an alltägliche oder außerordentliche Ereignisse, aber auch an herausragende Persönlichkeiten aus Unterhaltung, Sport, Politik oder Wirtschaft.

In langer Tradition stehen Gedenken und Erinnern und werden bis heute in verschiedenen Formen dargestellt: Ob als Höhlen- und Felsmalerei, als Pyramide, auf Friedhöfen als Gedenkstein oder -stätte, als Skulptur oder Plastik, als Denkmal oder Mausoleum. Nach Berliner Vorbild könnten in naher Zukunft vielleicht auch in Hamburg, München, Köln, Frankfurt oder in welcher Stadt auch immer mehr von solchen Gedenktafeln aufgestellt werden. Natürlich nur, wenn der Hauseigentümer damit einverstanden ist. Aber Argumente und Gründe gibt es sicher viele: In Erinnerung an großartige Persönlichkeiten, die sich in Deutschland durch hervorragende Leistungen in verschiedenen Bereichen hervorgehoben haben. 79 Persönlichkeiten von ihnen werden auf in diesem schmalen Nachschlagewerk vorgestellt. Der Leser erfährt auf 78 Seiten in Form von Kurzbiografien, warum genau diese Protagonisten zu den Persönlichkeiten gehören und womit sie sich verdient gemacht haben.

Angaben zum Buch: Taschenbuch, 78 Seiten, erschienen bei Books on Demand (November 2015). ISBN: 978-3-7392-1063-6. Preis: 9,99 Euro.

Es ist in jeder Buchhandlung käuflich zu erwerben oder im Internet unter www.fote-press.de/produkte zu bestellen.

„Komparsen-Guide – So komme ich ins Fernsehen"

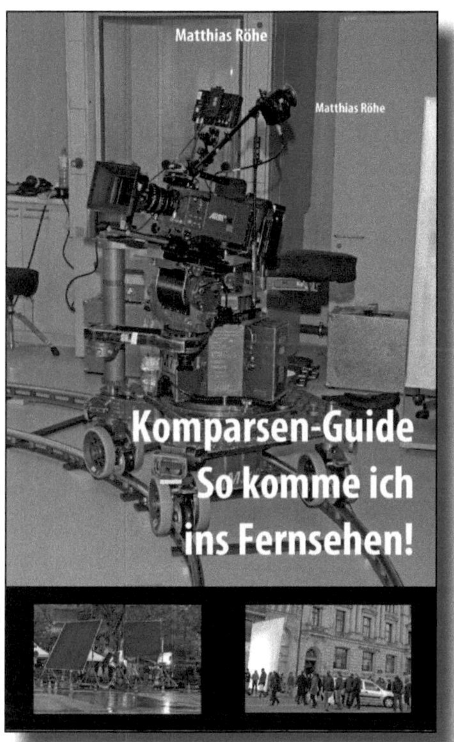

Faszination Film und Fernsehen: Für viele ist es ein Traum, in einer TV-Serie oder einem Kinofilm mitzumachen. Entweder wollen sie von ihrem Freundeskreis zu hören bekommen „Hey, ich habe dich gestern im Fernsehen gesehen. Cooler Auftritt" oder sie wollen einfach mal Filmluft schnuppern und bei Dreharbeiten von Serien wie „Großstadtrevier", „SoKo Wismar", „Stubbe – von Fall zu Fall", „Alarm für Cobra 11" oder beispielsweise „Der Bergdoktor" hautnah dabei sein. Als Komparse oder Kleindarsteller kann dieser Traum Wirklichkeit werden.

Der „Komparsen-Guide – So komme ich ins Fernsehen" gibt Einblicke in die Komparserie und gibt hilfreiche Tipps für den Fall, dass auch Sie einmal als Komparse oder Kleindarsteller in einer Serie, Reihe oder einem Film vor der Kamera stehen möchten.

Das Buch beschreibt beispielhaft in Form von Erlebnisberichten, was die Aufgabe eines Komparsen sein kann, erklärt den ersten Schritt bezüglich der Kontaktaufnahme zu einer Komparsen- oder Castingagentur und gibt Details zu den Abläufen eines Komparsenauftritts. Eine Frage taucht ebenfalls immer wieder auf: „Wie läuft es bei den Dreharbeiten eigentlich ab?" In dem „Komparsen-Guide – so komme ich ins Fernsehen" werden genau diese Fragen beantwortet.

Sie erhalten detaillierte Informationen in Form von Erlebnisberichten über verschiedene Aufgaben eines Komparsen. Versetzen Sie sich gerne in die jeweilige Situation und fragen Sie sich gerne zwischendurch „Kann ich das auch?" – und wenn Sie diese Frage mit einem eindeutigen „Ja" beantworten können, lesen Sie sich durch die folgenden Seiten dieses Buches. Verinnerlichen Sie den einen oder anderen Hinweis, den vielleicht ausschlaggebenden Tipp und dann nichts wie hin zu einer der vielen Komparsen- und Castingagenturen. Jeder hat eine Chance: ob jung oder alt, mit roten, blonden oder schwarzen Haaren. Ob mit Voll- oder Dreitagebart, mit Tattoos oder auffälligen Schnurrbärten. Ob klein oder groß, dick oder dünn. Im Prinzip wird jeder Typ gefragt. Auch die Aufgaben sind unterschiedlich: so werden „echte Polizisten" auch gerne mal als Polizisten eingesetzt, genauso wie „echte Handwerker" ein Bad im Hintergrund fachgerecht einrichten. „Komparsen-Guide – So komme ich ins Fernsehen", Taschenbuch: 144 Seiten, Books on Demand. ISBN-Nr: 978-3-7386-5715-9. Preis: 6,99 Euro.

Auch unter www.FoTe-Press.de/produkte ist das Buch erhältlich.

Buch über die TV-Serie „Küstenwache"

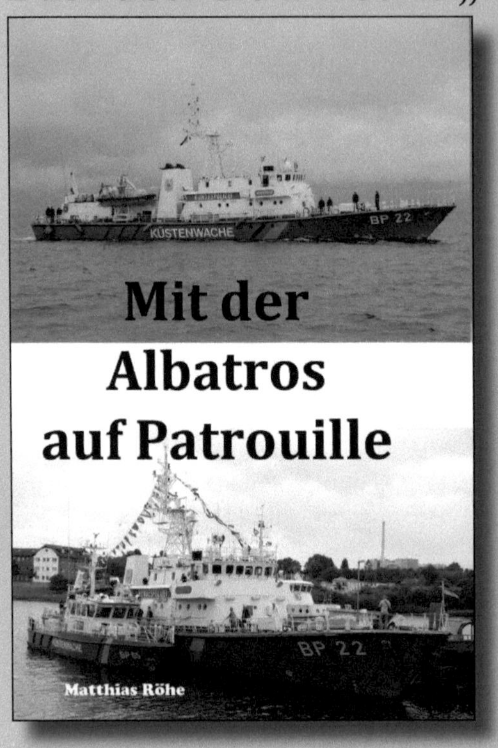

Am 7. Mai 1996 fiel die erste Filmklappe, seit April 1997 wird sie im Fernsehen ausgestrahlt: die Serie „Küstenwache". Die gezeigten Kriminalfälle werden überwiegend erfolgreich gelöst und in einer Fernsehfolge abgeschlossen. Dem Charakter einer Polizeiserie entsprechend werden fast alle Formen von schweren Straftaten thematisiert: so kommen Morde, Entführungen, Erpressungen, Überfälle, aber auch Vergehen mit maritimen Hintergrund wie Schmuggel, Giftmüll-Transporte, Fischerei-Delikte in der „Küstenwache" vor. Dieses Buch gibt einen Abriss von Inhalten der Folgen, die Hauptdarsteller werden vorgestellt und das Buch listet prominente Gastdarsteller auf. Abgerundet wird der Inhalt durch interessante Interviews mit einigen Schauspielern. ISBN-13: 978-3-7460-3708-0. Preis: 9,99 Euro. www.FoTe-Press.de/produkte.

Wohnhäuser der Promis

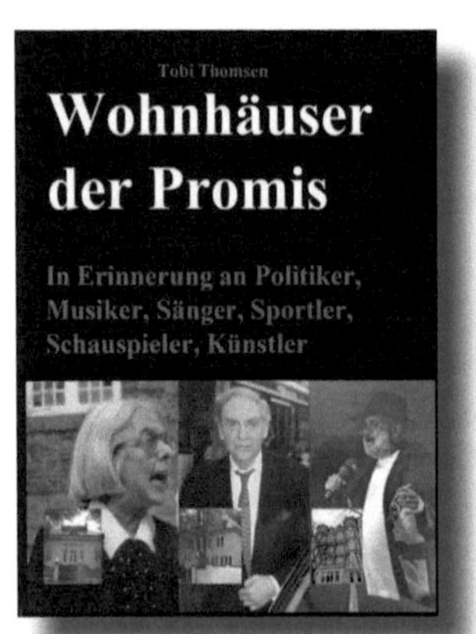

Etwa 82 Millionen Menschen leben in Deutschland, darunter etwa 10.000 prominente Persönlichkeiten. Einige sorgen als TV-Moderator für gute Laune, verkünden als Sprecher Nachrichten, moderieren Radiosendungen, holen Titel in verschiedenen Sportarten nach Deutschland oder prägen beispielsweise als Architekten die Stadtbilder. Nicht zu vergessen Politiker, die in Deutschland die politische Richtung vorgeben und das Land regieren. Mit seinen 16 Bundesländern und 295 Landkreisen bietet Deutschland wunderschöne Platze, sich häuslich niederzulassen. In einer Auswahl von 206 Kurzbiografien werden in diesem Buch interessante Persönlichkeiten vorgestellt, die in Deutschland ihre einstigen Wohn- und Wirkungsstätten hatten. Von Schauspieler Hans Albers über Gerda Gmelin, Witta Pohl, Roger Cicero, Helmut Schmidt, Hellmuth Karasek, Vadim Glowna, Otto Sander, Evelyn Hamann, Helmut Schmidt, Willy Brandt bis zu TV-Journalist Peter von Zahn. Das Buch ist erhältloch unter www.FoTe-Press.de/produkte.

Persönlichkeiten: vergangen, aber nicht vergessen: Wo Persönlichkeiten ihre letzte Ruhe fanden

Friedhöfe sind etwas Schönes, haben aber etwas Trauriges an sich. Immerhin liegen dort verstorbene Menschen. Angehörige nehmen auf verschiedene Art und Weise Abschied von ihren geliebten Personen. Teils sind es ergreifende, humorvolle oder überraschende Grabsteine, Grabplatten oder Grabstellen, teils sind es rätselhafte Gräber und Inschriften. Das Betrachten von Grabstätten ist aber auch für unbeteiligte Personen eine für die menschliche Seele nützliche Beschäftigung.

Allen Menschen sei empfohlen, mit dem Tode auf gutem Fuße zu stehen. Immerhin ist der Tod die einzige Sache im Leben, die völlig sicher ist. Wer früh stirbt, ist länger tot - mit diesem Spruch versuchen manche Menschen das Missverhältnis auszugleichen, zudem die Zeit steht, die wir leben, zu der endlosen Zeit, die wir tot sind.

Das Buch führt den Leser kreuz und quer zu Friedhöfen in verschiedenen Städten

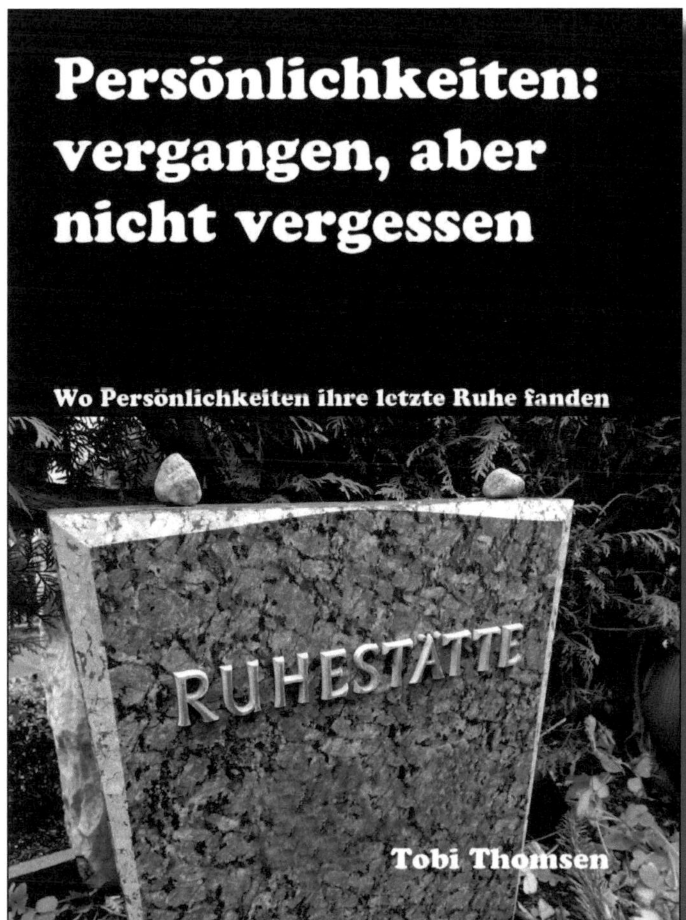

Deutschlands: von Glücksburg im Norden bis Grünwald im Süden, sowie Berlin im Osten und Köln im Westen des Landes. Das Buch soll an die 305 ausgewählten Persönlichkeiten erinnern. Sie haben etwas für Deutschland getan. Direkt und indirekt. Mit diesem Buch soll ihnen etwas postum zurückgegeben werden, damit sie niemals in Vergessenheit geraten. ISBN-13: 978-3-7431-1236-0. Das Buch ist in jeder Buchhandlung käuflich zu erwerben oder im Internet unter www.fotepress.de/produkte zu bestellen.

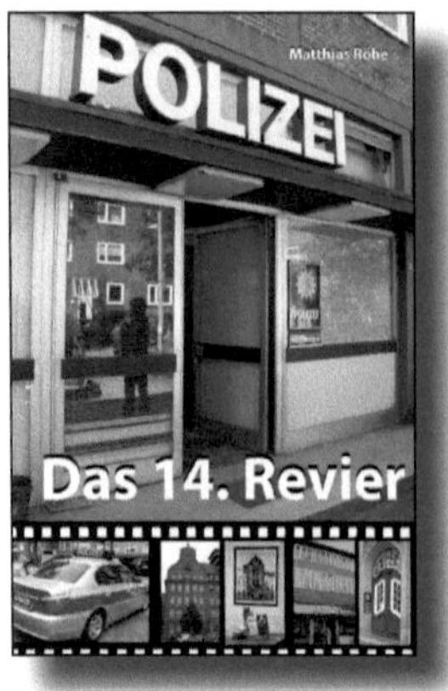

Jeden Montag gehen die Beamten des 14. Polizeireviers auf Streife und in der ARD auf Sendung. „Großstadtrevier" ist eine Vorabendserie, die seit dem Jahre 1986 mit großem Erfolg im deutschen Fernsehen läuft. Fast 300 gedrehte Folgen wurden bis 2009 in 23 Staffeln produziert. Im Jahr 2005 wurde die Serie mit der „Goldenen Kamera" als beste Kultserie ausgezeichnet. Die Handlungen lassen sich kurzum erzählen: Polizeialltag auf dem Hamburger „Kiez". Im Buch „Das 14. Revier" erzählt der Autor über die Drehorte, beschreibt die Charaktere der Figuren und stellt die Darsteller vor. Alle bis zum Jahr 2009 ausgestrahlten Folgen im Überblick, eine Auflistung prominenter Gastdarsteller, sowie eine umfangreiche Bilderstrecke runden den Inhalt ab.

Eine Besonderheit dürfte die Kategorie Filmfehler sein. So geht der Autor auf formale, inhaltliche und Kamerafehler ein. Zudem sind Interviews mit drei Hauptdarstellern in dem Buch veröffentlicht. Für Fans der Serie ein Muss! Das Buch ist eine ideale Ergänzung zu allen bisherigen veröffentlichten Büchern und Produkten dieser Serie. Viele Szenen- und Arbeitsfotos vom Set!

Buch „Das 14. Revier", ISBN-13: 978-3-8391-2690-5, BoD, Preis 9,99 Euro.

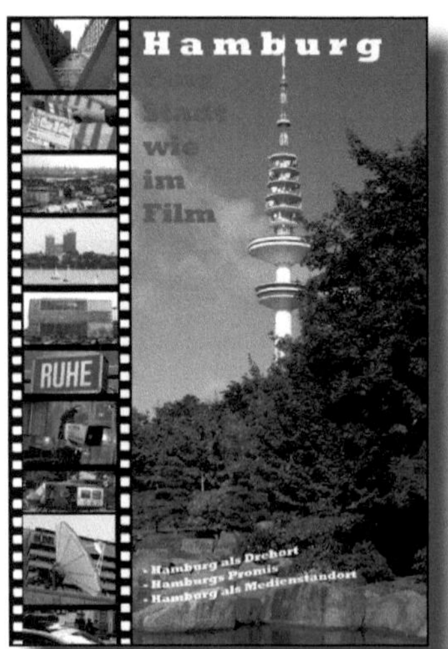

Hamburg: Stadt wie im Film

Hamburg ist Anziehungspunkt für zahlreiche Film- und Fernsehmacher. Täglich entstehen etliche Sendeminuten in der Millionenmetropole an Elbe, Alster und Bille. Es gibt keinen Stadtteil, der nicht von Filmemachern als Kulisse dient. In seinem Buch „Hamburg – eine Stadt wie im Film" verrät Autor Matthias Röhe Kulissen vieler Serien und Filme. Wo beamen sich die Mädels aus „Emmas Chatroom" nach Hamburg? In welchem Stadtteil ermitteln die Pfefferkörner? Wo ist das Revier 14 aus dem Großstadtrevier? Wo jagen die Wächter aus „4 gegen Z" den gemeinen Zanrelot? Wo steht das Kriminaltechnische Institut der Gerichtsmedizinerin? Der Autor gibt Basisangaben der Serien und Filme, beschreibt die Drehorte und zeigt eine Auswahl an Fotos. Hamburg zieht nicht nur Filmemacher in die Stadt, sondern die Hansestadt an der Elbe zeigt sich als idealer Medienstandort. Ein Streifzug durch die Medienlandschaft Hamburgs mit vielen Infos und Fotos.

Hamburg ist viel mehr als nur Schauplatz und Drehort. Zahlreiche Prominente aus Film und Fernsehen leben in der Hansestadt. Sie haben Hamburg zu ihrem Dreh- und Angelpunkt gemacht.

Drei Themen, ein Buch: „Hamburg – eine Stadt wie im Film", käuflich zu erwerben auf der Seite www.FoTe-Press.de/produkte für den Preis in Höhe von 9,99 Euro.